上海高校高峰高原学科建设计划项目

国家社科基金重大项目《环塔里木历史文化资源调查与研究》（11ZD&099）阶段成果

环塔里木
历史文化资源调研行纪

INVESTIGATION LITERATURE ON THE HISTORICAL AND CULTURAL RESOURCES OF TARIM

张安福　田海峰　著

中国社会科学出版社

图书在版编目（CIP）数据

环塔里木历史文化资源调研行纪 / 张安福，田海峰著 . —北京：中国社会科学出版社，2016.12

ISBN 978 – 7 – 5161 – 9489 – 8

Ⅰ.①环… Ⅱ.①张…②田… Ⅲ.①文化史—调查—研究—塔里木②旅游地理—塔里木 Ⅳ.①K294.5②K928.945

中国版本图书馆 CIP 数据核字（2016）第 308828 号

出 版 人	赵剑英
责任编辑	宋燕鹏
责任校对	刘　娟
责任印制	李寡寡

出　　版	中国社会科学出版社
社　　址	北京鼓楼西大街甲 158 号
邮　　编	100720
网　　址	http://www.csspw.cn
发 行 部	010 – 84083685
门 市 部	010 – 84029450
经　　销	新华书店及其他书店
印　　刷	北京君升印刷有限公司
装　　订	廊坊市广阳区广增装订厂
版　　次	2016 年 12 月第 1 版
印　　次	2016 年 12 月第 1 次印刷
开　　本	710×1000　1/16
印　　张	20
字　　数	358 千字
定　　价	75.00 元

凡购买中国社会科学出版社图书，如有质量问题请与本社营销中心联系调换
电话：010 – 84083683
版权所有　侵权必究

考察天山北麓草原文化（巴里坤 2014.8）

寻找西域都护府遗址（轮台 2012.10）

艾克拜尔先生带队考察古代遗址
（和静 2014.8）

考察墩买力吐尔烽燧
（库车 2013.1）

考察破城子
（温宿 2013.1）

考察齐兰烽燧
（柯坪 2013.1）

吕恩国先生带队考察洋海古墓群
（鄯善 2013.3）

考察交河故城
（高昌 2016.8）

阿萨村午餐
（策勒 2013.5）

考察途中午餐时间检查车况
（2013.5）

考察队于白杨沟佛寺老乡家中做客
（哈密 2014.8）

前往阿萨城堡
（策勒 2013.5）

考察苏巴什佛寺
（库车 2013.1）

前往营盘遗址的艰辛道路
（尉犁 2013.5）

考察队于开都河岸台地
（和静 2014.8）

张安福、王宗磊、艾克拜尔课题检查交流
（兵团规划办 2015.1）

考察队于玉孜干古城
（库尔勒 2013.5）

整理课题资料
（石河子 2012.8）

考察克孜尔石窟
（拜城 2013.1）

与李肖教授座谈
（2012.9）

目　录

前　言 ……………………………………………………………… (1)

第一章　丝绸之路中道考察 ……………………………………… (1)
　第一节　丝路"桥头堡"——吐鲁番 ………………………… (1)
　第二节　西域都护府故地——轮台 …………………………… (14)
　第三节　龟兹文化中心——库车 ……………………………… (24)
　第四节　唐代"万亩屯田之地"——新和 …………………… (44)
　第五节　姑墨古国——温宿 …………………………………… (52)
　第六节　柯坪至图木舒克途中的古迹 ………………………… (59)
　第七节　疏勒要塞——伽师 …………………………………… (67)
　第八节　进出中亚南亚门户——喀什 ………………………… (70)
　第九节　叶尔羌古国——莎车 ………………………………… (80)
　第十节　返回和硕、焉耆 ……………………………………… (85)
　第十一节　重返吐鲁番 ………………………………………… (92)

第二章　丝绸之路南道考察 ……………………………………… (107)
　第一节　库尔勒 ………………………………………………… (108)
　第二节　尉犁 …………………………………………………… (113)
　第三节　若羌 …………………………………………………… (123)
　第四节　从且末到民丰 ………………………………………… (131)
　第五节　从策勒到洛浦 ………………………………………… (136)
　第六节　和田 …………………………………………………… (148)
　第七节　从墨玉经沙漠公路到阿拉尔 ………………………… (155)

第八节　从焉耆至和硕 …………………………………………… (162)

第三章　东天山北道及南疆的再考察 ……………………………… (169)
　　第一节　吉木萨尔与北庭故城 …………………………………… (169)
　　第二节　巴里坤 …………………………………………………… (178)
　　第三节　哈密 ……………………………………………………… (185)
　　第四节　从托克逊至和静 ………………………………………… (190)
　　第五节　克孜尔石窟的再考察 …………………………………… (200)
　　第六节　从阿拉尔至喀什之行 …………………………………… (203)

第四章　从楼兰到尼雅 ……………………………………………… (215)
　　第一节　通往塔里木盆地的山道和关垒 ………………………… (215)
　　第二节　孔雀河畔的烽燧与古城 ………………………………… (220)
　　第三节　从若羌到民丰——楼兰古国的前世今生 ……………… (230)

第五章　从北庭到高昌 ……………………………………………… (243)
　　第一节　从上海到新疆 …………………………………………… (243)
　　第二节　从石河子到北庭都护府遗址 …………………………… (246)
　　第三节　从北庭都护府到巴里坤 ………………………………… (256)
　　第四节　从巴里坤到哈密 ………………………………………… (264)
　　第五节　进出塔里木盆地的门户——吐鲁番 …………………… (267)

第六章　唐安西四镇之于阗和疏勒 ………………………………… (279)
　　第一节　于阗第一站：民丰和策勒 ……………………………… (279)
　　第二节　于阗第二站：从洛浦到墨玉 …………………………… (283)
　　第三节　南疆重镇——疏勒（喀什） …………………………… (291)

后　记 ………………………………………………………………… (305)

前　言

　　以环塔里木地区为代表的西域，自古以来就是多种族、多宗教、多语言、多文化的地区，遗存至今的城址烽燧、墓葬遗址、宗教遗址、出土文书等，补充了传世文献对西域记载的不足，并成为这一多元文化的重要物质载体，再现了西域文明发展的脉络。环塔里木地区与狭义上西域的概念和地理范围大致相同，《汉书·西域传》载："西域以孝武时始通，本三十六国，其后稍分至五十余，皆在匈奴之西，乌孙之南。南北有大山，中央有河，东西六千余里，南北千余里。东则接汉，厄以玉门、阳关，西则限以葱岭。""南北有大山"分别是指北部的天山山脉和南部的昆仑山脉，"中央有河"，这里的河流是塔里木河，因此，这一范围大致就是今环塔里木地区。在海路交通尚未发达的古代，陆路交通成为异域文明之间相互触碰、融合的主要路径。环塔里木地区地处亚欧大陆腹地，是东西方文明相互传播、交流与融合的枢纽地带。基于此，人们对于环塔里木人文地理环境的探索有着悠久历史。史前时期，中原与西域之间以"玉石之路"为主的交通已于20世纪殷商遗址中得以验证。约公元前2世纪开始，随着人们地域活动范围的扩大，记录环塔里木人文地理的文献陆续涌现。尤其是在清代统一新疆之后，加之西北局势动荡，大批内地文人、官吏开始注意西域史地的研究，由此而引发西北舆地学的兴起，也由此产生大批关于西域历史地理的著述。但其内容多侧重于地理沿革的梳理，而对于西域古代文明遗存的专业调查和研究则是凤毛麟角。

　　对环塔里木具有现代意义的文化考察始于20世纪前后，代表性的人物有瑞典人斯文·赫定、英籍匈牙利人斯坦因、法国人伯希和、德国人勒柯克以及日本的大谷探险队等，他们都先后深入塔里木地区。其后，欣赏西域风情的旅人，进行考古与探险事业的文人学士，热衷调查与探索的历史文化学者纷至沓来，这些学人前贤在西域的经历和研究，几乎都铸就了他们学术生涯中的巅峰，许多人也因此留名身后。

环塔里木地区，不仅因其神秘的历史地理引起学界重视，更因区域内丰富的历史文化遗存得到世人关注。摩尔根曾经说，世界文化的钥匙遗失在塔克拉玛干，找到了这把钥匙，西域文化的神秘大门就打开了。2011年夏天，中国敦煌吐鲁番学会会长、我的老师郝春文先生到新疆石河子大学讲学，当我向郝老师谈及想申报当年国家社科重大招标项目《环塔里木历史文化资源调查与研究》的时候，郝老师对这一想法高度重视，认为新疆的高校和学者，以调查汉唐历史古迹遗存为路径，并在此基础上尝试打开西域文明之门的努力，是很有意义的。郝老师当时身体状况欠佳，但仍然对课题申报的具体内容进行指导并提出很多高屋建瓴的建议。同时，中国社会科学院的厉声老师、于逢春老师、李方老师等，对课题也给予了很多指导建议。由此，在老师们的鼓励和帮助下，我们开始了为期四年找寻"文明钥匙"的调研。

调研首先是从吐鲁番开始的。一方面，吐鲁番是进出塔里木盆地的要隘，"丝绸之路中道""银山道"都是经过历史上的高昌（今吐鲁番地区）到达焉耆。吐鲁番至今也是进出南疆的关键通道，如南疆铁路、314国道都是经此进入库尔勒、喀什。因此，吐鲁番遗留下大量的汉唐历史文化遗迹，如高昌故城、交河故城、吐峪沟石窟、柏孜克里克千佛洞、阿斯塔那古墓群、洋海古墓群等，尤其是保存至今的吐鲁番文书，给中国史研究乃至全球史研究，都留下了重要的历史资料。因此，对吐鲁番的多次调研，就是集中资料、积累经验的一个过程；另一方面，时任吐鲁番文物局局长的李肖先生对课题非常重视，考古专业出身的他，对吐鲁番盆地、塔里木地区的历史文化研究有着深厚积淀，在重大项目《环塔里木盆地历史文化资源调查与研究》的课题申报、论证和田野调查的时候，给予了很大的帮助。新疆考古所研究员吕恩国先生，当时在吐鲁番研究院工作，带着课题组成员深入洋海古墓群、台藏塔、胜金口石窟等地，进行实地调查和资料整理，他作为洋海古墓群发掘的考古队队长，对吐鲁番的文化遗存尤其是古墓葬情况如数家珍。因此，课题组在调研过程中收获满满。

吐鲁番的田野调查，为调研广袤的塔里木盆地积累了经验。此后，课题组开始了对塔里木盆地南北两缘的调研。《汉书·西域传》载："自玉门、阳关出西域有两道：从鄯善傍南山北，波河西行至莎车，为南道，南道西逾葱岭则出大月氏、安息；自车师前王庭随北山，波河西行至疏勒，为北道，北道西逾葱岭则出大宛、康居、奄蔡焉。"就是说，至少从汉代开始，进出塔里木盆地的道路就已分为南北两道，南道是从今天的敦煌出阳关、玉门关之后，进入楼兰古国沿着阿尔金山到若羌、民丰、和田到莎车，进入南亚、中亚；北道是从阳关、玉门关到今天的吐鲁番，过干沟到焉耆、库尔勒、阿克苏、喀什，进入中亚。2012年7月，课题组从乌鲁木齐出发，目的是对和静县的察吾乎沟墓地进行考察，想走经乌鲁木齐直接翻越天山到和静县的216国道，这是一条穿越天山的碎石路，最高点的"胜利达坂（哑口）"海拔4280米，来往车辆稀少，风景秀丽。但是由于准备不足，在盘旋的环山道上，发动机被碎石击坏，刹车失灵，以至于被救援车送到乌鲁木齐时已经是凌晨两点了。有了这次教训，以后调研都尽量做到充分准备、严格论证，调研路径和方法尽量切合实际。2012年国庆节，我们用十天的时间对库车县的古龟兹国历史文化遗存进行了重点调研；下旬的古尔邦节假期间，我们用五天时间对汉代西域都护府治所乌垒城所在的轮台县进行了调研；在2013年春节前后的寒假期间，我们对唐代丝绸之路中道的吐鲁番、焉耆、铁门关、尉犁县、库车县、拜城县、新和县、温宿县、巴楚县、图木舒克市、莎车县等地，进行了集中调研，古代焉耆国的城址、七个星佛寺遗址、龟兹古国城址、克孜尔石窟、克孜尔尕哈烽燧、脱库孜萨来遗址等，以及探寻西域都护府治乌垒城址所在地的过程都给我们留下了深刻的印象。2012年农历腊月二十三，我们刚好行至莎车县，家在莎车的研究生蒋静及其家人热情地招待了我们，让我们度过了一个温馨的小年；2013年春节前后，我们重新对吐鲁番历史遗存的各种数据进行核对，大年初一一早，在高昌城，我和同事胡艳、研究生田海峰、岳丽霞共同度过了蛇年春节，远处喧嚣的鞭炮声和高昌故城内的寂静形成鲜明对比，自有一番滋味在心中。2013年5月，我们用三周的时间，对塔里木盆地南道进行考察，从尉犁县、若羌县开始，依次考察了楼兰遗址、营盘遗址、米兰遗址、瓦石峡古城、且末古城、达玛沟佛寺遗址、约特干遗址、热瓦克佛寺遗址、麻扎塔格戍堡等遗址，并对与之相关的调研资料进行了整理。

环塔里木盆地的历史文化不是孤立的，其受天山北部的草原文化，河西地区的中原文化，中亚、西亚的希腊罗马文化影响非常大，就环塔里木地区的文化来看，其文化属性与上述历史文化有着密切的关系，为此我们开始了对这些相关地区的延伸调研。2014年暑假，我和新疆大学的艾克拜尔·尼牙孜教授、兰州大学的王光耀博士带领课题组队员对天山北麓的吉木萨尔县北庭都护府遗址、巴里坤县的大河唐城遗址、哈密的白杨沟佛寺遗址等地进行调研，从而对天山北麓的历史文化遗存进行了细致梳理，对其内在的文化联系有了了解；2015年6月，课题组沿河西走廊，对武威遗址、张掖、瓜州、敦煌等地的大藏寺、魏晋墓葬、锁阳城遗址、榆林石窟、莫高窟、阳关和玉门关遗址等，进行了重点考察和详细的资料整理；2015年9月，课题组重新进入沙漠腹地的阿拉尔，经由沙漠公路相继至和田、莎车、塔什库尔干、喀什等地，对热瓦克佛寺遗址、莎车古城、塔什库尔干石头城、香宝宝墓地遗址、公主堡、瓦罕走廊、盘橐城遗址等，进行了实地调研和资料整理。这样，环塔里木地区的资料渐趋完善。此外，课题组成员还到佛教故乡印度、斯里兰卡，进行了实地调研，收集了东晋时期法显在斯里兰卡无畏山的见闻资料和印度奥兰加巴德的阿旃陀石窟等地的资料。

"楼兰美女""小河公主""太阳墓地""李柏文书""达玛沟佛寺""石头城"……每一次历史发现的华丽登场，都足以震惊世界；每一个历史文化遗迹或历史文献的出土，都是西域多元文化的直接见证。《环塔里木历史文化资源调查与研究》考察历时4年，足迹遍布整个环塔里木周缘，无论是有着"世界第二低地"之称的艾丁湖，或是海拔接近5000米的帕米尔高原，或是百里无人区的罗布泊还是沙漠深处的营盘遗址、热瓦克佛寺遗址，都留下了我们的身影。凡所过之处，均细探其古迹遗存所在，问其历史详情，察其形制，详细记录在册。途中虽有艰辛之处，然与前人相比，实不堪言其苦。现在看来，真是成长中的巨大财富。

最开始的时候，带领研究生进行调研是以开拓学生眼界、熟悉西域历史文化资源为目的，因此不同的调研尽量让研究生分批次参加。对他们的期望也不是很高，因为这些学生最初对西域历史文化并不熟悉，甚至有的同学还是跨专业跟随我学习，西域的历史文化基础更是薄弱。但是，随着几年来的调研和练习，这些同学大都走上了西域历史文化学习和研究的道路，硕士论文、博士论文也大都以西域历史文化研究为主，并在国家核心期刊、CSSCI 来源期刊发表了系列文章，有两位同学由于科研成果突出而获得了国家奖学金，这是出乎我所预料的。而且在课题的写作、通稿过程中，这些同学的调研和日志整理，成为课题不可或缺的部分，甚至成为课题的精彩篇章。我在石河子大学的同事王光耀、胡艳，研究生朱丽娜、蒋静、田海峰、卞亚男、岳丽霞、胡志磊、王玉平，上海师范大学的刘夏欣、汪延平、王进花、李亚萍等先后参与。在调研的每一天，每一个队员都形成了写日志的习惯。每一天的行程和相关记述见证了他们对西域历史文化的逐渐认知，这是一个从陌生到入门的过程，但若要达到熟悉的程度还有很长的路要走。由此，我觉得把这些调研日志整理出版，不仅是课题阶段性的总结，更是对学生学习的记录和勉励。

田海峰，我在新疆石河子大学工作的时候，他跟随我攻读硕士学位，后来又考入上海师范大学跟随我攻读博士学位。因为他本科非历史专业出身，西域史地知识基础也不扎实，但是随着对塔里木盆地调研的深入和不断的学习，他认真和坚持的优势就显示出来了。在我定期查阅学生的调研日志中，他记录的最为完整系统，而且每次都带着问题进行调研，所以他的调研日志不仅丰富，而且知识性、系统性相对较强，因此这一个书稿，基本就是以田海峰的调研日志为主线进行的整理。此外，刘夏欣博士、王玉平博士、岳丽霞、卞亚男、胡志磊也有相关篇章在其中，根据每个学生参与调研的区域情况和调研日志的写作情况，分工如下：

田海峰（上海师范大学历史系博士研究生）：第一章、第二章、第三章

王玉平（上海师范大学历史系博士研究生）：第四章

刘夏欣（北京师范大学历史学院博士研究生）：第五章第一、二、三、四节

胡志磊（石河子师范学校）：第五章第五节

岳丽霞（河西学院政法学院）：第六章第一、二节

卞亚男（新疆欧亚金融研究院）：第六章第三节

感谢新疆生产建设兵团社科规划办、石河子大学、新疆社会科学院、新疆文物考古研究所、吐鲁番文物局、龟兹文化研究院、新河县政府、喀

什市委宣传部、和田市委宣传部、尉犁县文体局、哈密地区文物局等单位，在课题调研中提供的便利和给予的帮助。

张安福

2016 年 7 月 11 日于上海松江九亭寓所

第一章

丝绸之路中道考察

丝绸之路在汉唐时期经历了一个发展变化的过程,在汉代,只有南北两道基本和《汉书·西域传》记载的路线相同[①];魏晋之后,随着从敦煌到吐鲁番的"大海道",以及经哈密到伊宁的"草原道"的开通,从吐鲁番经过焉耆、库车到喀什的道路成为丝绸之路中道。这一部分的调研过程,即是沿今天的吐鲁番经库车到喀什一线进行的。

第一节 丝路"桥头堡"——吐鲁番

2013年1月21日中午,考察队自"戈壁明珠"石河子市出发,沿乌奎高速行驶近150千米抵达新疆首府乌鲁木齐市,再由此向东南沿吐乌高速行驶约196千米抵达考察的第一站——吐鲁番市。驰骋在广袤的新疆大地,你会感受到新疆是一个到处洋溢着历史文化气息的地方,只要你一出门、一上路,便会跳跃出一连串的历史符号。就拿新疆首府乌鲁木齐来说吧,在1800多年前的两汉时期,曾是西域古国——"卑陆"和"劫"国所在地。"乌鲁木齐"究竟是什么含义呢?当今学界亦对此各持己说,其一,清代鸿儒徐松认为是"回语格斗之谓。准、回主部格斗于斯,故名";其二,蒙古语"好的围场""富饶的牧场";其三,有些学者认为是回鹘语的谐音。最后一种说法是新疆史地专家于维诚先生提及的和田塞语文书中的地名。[②]

[①] "自玉门、阳关出西域有两道:从鄯善傍南山北,波河西行至莎车,为南道;南道西踰葱岭则出大月氏、安息。自车师前王廷随北山,波河西行至疏勒,为北道;北道西踰葱岭则出大宛、康居、奄蔡焉。"《汉书》卷九六《西域传》,中华书局1962年版,第3872页。

[②] 于维诚:《新疆地名与建制沿革》,新疆人民出版社2005年版,第6—7页。

"乌鲁木齐—吐鲁番"之间在未修建高速公路之前，人们穿行其间的道路称"白水涧道"，据《西州图经》记载："白水涧道，右道出闪（交）河县界，至西北向处月以西诸藩，足水草，通车马。"这条路线大致从今吐鲁番市交河故城出发，翻越天山达坂，抵达今乌鲁木齐市郊区的乌拉泊古城，再向西行可至"唐代碎叶镇"（今吉尔吉斯斯坦托马克阿克·贝希姆古城）。而其名之所以称"白水涧道"，是因为路旁河流名为"白水"之故。

谈笑间，汽车已经驶入吐鲁番地界。说起吐鲁番，那是最让人熟悉不过的地方。孩提时代语文课本有一篇名为《葡萄沟》的课文，让我第一次知道了吐鲁番，不曾想二十多年后的今天竟有机会亲临此地，顿生感慨！

当然，吐鲁番的举世闻名，不仅是靠它的葡萄，亦不只是因为它的酷热，而是其厚重的历史文化底蕴。走进历史的长河便会发现，吐鲁番的历史简直就是一部处处可见刀光剑影的战争史。吐鲁番本为《史记》所载的"姑师国"所在地，其国受制于强大的匈奴，"当空道，攻劫汉使王恢等尤甚"①。元封年间，姑师国被西汉大将王恢所灭，分为车师前国与车师后国两部，而今吐鲁番即是车师前国故地，吐鲁番市交河故城曾是车师前国都城所在地。《汉书·西域传》记载，"车师前国，王治交河城。河水分流绕城下，故号交河"②。由于车师前国地处天山南北交通要冲，西汉与匈奴曾"五争车师"，交河成为汉匈双方攻防的要地。

自古以来，吐鲁番就是东西方文明的交融之地，至今仍能感受其悠久的文化气息，踏入吐鲁番盆地伊始，内心的喜悦之情便随之悄然流露。考察队抵达吐鲁番时，天色已近黄昏，安排好食宿后，便开始计划次日的行程。因其遗址太多，考察队决定计划明天先行参观吐鲁番博物馆，对吐鲁番地区现存的历史文化遗址有一个总体的了解，然后再考察代表性的遗址。

---

① 《史记》卷一二三《大宛列传》，中华书局1959年版，第3171页。
② 《汉书》卷九六下《西域传》，中华书局1962年版，第3921页。

一 文化大观园：吐鲁番博物馆

2013年1月22日早上10点，考察队按照计划考察吐鲁番博物馆。该馆规模仅次于新疆自治区博物馆，展品多属西汉至唐朝时期。由老城东路拐入岔路后不远，便可看见坐落于道路左侧的吐鲁番博物馆。走近后，映入眼帘的首先是由著名学者冯其庸先生题写的"吐鲁番博物馆"六个大字。冯先生之名，早有所闻，其在西域史地和考古研究方面颇有建树。古语有云："老骥伏枥，志在千里"，冯先生以自己的亲身躬行对此做了最好的诠释。1998年8月，冯先生以76岁高龄第二次登上海拔高达4700多米的明铁盖达坂，考证唐代高僧玄奘回国的古道，这一学术考察曾引起国内外学界的关注。冯先生孜孜不倦、探古寻迹的实践，正是"玄奘精神"的真实写照。

吐鲁番博物馆*

博物馆主要有五个展厅，分别是通史厅、巨犀厅、文书厅、干尸厅和临展厅。我们首先参观了通史陈列厅，该展厅主要展示了吐鲁番地区石器时期、青铜时代（距今约3000年）、汉朝统辖时期、高昌郡时期（327年）、高昌王国时期（460年建立）、唐朝统辖时期（640年置西州管辖）

---

* 文中凡标记有*符号的图表均来自网络。

等历史阶段内所留遗存。

步入巨犀厅，映入眼帘的巨型恐龙和高大的植物模型，完全超乎了自己的想象，怎么也不能将其与典型沙漠型气候的吐鲁番盆地联系起来，千百万年前此地竟然生长有高达 30 米的植物，亦有高大威猛的恐龙栖息于此。大概这就是大自然变迁带来的神奇之处吧！

之后，我们来到干尸陈列厅。此前，我总是将吐鲁番出土的干尸与埃及的木乃伊等同起来。了解之后，方才知道，这里的干尸没有填充任何的防腐药物，可以说吐鲁番干尸浑然天成，亦不为过。经考古学者研究分析，干尸形成可大致归结为以下几种因素：其一，吐鲁番盆地地处亚欧大陆腹地，远离海洋，降水稀少。据统计，吐鲁番一年中气温在 35℃ 以上的天数就将近 100 天，极值气温曾有过 49.6℃ 的记录，平均年降水量仅 16.4 毫米。其二，地形为盆地，四周皆为山脉环绕，气候干燥，年蒸发量高达 3000 多毫米，土壤多为沙质，含盐量极高，而且墓穴空间较为宽敞，所葬尸体不会接触壁土。其三，该地区地下水位较低，地下水层平均在 60 米以下。加之地表水、空气以及寄生物很难浸入 5 米以下的墓穴，或者在其进入之前，所葬尸体早已脱水。

最后，我们参观了文书陈列厅。该展厅主要收集有十六国至宋元时期的文书，种类繁多，涉及面广泛，内容丰富，上至国家政治事务，下到黎民百姓生活琐事，无所不有。按照所载内容可以分为：官府文书，包括法律文书、公文、账目等；私人文书，包括契约、私人账目、信札等；古代典籍，主要为民间所藏读物。文书多出土于墓葬中，如巴达木墓地、阿斯塔那古墓、洋海墓地等。此外，古城与宗教遗址也有部分文书出土，如交河故城、高昌故城、台藏塔、柏孜克里克石窟等。

吐鲁番文书中有一类文书叫"衣物疏"，是记录墓主人随葬物品的清单，但是其上所记载的物品并非都会在墓葬中出现，一般来讲，衣物疏所记录的物品名录要多于随葬物品，墓主人的亲属以这种方式来实现"厚葬"。另外，其上也书写一些祈福类的佛教、道教用语。墓葬中所发现的大部分文书多为制作冥器的材料。至于为何以书写过的废纸作冥器，估计是因为当时的实物随葬品成本较高，一般百姓购买不起，所以就到官府低价购买废弃的纸张、过期的档案、信函等。然后将其制作成各式各样的冥器。以至于今天所发现的形状各异的纸质冥器上面，多带有习字或契约、

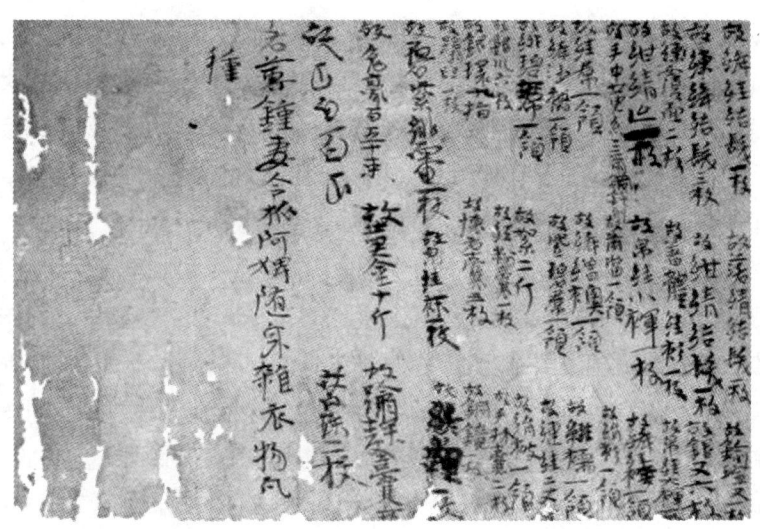

令狐阿婢随葬衣物疏（阿斯塔那 408 号墓出土）

佛经等内容。上述谈及的墓志，形状多为烧制方砖，常和衣物疏放置在一起，墓志上面一般刻有墓主人的生平、籍贯、生前职业等内容，这种习俗是仿效中原而来，对于确定墓主身份具有重要参考。

参观完博物馆，我们已是饥肠辘辘，文化的盛宴固然好，但也不能消弭胃里的咕咕声响。我们就近找了一家拌面馆，边吃边聊今天的收获与感受，真是读万卷书不如行百里路啊！同时，博物馆这种文化讲台能在有限的时间与空间里，将一个地区千百年来的历史变迁和文化风俗"一网打尽"，无私地展示给求知的人们，在这个略显浮躁的时代，太需要这样的文化快餐了！

吃过饭后，回到绿洲宾馆，张老师召集考察队成员就明天调查的遗址进行商议，因为计划后天要赶到轮台，所以我们最后选定较近的交河故城、高昌故城和阿斯塔那古墓群进行考察，而其他诸如洋海墓地、台藏塔、柏孜克里克石窟、吐峪沟石窟、苏公塔等遗址，计划在南疆北道考察结束之后另行考察。

二 车师国故都：交河故城

2013 年 1 月 22 日，天朗气清，考察队在宾馆一楼吃过早餐后，带上两个单反相机、一支录音笔、测量工具、两壶水,又在附近购买了七八个馕,就开车向考察的第一个遗址——交河故城出发了。交河故城地处吐鲁番市西北约 10 千米的亚尔乃孜沟一块柳叶形河心洲之上,是我国目前规模最大、历史最为悠久、保存最为完好的生土建筑遗址。1961 年,交河故城即被列入首批"全国重点文物保护单位"名单。

交河故城历史悠久,早在史前时期就有人类在此繁衍生息,《史记》中记载此地为姑师国。智慧的"姑师人"凭借台地河谷环绕、居高临下的地势来躲避部落间的厮杀和猛兽的侵袭。西汉击败姑师后,交河城成为车师前国的所在地。东晋十六国时期河西地方政权在此设郡,南北朝至唐初属高昌国交河县。唐朝时为西州下辖交河县,安西都护府也曾设置于交河故城内。此地成为唐朝进一步统一西域的重要战略据点,盛唐诗人李欣留下了"白日登山望烽火,黄昏饮马傍交河"的优美诗句。到了 9 世纪后半叶,交河城隶属高昌回鹘王国,至 13 世纪末受战火影响,渐遭废弃。得益于干燥少雨的气候,古城全貌方才保存至今。

行驶约 20 分钟,越过一段陡坡之后,我们便到达交河城下。张老师和管理站工作人员说明来意后,我们就带上相机进入故城。在距离城门约 50 米处,果然见有环绕台地的河水奔流而下,看来《汉书》中所载,"车师前国,王治交河城。河水分流绕城下,故号交河"实不虚言。

交河故城东南门

在入口右侧不远处，竖立有一块介绍故城结构的示意图。其上记录故城所在台地南北长约 1650 米，东西最宽处约为 300 米。四周皆被河谷环绕，30 米高的崖壁即是故城的天然城墙。河谷中茂密的林木和周围光秃秃的戈壁，将交河故城衬托得神秘而又伟岸。此外，我特别留意了一下关于地名的记述，汉文资料"交河"，顾名思义就是河流的交汇之处。而突厥语称此地为"雅尔"，意为"断岩"；早些年还有一种称呼为"招哈和屯"，相信这个名称你一定很少听说吧，后来查阅资料，得知其为蒙古语的叫法。城池构造独特，紧密地结合了台地地形、土质特征，整个城池系从原生地表向下挖掘而成，所见窑洞均为在原生土中直接掏出，平房多是挖出原生土后留出四壁，然后用木料搭建顶而成。

官署遗址

冬天的交河故城，本来游人就很稀少，又逢大雪之后，今天上午大概也就我们五人吧！初见故城，白茫茫的一片，在故城南门之下驻足仰视，给人一种雄伟大气的感觉。我们由故城东南门进入，东南门应为正门，由此前行不远，便可看见位于城址西南部的一座瞭望台，残高约 3 米，古代守城兵士大概就是在此高台之上守卫故城的。略过瞭望台不远，进入故城中央大道，此道贯穿故城南北。沿大道继续前行，首先经官署遗址，初建于古车师国时期，后经历代扩建，总面积约为 1481 平方米，可能是车师前部及后来交河郡、县和唐代安西都护府最高行政机构所在处。与别的建筑不同之处在于，官署遗址为下挖台地而成，低于台地地面约 4—5 米，地面以上的建筑早已无存，沿一旁的阶梯可通往官署遗址内部。

大佛寺遗址

继续前行，我们到达城池的标志性建筑——大佛寺。这是城内最大的寺院，占地面积约 5100 平方米。主殿位于寺院后部，殿中央的塔柱四面开龛，由于年代久远，毁损严重，龛内仅可见塑像和彩绘痕迹。主殿两侧和寺内三面均残存建筑遗迹，依旧能显示出雄伟之势。陆续经过两处小佛寺遗址后，我们最后来到靠近故城北端的塔林遗址。塔林共遗存有佛塔101座。塔林中央为一座大塔，保存较好，据说是我国现存最早的金刚宝座塔。如此繁多的佛塔，彰显出当时佛教的盛行的状况。

塔林遗址

考察完塔林遗址，站立在故城台地边缘开阔处稍作歇息。居高临下，凝望着台地下潺潺流水，一种莫名的历史厚重感油然而生。险要的地势，崖下涓涓的水声，仿佛又把我们带到了千年前的交河城。虽历经沧桑，交河城已是遍地废墟，满目疮痍，但当走进这座规模宏大的城池的时候，仍令人生畏，肃然起敬。

三　地下博物馆：阿斯塔那古墓群

走出交河故城，日头已经顶头高了。稍作休息之后，我们当即赶往位于吐鲁番市东南约40千米的阿斯塔那古墓群。"阿斯塔那"，意为首府，是晋唐时期高昌城居民的公共墓地，由于吐鲁番盆地气候干旱炎热，墓葬中的纸文书、丝毛织品、泥塑、木雕、食品等随葬物品得以完整保存下来。墓葬中出土的纸质文书年代最早可上溯至公元273年，最晚的至唐大历十三年（778），前后跨度达500年之久。文书种类涉及契约、籍账、官府文书、私人信件等，内容包括政治、军事、经济、思想、文化等各个方面，所载内容大到典章制度、重大历史事件，小至居民生活琐事，无所不有，成为窥探吐鲁番古代社会的重要窗口。在阿斯塔那一号墓区506号墓中，考古人员曾意外地发现了一个纸棺材，将其拆开、整理以后，发现内容竟然是唐天宝十四载某馆驿的马料支出记录。最出人意料的是，上面竟然写有"岑判官"，查阅史料方知，在这一年做判官的便是著名边塞诗人——岑参。凡此种种，阿斯塔那古墓群被赋予"地下博物馆"的美誉，并于1988年被列为"全国重点文物保护单位"。

大约一个小时车程后，我们远远便望见肃穆古典的古墓群保护站的建筑。进入大门，正对着的是女娲伏羲雕像，雕像周围立有十二生肖塑像。其左前方50米处为高约10余米的观景台，也是工作人员的瞭望台。向右穿过圆拱门洞，便可望见一片开阔的墓地，不远处还修筑有仿古的亭廊台榭，使人瞬间有一种穿越到古代的感觉。据管理人员介绍，目前墓地仍处于保护规划阶段，对外开放的墓葬只有三处，其中一处为将军墓，另外两处皆为一般百姓夫妻合葬墓。

斜坡式墓道

刚到达第一座墓葬，就完全打破了我先前对晋唐古墓的想象。小时候，看村里埋葬逝者，都是那种竖穴坑，将棺材放入其中，封上土起一土堆，若是有钱人家，再于一旁立一方石碑。然而，这处墓葬与记忆中的中原现代墓葬完全不一样。其外有一斜坡墓道，沿此直接通往墓室。我们所考察的第一座是唐代墓葬，墓道形制为典型的斜坡墓道洞室墓，墓室纵深约5.3米，由地面墓道至墓室长约31.2米。墓主人为一对夫妻，两具合葬尸体已经风化。墓室后壁上置有六曲屏风，其上画有欹器、金人、石人等，反映的是先秦两汉以来民间盛行的"列圣鉴诫"故事。"欹器"取"中则正，满则覆"之意；金人表示"三缄其口"，寓意行为要谨慎；张口石人，主张有所作为；最右边绘的是生刍（青草）、素丝、扑满（储蓄罐），查阅典籍而知，是出自《西京杂记》中的一个典故：汉武帝时一名为公孙弘的人出仕做官，好朋友邹长倩赠他一束青草、一卷白丝、一具扑满，以此作为劝诫。"生刍一束，其人如玉"，意思是说那匹马的主人如玉一般美好，告诫人择主行事，不能凭待遇的轻重作为去留的标尺；一根丝虽然很细，但是积攒的多了就能合成绳股，"素丝一卷"喻指由少至多，劝人立功行事，不要因善小功微而不为；"扑满"有入口没有出口，蓄满钱后只能将其敲碎才能取出里面的钱币，其意在告诫为官一定要清廉，千万不要聚敛无度。由此可以看出其受儒家思想之深厚，寓意深远。

所考察的第二处墓葬亦为唐代遗存。墓葬形制亦是斜坡墓道洞室墓，墓道全长约31.98米、深约5.26米。墓室后壁如第一处墓室类型一样绘制有壁画，六曲屏风皆为装饰、欣赏性的花鸟画。画面以红色边框相隔，绘画的鸟兽有鸭、野鸡、鸳鸯、野鸭，花草有兰花、百合等，远景绘山峦、流云、飞燕。画面色彩鲜艳，有红、蓝、绿、黄。后来据管理人员介绍，此墓葬主人为来自南方商人，常年经商于此。入葬后，壁画风格特意雕刻有南方飞禽鸟兽，花草水木。借此寄望墓主在另一个世界减少思乡之痛，及时入土为安。

第三处墓葬也修建于唐代。其形制与前两处相同。墓道全长约20米、深约5.55米。墓葬为夫妻合葬，两具尸体皆保存完好，葬式为仰身直肢。考古人员在发掘时曾出土有木碗、木罐、木梳、铜镜柄、泥塑水井及辘轳模型、泥俑、草俑、葫芦片、麻布等随葬物品，文书有《唐太夫人随葬衣物疏》《唐贞观二十三年（649）安西都护府户曹关为车脚价练事》《唐显庆三年（658）具注历》等。令我感到意外的是，这个墓葬洞室里仍保留有墓主夫妻两具尸体。除因水分蒸发而缩水变形外，其他均保存完好，衣着朴素，身材较为高大，借着昏黄的灯光，依然可以辨认出两位唐人去世时那淡然的表情。

四 丝路曾经的辉煌：高昌故城

考察完阿斯塔那古墓群，已是下午5点，我们还有一个可以称得上"高大上"的古迹——高昌故城没有考察，因而时间较为紧迫，好在高昌故城就位于阿斯塔那古墓群附近，大概也就10分钟的车程。据《魏书》记载，早在西汉时期，汉武帝遣兵西讨，偶过此地，军士疲惫，便借此休憩，见其地势高敞，居民富庶，因云"高昌"。

魏晋南北朝时期，政权四分五裂，中原大地战火连绵，迫于生计，大批河西及中原人士不远千里，避难于此，由此生齿渐多，史籍称其为"汉魏移黎"。高昌先是汉朝的戊己校尉治所，之后为晋"高昌郡"之地，继而又经历沮渠氏、阚氏、张氏、马氏和麴氏等政权。大家一定对最后这一个麴氏熟悉吧，当年大唐将军侯君集打的就是他（麴文泰），当然他也是大名鼎鼎的高僧玄奘的"御兄"。唐朝在此设置西州，统辖西域100多年。之后，北方的回鹘在此建国，13世纪末，高昌城毁于战火。

"看，毛驴车，而且不止一辆。"这是进入高昌故城映入眼帘的第一

高昌故城内的毛驴观光车

道风景。由于高昌故城面积太大,游客可以乘坐毛驴车代步观光,环保而又节省时间,而且还可以感受一下维吾尔族传统交通工具的乐趣,不得不佩服经营者的巧妙用心。

继而前行,放眼望去,寒风凛冽中的片片废墟,犹如风烛残年的老人,早已失去了昔日的辉煌。不过,近年来,人们终于认识到了高昌故城的存世价值,尽管比起20世纪初那些贪婪的西方探险家晚了近百年,如今又将其重新纳入了现代化的建设之中,由城中所搭建的数处脚手架而知当地政府正在对故城进行积极的修缮,工程预计将于今年(2013年)9月结束。自1949年以来,我国考古机构先后在此进行考古发掘共计14次,这对于阐释故城的前生今世,发挥其应有的文化价值,以及更好地保护故城具有非同寻常的意义。

双塔遗址

现存故城遗址有外城、内城以及可汗堡三重结构，其中外城为方形，城周长约 5 千米。内城呈长方形，南北长约 1 千米、东西宽约 0.8 千米。可汗堡位于内城北部中间，平面形状不规则。沿主街道向里走去，远远便可望见双塔遗址，两塔相距约有数十米，残高约十几米，其位置处于宫城西侧，是高昌故城的中心建筑，也是城中现存最高的建筑，据专家考证其曾是麴氏高昌王室寺院佛塔。史料记载，玄奘西行取经途经于此，受到麴文泰盛情邀请，曾在此寺院中居住数日，并在此与当地高僧谈经论佛，成为高昌国历史上的一段佳话。

大佛寺遗址

经过可汗堡，我们往东南方向前去考察大佛寺和东南佛寺遗址。首先到达大佛寺遗址，佛寺整体已经得到修缮，布局大致由殿堂、经堂、僧房三部分组成，主殿中心柱的正壁，原本巨大坐式佛像早已不见踪影，只遗存有佛龛，周围分布有小佛龛，雕塑工艺大概属于早期犍陀罗艺术风格。随着佛教的东传，犍陀罗艺术风格亦随之传入西域。相比之下，其余的佛教建筑均为纵券顶或穹庐顶式，代表了回鹘高昌时期的风格与特征，也是中亚地区极其典型的建筑样式。由此前行至东南角的小佛寺遗址，观察到佛塔是圆形拱顶与方形塔的双重混合体。诸如此类的寺院建筑随处可见，从现代的发掘报告而知，除佛教遗迹之外，故城内还曾发现有景教、摩尼教等宗教遗迹，由此可以猜测，高昌在东西方文明的碰撞与融合中，曾占据了不同寻常的地位。

考古学者通过吐鲁番文书中的相关记载研究发现，麴氏高昌时期，城内有里坊和作坊，如《吐鲁番文书》中记载有东南坊、西南坊、东北坊和西北坊，孟凡人先生推断"坊"就是城的主要居民区。另外，考古人员在出土的唐代文书中发现高昌城中曾有"筑城夫""城作人""缝匠""木匠""画匠"等职业分工，还出现了一些经济功能区，诸如西州市、果子行、米面行、杂货行等。虽说其达不到大唐长安城的繁华，但也是西域地区数一数二的大都市了。

我们返回市里时已是华灯初上，车窗外的吐鲁番街市，车来车往，人头攒动，早已不乏中原都市的热闹。整齐划一的街道、耸天而立的大厦、华丽考究的橱窗……想象中的"亚克西"风情不知何处邂逅。

第二节　西域都护府故地——轮台

1月23日，考察队员起了个大早，吃过早饭，待卞亚男到宾馆前台结完账后，我们便按照昨晚拟定的行程动身前往轮台，并计划在天黑之前抵达。我们一行五人离开绿洲宾馆，直奔轮台方向，开始了漫长而又艰辛的考察征途。大约一个小时，行至小城托克逊县，当然，我们将要在此停留片刻，顺便去拜访一下热情好客的胡叔叔、胡阿姨，以及他们的女儿——我们的好朋友胡老师。胡阿姨一家是20年前自山东迁居于此，在托克逊绿洲承包有上百亩的农田，以种植瓜果和棉花为主，每年收成颇丰。得知消息的胡阿姨一家早就站在大门口等待我们的到来，当了解到我们这次将赴南疆考察时，胡阿姨表情凝重，表示非常为我们的安全担心，毕竟南疆的维稳形势近些年愈加严峻。因急于赶路，稍作休整后，我们便启程前往轮台，胡阿姨依依不舍地将我们送出门外，并千叮咛万嘱咐胡老师在路上一定要注意安全、每天报个平安，真是"可怜天下父母心"啊！这下我们的考察队伍立马壮大了起来，由原来的一辆车五个人，扩编成两个车八个人（杨娟和岳丽霞也在此加入考察），考察队员的热情亦随之高涨，尤其是前后两辆车上微信对讲，他一言我一语，更增添了寂寞旅途中的乐趣！

一　初到轮台

由托克逊至轮台，蜿蜒曲折的干沟是必经之路，全长约100千米，由于途中陡弯较多，汽车只能保持 30—40 千米的时速行驶。据考古学者考证，我们现在所行的道路即是唐代西州至焉耆镇守军的"银山道"。行驶 3 个多小时，道路两旁依然很难见到水草，裸露的砂岩在阳光的照耀下熠熠生辉，呈现一片银白色的景象，这也许就是"银山道"得名的缘由吧。大诗人岑参、高僧玄奘、都护郭孝恪西行均途经此道，可以说对"银山道"交通之艰辛感同身受，岑大诗人写道："银山碛口风似箭，铁门关西月如练。"另在《西州图经》中有更为详细的记载："多沙碛卤，唯近烽足水草，通车马行。"路途之艰难由此可见一斑。最近新疆自治区相关部门正在对干沟进行"裁弯取直"工程建设，竣工后由托克逊翻越达坂，道路全长约 50 千米，仅需半小时车程即可进入南疆，日益发达的现代交通实在令人叹服！

4 个小时后，我们终于驶出了干沟这个不毛之地，眼前顿时一片开阔。就在此时，考察队员王玉平得知父亲生病住院的消息，不得不立即返回远在四川的老家，张老师决定由胡老师和杨娟将他送至吐鲁番火车站。岳丽霞上我们这辆车，继续向轮台方向行驶。大家在为王玉平父亲的病情深感担忧的同时，也替考察队一员虎将的临时退出而深表惋惜。

沿国道又前行约 2 小时车程，终于进入轮台县界。已经在车里待了近 7 个小时的伙伴们，从疲惫的梦境中渐渐又恢复了活力。轮台，一个在孩提时就已烂熟于心的名字：

岑判官的"轮台东门送君去，去时雪满天山路"。

陆放翁的"僵卧孤村不自哀，尚思为国戍轮台"。

……

岑判官与陆放翁荡气豪畅的诗句顿时响彻耳边。不过需要注意的是，岑判官笔下是唐代轮台，据专家考证其位置在今乌鲁木齐东郊的乌拉泊古城，《西域图志》就错把唐代轮台当作了汉代轮台城，而陆放翁所言轮台乃是一种泛称，亦非今天的轮台。轮台历史悠久，汉代为仓头国故地，后被贰师将军李广利所灭，并在此屯田。汉宣帝神爵二年（前 60），日逐王降汉，西汉置西域都护府于乌垒城，由此将广袤的西域大地纳入了中原政权的地域版图。

时光荏苒，岁月如歌。昔日的仓头早已湮灭，现代的轮台县地处塔克拉玛干沙漠北缘，交通便捷，东接库尔勒市，西邻库车县，南可达尉犁县，北以霍拉山为界连接和静县。整个地势北高南低，天山南麓的冰雪融水奔流而下，涌出山口，在野云沟、策大雅、阳霞等地汇聚成河，滋养着沿线的片片绿洲。如今的轮台已不只是西汉大农丞桑弘羊眼中的农垦重地，方兴未艾的石油产业正在推动轮台开启新的篇章，举国工程"西气东输"的"桥头堡"就位于县城南约十几千米的轮南镇。同时，轮台亦是巴州地区的文化大县，悠久的历史沉淀出厚重的文化，西域都护府遗址、群巴克墓地、阿克墩古城等，均是轮台历史长河的缩影，当一切都已逝去，是它们将历史的碎片予以重新编织。

二 找寻阿克墩

下午 5 点多，考察队历经 7 个小时的长途跋涉，终于到达了期待已久的轮台县野云沟乡。原本赶在 3 点前去轮台县政府接洽的计划，只得推迟到明天早上。在田野调查中，诸如此类的情况时常出现，计划是永远赶不上变化的，此时唯一能做的就是当即决定并实行一个最优方案。由于天黑尚早，张老师提议考察队先到野云沟乡政府询问附近古迹遗存概况。

考察队到达轮台县野云沟乡政府

驶入野云沟乡政府大院，很不巧的是工作人员都已下班，上前询问正在打篮球的几个青年人，均对附近的历史遗迹无所了解。幸运的是我们刚好遇见仍在办公室工作的乡党委副书记,他停下工作很热情地接待了我们。与其交谈得知,原本位于乡政府东侧的两处遗址,近年来由于居民挖土取肥、拓垦耕地以及基础设施建设等原因而遭到破坏,早已无迹可寻。因此,我们在两位值班干事的指引下,只能前往稍远的阿克墩遗址。

1928年,黄文弼先生曾对此地的两处古代遗迹进行考察:一是位于乡政府东1千米处的一座方形小城池。黄文弼所见古城被河水冲蚀破坏严重,城垣高约1米,主体结构为夯土构筑,遗址周长约百米,城内散布有青灰色陶片,城东缺口似为城门所在位置。另一处遗迹地处乡政府东面10千米处的公路北侧,人称"白土墩",所见遗迹由城垣、田埂残迹和一个高约3米的土墩构成,估计为烽燧遗迹。黄文弼先生在此发掘出数个陶罐,并推断其可能是西域都护府屯戍士卒的储粮用具。

阿克墩1号遗址

我们将要考察的阿克墩遗址位于高速公路东侧,与黄文弼先生考察的第二个遗址位置颇为相近,出乡政府沿314国道前行至阿克墩高速公路服务区,穿过高速公路下的涵洞来到公路的另一侧,然后再沿一乡间小道前行至一移动信号塔附近。在其东北方向赫然立着一块醒目的红色水泥保护标示碑,此地便是阿克墩古城所在地。所谓的古城,实际仅残存一高约2米的土墩,遗址其余部分早已被开辟为农田。土墩被厚约10厘米的积雪覆盖,因而遗迹全貌未能得以清晰辨认,甚为可惜。除有两块水泥保护标志碑之外,并未发现他物。走近后观察两块水泥碑得知,该遗址于1987年被自治区政府公布为"县级文物保护单位"。一块为红色,其上刻有"阿克墩1号遗址",为轮台县政府2008年11月所立,上面显示遗存年代为"唐代";另一块水泥碑为维吾尔语书写,表面略微毁损。遗址东西长约490米,南北宽约490米,总面积约24万平方米,在轮台县境内算得上是规模较大的古城遗址。

在此土丘不远处,又见公路桥洞前有八九个较小的土丘,亦在阿克墩遗址保护范围之内,应为阿克墩遗址的一部分。放眼远眺,遗址周边数里地势平坦,在硝烟弥漫的汉唐之际,此地绝非重要的军事据点,很可能是一处普通的屯田城址。

考察完阿克墩遗址,天色已晚。由于考察队计划明天上午要前往轮台县宣传部和文化局接洽相关考察事务,因而在与野云沟乡政府的两位热心干事辞别后,直奔轮台县城。到达县城,已是深夜,队员们拖着一天的疲惫宿于金胡杨宾馆,匆忙地吃过晚饭后,开始整理当天的调研日志。

三 阔那协海尔古城

24日早上吃早餐时方才知道,胡老师和杨娟昨晚连夜返回赶到了这里。10点,我们前往轮台县人民政府,受到宣传部李部长和文化局赵局长的热情接待。在一楼会议室,我们就轮台县境内汉唐遗迹概况以及西域都护府位置等问题进行了交流。

考察队与轮台文保单位人员交谈

据赵局长所述，学界对西域都护府具体位置一直众说纷纭、莫衷一是。有的认为在沙雅县，有的认为在库车县，有的认为在新和县等，但这些说法都缺乏有力的证据。1928年，新和县出土的"李崇之印"曾引发学界对于西域都护府的激烈讨论。李崇是西汉时期最后一任西域都护，在攻打焉耆国兵败之后，率领残余兵士逃亡龟兹国境内，也就是今天新和与库车交界处。据赵局长介绍，李崇印的出土也并非能证明都护府位置就在于新和县内。因为，当时出土的印章存在多种释义，主观上很容易联系其末任都护李崇，认为此印字迹貌似"李崇之印"四字，但是，也有人将此理解为"李佑任之印"。

李崇印

目前学界普遍认为西域都护府治所方位就位于今策大雅乡与野云沟乡境内。据说20世纪60年代，在策大雅乡境内曾经挖掘出一块木板，厚约20厘米，长约半米，上面见有"西域都护府"字样。又据赵局长介绍，许多专家学者都曾对西域都护府位置进行过实地调查，但由于轮台县境内现存古遗址大多毁损严重，无法根据现有文物进行准确测定，因而大都无功而返。最近有学者提出，汉朝建筑所用的瓦当或许是找寻都护府遗址的关键，只要能出土汉代瓦当，便可佐证都护府确切位置。但是，此种路径在具体实践上犹如"大海捞针"，希冀于更多的偶然性因素。此外，北京大学林梅村教授，立足考古学视野，结合现代考古技术以及城制时代特征，认为轮台县阔纳协海尔古城即是西域都护府故址，亦是一种观点。对此问题的研究方法各有千秋,其可行性仍需要时间的检验。但毋庸置疑的是,都护府遗址具体位置的厘定,务必有着对两汉西域经略形势的总体考量以及现代考古技术的运用。

由于我们将要实地调查的古代遗址均是文物部门予以重点保护的对象,因此考察前需经县级以上主管部门的批准,等到批复下来时已近中午。宣传部的同志为我们安排了一位文管干部协助我们进行古迹调查。我们共计划考察三处城址,一是位于轮台镇塞维尔牧业村的卓尔库特古城,遗存年代为西汉时期。20世纪20年代,黄文弼沿克子尔河到此考察,见古城平面呈圆形,测得周长约1.2千米,城墙多已坍塌,仅剩墙基遗迹,中央位置有一土阜隆起,似为古代建筑残迹。黄文弼又在遗址内发掘出大量谷物,红底黑花陶片以及带柄铁镞等遗物,同时发现有古时沟渠田界的痕迹,由此判断古城应为汉代西域屯田校尉城故址。另一处是靠南位置的奎玉克协海尔古城,古城平面亦呈圆形,周长约0.9千米。黄文弼实地考察后推断其可能为汉代时期"仑头国"故址,根据《史记》记载,仑头国为北道之中的绿洲城邦小国,其都城修筑颇为坚固,贰师将军李广利征伐大宛时途经于此,攻打数日方才攻占其城。第三处遗址为赛维尔古城,该城修筑于汉代,沿用至唐,由于缺少出土资料,其性质与功能至今仍未能予以确定。

奎玉克协海尔古城残垣

拟定的三处古城考察路线大致与黄文弼先生20世纪早期考察路线相同。我们由轮台县城出发，行驶约30分钟车程后到达轮台镇。时值正午，路上的积雪开始融化，路面一片泥泞，车辆难以通行，因此，考察队只能前往距离最近的阔纳协海尔古城。车子转入土路，沿途白雪皑皑，道路崎岖，很多地方难以看清路面。向前行驶约4千米后，见标示有"轮台古城"四字的文物保护碑。后经向导介绍，此处并非标志碑所指古城，必须由此向前再行200米，方是"阔那协海尔古城"，又名"黑达衣协海尔"，意为"汉人城"。古城平面呈方形，城墙大部分已经坍塌，残垣显得十分宽厚。我们测得古城边长约150米，城墙残高4—5米。古城虽有积雪覆盖，但城池结构清晰可辨。墙垣有向外凸出的垛台，西北有曲折的瓮城门，城门比较宽，约6米。城墙可以明显看到扩建痕迹，由此可以肯定古城在后世沿用中曾多次修缮。城墙土质由于受到盐碱化腐蚀，地表非常松软，走在上面稍一用力，松土便会陷至膝盖处。

据说20世纪六七十年代古城内还有人居住，之后附近村民常在城内"挖土取肥"，古城由此遭受严重破坏。据向导介绍，在离古城不远的地方还有一处烽燧遗址，但由于道路不通而无法前往。此时，围绕古城考察的队员们，体力早已消耗殆尽，个个饥肠辘辘，大家一致决定先返回县城用餐，考察事项稍后再从长计议。

轮台县博物馆

下午4点，受文物局赵局长邀请，考察队前往轮台县博物馆考察。轮台县博物馆是一座高约三层的小楼，第一层为历史文化展厅，主要展示轮台县地理概况与历史沿革；第二层为民俗风情展厅，是了解当地民族风情的重要窗口；负一层为文物展厅，因多数文物不能受强光线照射，故将其放置于地下层。我们重点考察了第一层的历史文化展厅，其主要以历代中原政权对于西域的经略为主线，展示了轮台在西域历史进程中的地位。公元前60年，"使者校尉"郑吉迎日逐王有功，出任西域都护府都护，府治轮台境内的乌垒城。博物馆内立有郑吉的雕像，栩栩如生。另外，馆室墙壁挂有18任都护画像及其生平，但由于历史资料的缺乏，现仅考证出10位，另外8位都护的身份学界还未予以定论，这应是和寻找都护府一样重要的学术使命，等待我们去探索发现。其中，最令我关注的是博物馆制作的西域都护府城池复原图，不知城池形制设计的依据是什么。由于环境的差异，我想汉代西域军事屯城的形制结构或许和中原古城存在较大的差异，那么古代的官署场所建制一定有着非常分明的等级、规格。如果能弄清楚这个问题，对于研究环塔里木地区汉唐城址相关问题，甚至厘定西域都护府遗址位置都具有重要的参考价值。

四　拉伊苏烽燧

考察完轮台县博物馆，天色尚早，我们考察距县城不远处有三处汉唐时期烽燧遗址。于是，在文物管理员艾热孜的带领下，考察队赶往县城附近的拉伊苏烽燧。烽燧又称"烽火台"或"烟墩"，是我国古代常用的戍边预警和传递情报的军用设施，其往往与古城、驿站、关卡连接在一起，构成较为健全的军事防御体系。其对于戍卫西北边防安全，抵御北方游牧势力南下掠夺以及维持丝路畅通皆发挥着重要作用。尤其是在环塔里木地区，其作用更显重要。敌情一起，烽卒即刻点燃备好的积薪或苣苣，白天起烟称"燧"，夜间燃火称"烽"，然后，按照特定的暗语将信息准确及时地传递到指挥中枢。

不一会儿，我们便到达位于轮台县郊区拉伊苏工业园区附近的拉伊苏烽燧遗址。此地共遗存烽燧三处，其中两处为唐代遗存，一处为汉代烽火台遗址。三座烽燧大致呈西北走向，相互间隔约有200米，如此密集的烽燧布局，想必此地战略地位非常重要。据《汉书》记载，自贰师将军李广利征伐大宛后，西汉声威西域，诸国纷纷来使朝贡。西汉趁机将军事力量开拓至塔里木地区之中，并将烽燧防御线路由原来的河西四郡延伸至罗布泊，再至西域都护府所在地乌垒一带。"自敦煌西至盐泽，往往起亭，而轮台、渠犁皆有田卒数百人，置使者校尉领护，以给使外国者。"① 如今所见的拉伊苏烽燧，即是此条烽燧线上一处重要的预警设施。

汉代拉伊苏烽燧遗存

唐代拉伊苏烽燧遗存

---

① 《汉书》卷九六《西域传》，中华书局1962年版，第3873页。

我们首先来到第一座烽燧处，烽燧的保护标识碑早已倒塌在地，但烽燧保存相对完好，烽体呈方形，由基部向上渐窄，基部边长为7—8米，残高约8米，据说此座烽燧为巴州保存最为完整的一座。烽体为夯筑结构，夯层夹杂有树枝，其西北约百米处，为唐代戍堡遗迹，主体已坍塌，仅存城垣西侧、南侧，残高约4米，沿缓坡可以攀登至顶部。由此再西北行约200米，到达第三座烽燧，该烽燧始建于汉代，残高约8米。据艾热孜介绍，该座烽燧尚未经人工修缮，烽体自然风化严重，墙垣上遗存有大小均匀的类似鸟巢状洞穴，达数十处之多，应是搭建附属建筑穿插木料时所留。烽体底部有一深洞，疑是当地村民"挖土取肥"所致或是盗掘所留。

艾热孜告诉我们，由第三处烽燧向西北行约百米，即是大面积的汉唐屯田遗迹，由此不难想象，千年前汉唐热血健儿在此屯田戍边的宏伟场景。

第三节 龟兹文化中心——库车

鸠摩罗什，龟兹乐……龟兹，我们来了！考察队终于踏上了这片让人魂牵梦萦的文化圣地，考察计划的第二站——库车，汉唐之际的龟兹国故地。据《汉书·西域传》记载，龟兹国，国都"延城"，即今天龟兹故城，龟兹距离长安七千四百八十里，户六千九百七十，口八万一千三百一十七，胜兵两万一千七十六人。也许在你看来，这组数据并无特殊含义，但是当你翻遍史籍，便会发现龟兹自汉至唐一直是塔里木地区的绿洲大国，其人口规模在环塔里木地区绿洲国家中是最大的。

龟兹，早在公元前就是西域较为典型的绿洲城邦，其不仅人口众多，地域面积亦很辽阔，大致涵盖了今天库车、拜城、轮台、沙雅和温宿等行政区。正是凭借自身的地大物博，人口众多之势，龟兹在贰师将军征伐大宛后，不但未像其他城邦一样称臣于汉，而且私自扣押他国质子，与西汉王朝分庭抗礼，并将扜弥国质子赖丹杀害。若干年后，常罗侯常惠在出使乌孙国的返回途中，击败龟兹。从此，龟兹绛宾王才归属于汉。东汉时期，西域都护府府治龟兹国它乾城，后因其城小，迁至延城。魏晋时期，龟兹国为焉耆所控制，后归属于高昌郡。唐朝时期，阿史那社尔平定龟兹，显庆三年（658），唐移安西都护府于龟兹。古龟兹自古以来就是东西方文化的交汇要地。斑驳沧桑的龟兹故城，高大肃穆的克孜尔尕哈烽燧，宏伟庄严的苏巴什佛寺，五彩斑斓的克孜尔石窟群壁画……龟兹文化底蕴之厚重跃然纸上。

一　克孜尔尕哈烽燧及石窟

25日上午11点，考察队到达库车县，首先前往县委宣传部商洽考察事宜。县委宣传部张部长停下繁忙的会务工作，协助我们联系到库车文保单位。下午4点多，考察队前往旧城区林基路文物局，王局长向考察队简要地介绍了库车文化古迹遗存以及开发利用和保护状况。据悉，库车县现存古代遗址有200余处，其中有5处被评为"全国重点文物保护单位"。座谈期间，王局长一再向我们坦陈目前文物保护的困境：库车县虽然拥有如此厚重的文化遗产，但如何科学保护好、合理开发好这些遗产目前并未找到理想的出路，遗址地理分布较广，交通通达度较差，日常文物监管工作很难落到实处；保护专项资金的缺乏，较大程度上限制了古迹的保护、修复以及开发利用；再就是专业人才的缺乏，导致专业技术力量薄弱，亦是困扰古迹文化资源保护的一大难题。当然，这其中很多也是新疆整个文物界所面临的问题。

克孜尔尕哈烽燧

座谈约半个小时后，考察队准备率先前往距离县城较近的两处遗址——克孜尔尕哈烽燧和克孜尔尕哈石窟。

克孜尔尕哈烽燧，汉语意为"红色哨卡"，又被当地民众形象地比喻为"龟兹古道守卫者"。烽燧地处阿克苏地区库车县伊西哈拉镇来提巴格村西北3千米处的盐水沟附近，是目前新疆境内保存状况最好、历史年代最久的单体烽燧，2015年成功入选世界遗产之列。现存烽燧坐落在盐水沟一侧的宽阔台地上，其北部、西部均是连绵起伏的山地。烽体基部呈长方形，长约6.5米、宽约4.5米。烽体从下至上逐渐收缩呈梯形，残高约13.5米。因常年受西北风吹蚀，顶部呈现出东南——西北向驼峰状。经文保机构测定，烽燧现正以每年1.5厘米的厚度削减，因此，如何保护烽燧成为文物保护的一大难题。

关于克孜尔尕哈烽燧在当地流传有这样一段凄美传说。从前有位占卜者告诉龟兹国王，公主不久将被毒蝎咬死，国王由于害怕失去自己心爱的女儿，便在毒蝎无法生存的盐水沟附近修筑一座高台，将女儿安居在高台之上。时过日久，国王思女心切，便派人给公主送来一篮苹果，没想到，公主刚咬第一口，突然有只毒蝎爬出将公主咬伤，不过几天，公主毒发身亡，年轻的生命永远驻足在这高大的土塔上。因而，克孜尔尕哈烽燧在当地人们心中还有"姑娘留下"之意，表达了当地百姓对于公主的怜悯与怀念。

与凄美的传说相比之下，其真实的历史略显乏味。烽燧的修筑在很大程度上是出于地形的考量，盐水沟是天然的军事要道，附近即是以雄险著称的"盐水关"。因而，在此布局烽燧保证军事要道安全显得异常重要。据历史记载，克孜尔尕哈烽燧始建于汉代，唐朝时重新对克孜尔尕哈烽燧予以修缮使用，其与周边的军事防御设施一道铸就坚固的防御线，对于抵御外族入侵，拱卫安西都护府发挥了重要作用。

距离克孜尔尕哈烽燧仅百米的佛教遗址，即是克孜尔尕哈石窟。石窟又称"石窟寺"，是古代人们利用山体开凿而成的佛教寺院。这种石窟式的建筑形式最早源于古代印度，随着佛教的传入，此建筑风格亦随之呈现在丝路沿线佛教重地。古代龟兹、焉耆、高昌、敦煌，一直到长安，皆是石窟寺流行之地。石窟寺洞窟形制主要有塔庙窟、佛殿窟和僧房窟三类。其中，塔庙窟又称"支提窟""中心柱窟"，是模仿寺院佛塔而开凿；窟

克孜尔尕哈石窟

内除开凿有佛龛佛像之外，一般还修建有木结构建筑，如立柱、斗拱以及屋檐等；僧房窟是僧侣日常起居的洞窟，相当于寺院的僧房。

  克孜尔尕哈石窟坐落在一处砂岩地貌的"C"字形山谷中，站在谷口便可一览石窟寺全貌。克孜尔尕哈石窟开凿于公元 4—7 世纪，衰落于公元 9 世纪。石窟群所在的山谷东西宽约 170 米，南北长约 300 米，现存洞窟 64 个，其中保存较为完整的洞窟 39 个，残存有壁画的洞窟 13 个，其壁画题材大致与克孜尔石窟类似，较为典型有第 13 窟和第 14 窟，洞窟内供养人画像中表现出的"坚牢地神"，向导孙小姐向我们解说该画像意在衬托龟兹国王和王后的形象。洞窟形制以中心柱居多，石窟壁画有佛本生故事 40 余种，因缘故事 20 余种，本生故事以大幅画面绘于中心柱窟道侧壁，这种壁画的布局在龟兹等其他石窟中较为少见。

  在此等待足有一个小时，仍不见看管员身影，看来今天真的"与佛无缘"，无奈之下只能决定返回。走出谷口，仍恋恋不舍地回望，夕阳西照，山谷幽静，远离喧嚣与繁华，让人心如止水，大概这就是佛教修行的意境吧！

  库车考察的第一天在落日的余辉中结束。虽然人在返回县城的路上，但思绪仍然停留在中午时文物局尹女士所谈到的文物保护与开发的困境上。难道历史遗迹的保护和修复工作唯一个"钱"字了然，显然不是的，资金只是在一定程度上限制了文物保护工作，并非全部，工作人员应该在现有的资金条件下,充分地发挥主观能动性,克服困难,充分挖掘历史遗址深厚的文化底蕴,真正将古龟兹文化面貌展现给世人,让人们得以充分的了解和熟悉,从而扩大自身的影响力与知名度,这才是克服现存文保困境的合理路径。否则,这些具有极高艺术价值的文化遗产,留给世人的终将是痛惜和遗憾。

二 苏巴什佛寺遗址

又一个清晨来临,一阵寒风袭来,我不禁打了一个冷战。26日早上10点,考察队由库车县城出发,驱车前往位于库车县城东北约20千米处,阿格乡栏杆村南的苏巴什佛寺遗址。苏巴什佛寺始建于魏晋时期,至隋唐时盛极一时,佛寺规模恢宏,香火繁盛。① 据《高僧传》载,鸠摩罗什未出生时,其母得知苏巴什佛寺有众多德名兼备的高僧,便随即召集王宫内的女子和有德行的比丘尼,前往苏巴什佛寺听法。苏巴什佛寺在当时龟兹的知名度和规格由此可见一斑。唐太宗贞观二年(628),高僧玄奘曾在此讲经说法长达两月之久,他在《大唐西域记》中对苏巴什佛寺有明确的记载:"荒城北四十余里,接山阿隔一河水,有二伽蓝,同名昭怙里,而东西随称。"② 河水即是今库车河,昭怙里即苏巴什佛寺。其中,位于河西侧的西寺遗存有佛塔3座和佛寺1处,北边亦发现有石窟遗存;东寺现存遗迹较少,存有佛塔3座。7世纪中叶,在唐安西都护府迁往龟兹后,内地高僧云集于此,佛事逐渐兴隆,9世纪时佛寺遭战火所焚,渐趋衰微。

苏巴什佛寺

---

① (梁)释慧皎:《高僧传》,汤用彤校注,中华书局1992年版,第45页。
② (唐)玄奘、辩机:《大唐西域记》,季羡林等校注,中华书局2000年版,第60页。

约半个小时车程便到达苏巴什佛寺,由于几位同学第一次来苏巴什佛寺,一路上大家都对苏巴什佛寺的面貌纷纷予以猜测,或以为庄严肃穆,或以为宏伟华丽,或以为大方朴素。车子经过一处缓坡之后,几处破烂不堪的土建筑映入视野,与想象中的苏巴什佛寺相比,实在令人大跌眼镜。佛寺北依却勒塔格山而建,西寺所在的缓坡下有一公路穿过,向东约百米处即达库车河岸,隔岸即是苏巴什东寺所在。西寺南北长约685米,东西宽170米。西寺建筑较多,以北、中、南三塔和南部寺院为主,北塔有佛窟遗存,窟内残存有壁画和龟兹文题记。20世纪初,日本大谷光瑞探险队到此考察,在西寺挖掘一舍利盒,现藏于日本东京国立博物馆。1907年法国伯希和发掘出圆形舍利盒7个。1953年,北京大学考古学家黄文弼先生在西寺殿堂内曾发掘出大量陶器、铜钱、铁器、木简、经卷等。1978年县文物部门在西寺佛塔下的墓葬中出土女尸骨架、婴儿骨骸及一些随葬品,现藏于库车龟兹博物馆。

苏巴什佛寺残塔

我们要考察的西寺遗址,位于公路西侧,保护墙是高约1.5米施工所用的简陋蓝铁皮。走进寺内仍可见有佛塔、佛殿、僧房等残存建筑。大殿位于佛寺入口处的右前方,为众僧侣讲经的场所。我们沿着积雪覆盖的低谷小道前行,来到佛塔遗址,据说刚有僧人在此做完法事,塔身上仍可见残存的旗帜状法具,其上印有梵文,大意是在表达一种佛教祈祷或祭奠。

我们经过大殿、佛塔继续前行，见僧房若干，多为土坯砌筑。墙壁遭破坏严重，其内佛像或壁画早已不见踪迹。东寺规模相对较小，其南北长约535 米，东西宽约 146 米，主要由佛堂、僧房以及北、中、南三座佛塔组成。由于河水阻挡无法前往，仅能远观。

库车河东岸的苏巴什东寺

走下缓坡，见到了苏巴什佛寺看管员，祖籍河南的王世忠老人。2002 年至今，他已经在苏巴什佛寺度过十个春秋，可谓"人未剃度，心已顿空"了。老人在此除了看护寺院之外，最大的娱乐活动就是去山上挑拣各种形状的石块，仅我们在其房屋门前所见的精美石块就多达百余种，这也许是老人打发时间的最好方式了。老人表示，他心甘情愿地将余生交与佛陀，看护这片佛教圣地，不说老人精神是多么高尚，仅就十个春秋的孤独寂寞，哪个人能够承受。

太阳虽已高，但由于云雾的层层遮挡，天空依然一片昏暗。苏巴什佛寺破败不堪现状的背后所体现的文物保护与经济开发之间的矛盾，是目前文物保护的主要问题。据老人讲，去年苏巴什佛寺共售出门票 2000 余张，按票价 25 元/张计算，总收入共 5 万多元，除去相关费用支出，所剩无几，甚至还会出现财政赤字的问题。苏巴什佛寺作为全国重点文物保护单位、高僧玄奘的讲经之地，旅游经济效益竟如此低下，在全国同级别旅游单位中实属罕见。仔细观察便会注意到，苏巴什佛寺与其他同级文物单位相比，基础设施较为原始，路面有待硬化，建筑名称有待标识，如此造成游人虽身在其中，然无迹可寻，无趣可游。再则，旅游资源开发欠妥。佛寺并无供游人行走的中央大道，环保措施不到位。如此游人会凭个人的喜好任意践踏和攀爬建筑，对遗迹亦会造成不可弥补的损失。

总之，苏巴什佛寺的开发和保护存在很大的问题，这些问题应得到相关单位的重视。当地文管部门应留出充足的时间和精力，重视公共基础设施的建设，做好文物遗存的修缮加固工作。只有还原其历史原貌，才能增加历史的厚重感。同时，还要做好返物归源工作，将以前在此出土的文物（或复制品）返回到此遗址专设展馆，以丰富遗址文物内容，增强遗址的文化价值。此外还要注重历史名人或传说对于遗址的宣传效应。如此，才能科学地处理旅游与保护之间的矛盾。

三 库车河东部的古迹

我们与王世忠老人告别后，直奔牙哈镇。时至午时，乌云消散，阳光照耀下的牙哈镇让人感觉不到一丝寒意，街上人头攒动，车水马龙，长约不到 2 千米的街道两旁，摊位鳞次栉比，商品琳琅满目，颇为繁华。这是赶上维吾尔族的巴扎了，巴扎就是集市，当我们兴高采烈地问询商品时，颇为尴尬的事情发生了，简单的阿拉伯数字和人民币成了我们和维吾尔族老乡沟通的唯一工具。语言不通真的让人感到很无奈，当然，这也是考察队在环塔里木田野调查中最让人头疼的事情。亦是出于这种情况的考虑，考察队急需找到一名向导。于是想到了去牙哈镇政府办公室碰碰运气，恰好下班时间，我们只好先解决午饭问题，待到下午 4 点再去拜访。

午餐地点选择在路边一个颇具民族特色的拌面餐馆，青年老板待客非常热情，一边操着一口不太流利的汉语表示欢迎，一边为我们斟上沁人心脾的砖茶。七大份拌面之后，每人又分别加了一份面。饭后，我们来到牙哈镇政府办公室，恰巧碰见正在值班的刘永星干事，在说明来意之后，他表示非常乐意带我们调查牙哈镇附近的历史古迹。待他处理完手中的工作之后，我们就出发了。

车子拐入乡间公路，十分钟后到达牙哈镇塔罕西二村南约 1 千米处的墩买力吐尔烽燧遗址，其遗存年代大致为汉唐。现存烽燧四周均已开垦为麦田，没有给烽燧遗址留出合适的保护范围。经测量，烽燧周长约 21 米，

牙哈小镇一瞥

测量墩买力吐尔烽燧

残存高度约 7.1 米,四壁陡直,东北面烽体上部有几处裂缝。烽体建筑结构为夯筑,夯层厚 12—15 厘米。烽燧四壁残留有许多孔洞,孔径长 10—25 厘米。现存烽燧与"三普"资料所载约 30 米的周长相比,明显缩减了许多。由于靠近麦田,墩买力吐尔烽燧基部很容易受到灌溉用水的浸泡,这种现象在南疆的文物遗址保护中十分常见,相关部门应该对此加以严格监管,将遗址与耕田之间划出一定的保护范围,确保遗址安全。

实地考察牙哈遗址

下午 4 点多，在刘永星干事的指引下，考察队驱车前往牙哈镇北部边缘的另一处遗迹——牙哈遗址。遗址位于乡村公路一侧，其南边不远即是南疆铁路北线。现存遗址为一椭圆形的大土墩，残高约 4 米。据居住于牙哈遗址对面的老人讲，在他孩提时代遗址就已存在。据说遗址原为一处佛寺，平面呈方形，城门朝南，高 7—8 米。后来，由于村内居民取土垫房基，遗址遭到严重破坏。后来得知"牙哈"一词意为"边缘"，如此就不难理解僧侣避开喧嚣闹市，寻得这片清静之地修行的缘故了。

自牙哈遗址向南行约 5 千米至牙哈河，河对岸即是克日西石窟所在地，但由于山上冰雪融化，洪水溢满整个河道，考察队无法到达对岸，最终未能一睹克日西石窟的风采，只得"望河兴叹"。据当地的文物人员介绍，克日西石窟为 2007 年第三次全国文物普查时发现，大部分石窟已经坍塌，虽有几个洞窟保存尚好，但洞窟内壁画褪色严重，多已无法辨认。

由牙哈河畔折返，途经克日西戍堡。戍堡位于牙哈镇克日西村南牙哈河南岸的台地上，始建于唐代，应是驻屯军卒防御外敌入侵，传递重要情报的一处军事设施。现存遗址平面呈不规则长方形，南北向坐落，宽约 30 米、长约 60 米。墙垣为夯筑，墙基宽约 4 米，残高约 3 米。城门开在南垣西部，宽约 3 米。戍堡北墙下临牙哈河，因河水冲蚀部分墙体已经坍塌，仅有西南端和南墙垣尚存。戍堡西侧及南墙中部各有一座台基，皆为

水流湍急的牙哈河

夯筑，夯层厚约 20 厘米。结合所在地形分析，戍堡应是牙哈河沿线一处重要的古代交通关卡。

克日西戍堡

偶遇克日西戍堡的喜悦还未褪去，考察队便又觉察到山顶的异常情况，低矮的砂岩山坡上隐约出现若干洞穴，很像是石窟。我们便下车上前一看究竟，果然是声名赫赫的玛扎佰哈石窟群，真可谓惊喜连连啊。玛扎佰哈石窟因地处库车县城东北 30 千米处的玛扎佰哈村而得名，石窟凿建于 6—9 世纪，有编号洞窟 44 个，石窟保护范围为 74 亩，建设控制地为 66 亩。洞窟类型主要有中心柱窟、僧房窟和禅窟三类。由于受到千百年来的自然侵蚀以及 20 世纪初西方探险家的人为割取，现存有壁画的石窟仅有 5 窟，题材主要为菱格画中的本生、因缘和佛传故事以及绘有"三界六道"图像的卢舍那佛、人面千秋鸟图像等，皆是龟兹壁画中十分罕见的艺术珍品。

我们从临路的一侧攀登而上，山坡较为陡峭，至顶部发现带编号的洞窟，已被文物部门所发掘。测得一处洞窟边长约 5.7 米，高 2.4—2.5 米。正在专心考察之时，山下的维吾尔族看管员也不知从何发现我们的踪迹，脱口而出一口流利的维语，声色俱厉，对我们的突然出现表示相当愤慨。在其不断的催逐下，我们在对附近的几处洞窟匆忙地拍照后，不得不下山返回。由于玛扎佰哈石窟较有价值，经与相关部门接洽后决定 27 日继续考察。

27 日早晨，张老师带领卜亚男和胡志磊，重返牙哈镇考察玛扎佰哈石窟。经过一上午的翻山越岭，他们总共找寻石窟 36 个，其中 1 号石窟和 9 号石窟保存较为完好，洞窟内壁画尚存，由于窟门紧锁，仅能透过窗口窥得壁画局部。据胡志磊回忆，由于没有道路通行，他们一上午基本都是在半山腰攀沿而行。在寒风肆虐的冬季，汗水却将他的棉衣几乎全部浸湿，鞋子也被石头割开了几个口子。有时为拍摄地势较为陡峭的石窟，必须手脚并用，方能到达理想的取景位置，为此他几次脚下踩空而跌落至半山坡，手脚均有擦伤淤肿。我由此联想到，当年无数能工巧匠攀援峭壁，凿刻洞窟绘制壁画，给佛教艺苑留下如此瑰宝，让人顿生敬佩与感叹！也为野外进行田野调查的考古工作者表示敬意。

考察队自玛扎佰哈石窟返回县城，途经库车县城南乌恰镇境内的沙卡乌烽燧，便下车考察。烽燧位于公路东侧，南侧已被居民当作院墙使用。烽体表面较为整洁平滑，看似刚修缮不久。经测量，烽体呈方形，边长约 13.2 米，高约 9 米。烽燧始建于唐代，距离老城区的龟兹故城遗址不远。结合其所在地望分析，烽燧应是连接龟兹故城，及时传递信息情报和戍卫龟兹城的重要军事据点。

回到县城已是傍晚时分，途经热斯坦街道办事处科克其卖力斯社区，恰好此处是考察计划中的墩买力墓地所在地。经过一番打听，无人知道我

玛扎佰哈石窟

库车县城边缘的沙卡乌烽燧

们所要找寻的遗址,最后在社区派出所民警的带领下,才准确到达。由于夜幕降临,没能对墓地进行仔细考察。27日早晨考察队重到此地。墓地面积很大,其间至少有三条道路穿插而过,将墓地分成若干区域,并且墓葬文化有着分层,我们所要考察的汉唐墓葬,目前已被现代穆斯林麻扎所覆盖。

平生第一次如此近距离考察穆斯林麻扎。其建筑风格与中原汉族墓地迥然不同,汉族墓地地表多为圆锥形封堆,而墩买力墓大都为长方体的小

墩买力墓地

土台，其上有高约 0.5 米，长约 1 米带有屋脊式的小土台。穆斯林麻扎占地面积较小，远比汉族墓地更为节约土地。再就是麻扎上面围有栅栏，其上竖立的月牙状雕塑，朝向麦加方向，显示出伊斯兰教徒的特有葬俗。还有麻扎前面立有汉字碑文，并且这样的墓葬多为"马"姓，埋葬年代基本为近代，是汉化较深的回族墓葬。

四　龟兹故城

时光飞逝，转眼间已是调研的第七天，开始时的那份新鲜感随着每天的奔波逐渐消逝。考察的地方愈多，愈能感觉到西域文化的博大精深，同时也对自己西域文史知识的浅薄与匮乏颇感迷茫，也许这就是学术历程的必经阶段吧！天气冷，晴，有风，让我突然想起了家乡的冬天，往年的这段时光，均是在河南老家度过的……集市上热闹的叫卖声打断了我的思绪，使我重又回到现实中，今天的调研任务看似很少，其实不然。之所以这样说，多是源于历史、宗教、地理、考古学知识的匮乏，导致一路上始终有一种自惭形秽之感，也深切体会到"读万卷书，行万里路"的迫切心情。

离开墩买力墓地之后，我们便前往库车新城西约 1 千米处的龟兹故城。龟兹是西域"三十六国"之一，国都遗址即是今库车河东岸的龟兹故城，汉代称"延城"，唐代称"伊罗卢城"，"安西都护府"治所也设置于此。其在相关史料中均有对其或简或繁的记述，如《汉书》的记载为"龟兹国，王治延城"；《晋书》中对故城的描述为，"城中有佛塔寺庙千所，王宫壮丽，焕若神居"；唐代高僧玄奘在其《大唐西域记》中说"国大都城周十七八里"；之后有《西域图志》云："库车，在第纳尔郭勒西二百五十里，距京师一万八十里。城周四里六分，东南北三面形圆，西面形方，高一丈九尺"①……凡此种种，龟兹故城的身影一直在历史长河中摇曳不停。

龟兹故城

到了近现代，龟兹故城成为考古学家的宠儿，先有斯坦因于1914—1915年到此考察发掘。他在《亚洲腹地考古图记》中写道，库车河东岸遗存有一座规模很大、年代久远的古城墙遗迹，墙垣结构为夯筑，"基底宽约60英尺，残高约18英尺。残墙以此规模延伸约300码距离"。可见，故城在20世纪20年代中期已经残破不堪了。1927年，中国考古学家黄文弼先生到此考察时，所见故城遭到进一步破坏，据《塔里木盆地考古记》记载，库车东北城上河边有一地名为"皮郎"的古城址，其内遗存

---

① 《西域图志校注》，钟兴麒等校注，新疆人民出版社2002年版，第246页。

有一大墩，土筑结构，四周基本已为民房包围，测得土墩"高约十二，宽约六十余米"。1958年黄先生再次身临故城，此时的故城已因乌库公路穿插通过而将故城分为数段。

龟兹故城残留城垣

据2007年"三普"文物考察记录，龟兹故城现存遗迹主要有以下几处：位于桥东北方向百余米处的"萨克剎克土拉"，据当地居民所述，此土拉原有围墙，呈五层阶梯状，与佛塔建筑类似，残高约9米，周长约150米的南海墩；位于乌库公路南边，乌恰河西岸的"乌库土拉"；位于乌库土拉附近的"白尖土拉"，仅余有一不规则状残土台的"哈拉墩遗址"；位于乌恰河东，最远处的"皮郎土拉"。

这是传说中的龟兹国都城吗？这是安西大都护的治所吗？残墙断垣，布满杂草与生活垃圾的角落……满目疮痍，一片狼藉。城墙下有一羊肠小道，沿此行至城墙尽头，途中略见数处土墩遗存，皆面目全非，已无法和"三普"资料所述一一比较，墩为何物，无从考迹。残存南城墙全长约1千米，高3—4米。公路对面为北城墙遗存，保存现状略好于南城墙。昨天在与文物局工作人员座谈时，对方还饶有兴趣地谈及龟兹故城的重建，但今天见到如此破败景象，重建故城一事恐怕是很困难的事情。其一，残留古城遗址太少，恢复古城址资金缺口很大；其二，古城的修复、重建、开发对于历史、地理、考古等方面要求极高，古城历史资料虽多，但是对于古城建筑格局的现存资料几乎无迹可寻；其三，出土遗物大量流失，或存于异地无法归还；其四，文物保护意识较为淡薄，龟兹故城除立有字迹模糊的保护碑之外，无任何其他防护措施，基本处于无人看管状态。

长此以往，龟兹故城必将成为一堆废墟，掩埋于现代人类文明的巨大洪流之中。

五　库车河西岸的烽火台

离开龟兹故城后，我们便去寻找原定考察计划中的博其罕那佛寺遗址，寻而未果。途中从一维吾尔族老乡处得知，我们目前所在的伊西哈拉镇科克拱拜孜村有一处烽火台遗迹，真是"无心插柳柳成荫"。烽火台就在村子里大街一旁，"三普"考察测定其为汉唐时期遗存。烽火台临街道的一侧围有篱笆墙，其余三侧为民居墙垣环绕。烽火台残存高度约10米，基部为方形，夯筑结构。之后，我们又在当地协警阿不都热提的热心帮助下，找到了位于伊西哈拉镇伊西哈拉二村的伊西哈拉吐尔烽火台。烽火台基部已毁损，整体呈不规则椭圆形，由下至上渐呈三角锥形。烽体为夯筑结构，台基一侧遗留有一较宽的缝隙，不知其用途为何，且有明显修缮痕迹，"三普"考察其为唐代遗存。

伊西哈拉吐尔烽火台

在库车所考察的这几座烽燧或故城遗址,大部分均处于居民区或农田附近。由此推测,古今的龟兹绿洲应未有过较大的环境变迁,正所谓"岁岁年年花相似,年年岁岁人不同"吧!

六 岩壁上的千年佛光——克孜尔千佛洞

午饭过后,我们利用下午的时间前往克孜尔千佛洞考察。克孜尔千佛洞地处拜城县克孜尔乡明屋塔格山南麓,渭干河谷木扎提河北岸台地崖壁之上,石窟开凿于公元3世纪,是环塔里木地区现存石窟中规模较大、保存较好、年代较为久远的石窟之一,其在佛教艺苑中的地位不亚于敦煌石窟、龙门石窟以及云冈石窟。克孜尔石窟现存洞窟230多个,石窟层层相叠、错落有致,呈点状镶嵌在长约3千米的崖壁上,犹如灿灿佛光点缀于长长的黄丝带之上。石窟群在空间上分为谷西、谷内、谷东和后山四区,在开凿时间上分为早期石窟和晚期石窟两类,其中第一、二期约开凿于公元3—6世纪,洞窟类型主要有中心柱窟、大像窟、方形窟和僧房窟,窟内塑像和壁画题材多属部派佛教;第三期开凿于公元6世纪中至8世纪,绘画有明显的中原风格,题材多属大乘佛教。

如此大规模的佛教建筑艺术出自谁人之手呢?这也是百年来困扰学术界的一大难题。关于龟兹石窟壁画的创作人问题,德国人勒柯克曾于212号窟内发现了重要的线索,他将一行潦草的题记翻译后,发现该窟的精美壁画源于叙利亚画家摩尼跋陀之手。有关学者由此考证壁画的创作时间应为6—7世纪,当时萨珊王朝波斯军队正进攻叙利亚,估计受到战火的迫害,摩尼跋陀无奈之下只得向东越过帕米尔高原逃往龟兹佛国,凭借一技之长在此谋生。

去过克孜尔的人大概都知道,在石窟前的小广场上,矗立有一座塑像,神态自然,若有所思,他便是鼎鼎大名的龟兹高僧——鸠摩罗什。公元4世纪初,一个叫鸠摩炎的人降生在印度一个不知名小国的宰相贵族家庭,其之后的人生经历与释迦牟尼年轻时相似,亦放弃了优越高贵的社会地位,翻山越岭,不畏艰难险阻,来到盛行小乘佛教的龟兹国。鸠摩炎天生聪悟,结下佛缘,入寺为僧。年纪轻轻的他便在佛学上有非同凡响的造诣,亦因此受到了龟兹国王的礼遇。龟兹王将笃信小乘佛教的妹妹——耆婆嫁给了鸠摩炎。东晋建元二年(344),耆婆产下一名男婴,便是鸠摩

克孜尔石窟鸠摩罗什塑像

罗什。7岁，对于一名儿童来讲，本应过着无忧无虑、天真无邪的生活，但对于受家庭熏陶的鸠摩罗什，却迈出了与其他孩童不一样的人生——剃度出家雀离寺，也许鸠摩罗什就是为佛陀而生吧！之后，鸠摩罗什以极高的悟性和超人的记忆力，逐渐在东西佛学界崭露头角，成为弘扬佛法的一代高僧。

而鸠摩罗什所处的时代恰恰就是克孜尔石窟由初创走向辉煌之时。只可惜，佛陀的光环并未给予克孜尔应有的佑护，反而降临了一系列的灾难。20世纪初，以勒柯克和格伦威德尔为代表的德国皇家探险队被克孜尔石窟佛教艺术所震惊，简直爱到极致，竟然将近500平方米的壁画残忍地割掉，运回德国。接着，斯坦因、橘瑞超等人亦到此切割壁画。直到1928年，石窟才受到中国学术界的重视，黄文弼先生曾到此考察两周。不久，国画家韩乐然先生等人担负起抢救克孜尔石窟的重任，长期在此守护和临摹残存壁画，成为克孜尔石窟保护事业的先驱。新中国成立后，中央政府将克孜尔石窟列入"全国重点文物保护单位"，自此克孜尔石窟才得到正式的保护。如今的克孜尔石窟，虽已不再有昔日"佛乐飘飘，烟火不断"的盛况，但它作为一块学术宝地，对于龟兹文化、佛教艺术、国学教育等方面的研究有着非常重要的作用。1985年，国家文教部门专门在此设立龟兹研究所（现更名为"龟兹研究院"），众多学者筚路蓝缕、弦歌不辍，在此从事考古学、历史学、文献学、宗教学等领域的科研工作，并取得累累硕果。

克孜尔部分洞窟已经开辟为旅游景点，如34号窟、32号窟、27号窟、8号窟、10号窟及17号窟。由孙女士做向导，我们对所开放的洞窟进行了专门考察。克孜尔石窟的发展大致经历了初创期、发展期、繁盛期和衰落期四个时期，其不同时期的石窟形制和壁画风格，体现出龟兹地区是东西方文化融合的重要区域，揭示了龟兹佛教兴衰的历程。其中，开凿于3—9世纪的34号窟，名为思惟日神窟，形制为中心柱窟。5世纪的32号窟，形制为中心柱窟。27号窟名为多龛窟。7世纪的8号窟，又名"十六国剑者窟"，形制亦为中心柱窟。开凿于5世纪的10号僧房窟等等。壁画内容主要有天相图、本生故事、因缘故事、说法图、涅槃图、焚棺图、伎乐天、供养人等。

据孙女士讲解，石窟遭受破坏的原因有以下几点：

一是地质条件。克孜尔位于拜城地区，此处为地震断裂带，多地震，很多历史文化遗迹因遭遇地震而坍塌损毁；二是宗教变迁与冲突。伊斯兰教在传入龟兹地区后，佛教日渐衰落，众多伊斯兰教的信徒出于宗教原因，肆意破坏塑像、壁画等佛教遗存；三是人为破坏。20世纪初，斯坦因、伯希和等西方的探险考古学家曾来此利用化学药剂或切割的方式，割去了大量的壁画，这些壁画现在大多收藏在西方国家的历史博物馆中。再就是，社会的文保意识淡薄，民众出于贪婪而将壁画上的鎏金粉刮掉，更有甚者，将洞窟作为居住或圈养牲畜的场所，皆对石窟造成了不可逆转的破坏。

客观来讲，应该理性辩证地看待西方探险者偷盗壁画的行为。当时中国社会动荡，很少有学者关注克孜尔石窟。外国探险家的考古与后期整理工作，在某种程度上讲是挽救了这些千年艺术珍品，并且为当前西域学术研究奠定了基础。若不是这些历尽千辛万苦的探险家们的挽救性掠夺，恐怕这些壁画早已毁坏于国人之手。我们在焉耆的七个星佛寺洞窟中曾见到没有被破坏的石窟，但是大都被当作起居场所，壁画多以被烟火熏黑，早已无法辨认。

虽然壁画大多惨遭破坏毁损，但其艺术价值仍存，且不亚于中国四大石窟。壁画风格融合有龟兹、中原风格乃至西方的艺术元素，这些艺术风格的融合，是龟兹作为古代西域文化中心的见证。龟兹作为丝绸之路上重要的历史文化重镇，有效吸收、融合了东西方艺术风格，不断将龟兹佛教艺术发扬光大。

考察队在克孜尔石窟

三天的龟兹之行，所见所闻只是龟兹深厚文化底蕴的冰山一角，就足以让人心怀于斯，不忍离它而去。

第四节 唐代"万亩屯田之地"——新和

2009年11月28日，上海大世界吉尼斯总部诞生了一个新的世界之最——"汉唐时期屯田遗址最大规模的县"，汉唐戍卒在此屯田的面积多达10余万亩。这里作为龟兹文化的重要发祥地，古老的乐舞技艺仍在流传，这里拥有为数众多的汉唐历史遗迹，"一关三城一窟一舞"向世人昭示着厚重的文化底蕴，这里便是我们即将考察的第四站——新和县。新和县在民国时名为"托克苏"县，因境内托克苏河得名，后因"托克苏"与"托克逊"发音容易混淆而改名"新和"，亦有冀希新疆永久和平之意。

一 库车至新和路途中的古迹

28日清晨天刚蒙蒙亮，考察队就已经踏上奔赴新和县的路途。不言而喻,今天的考察任务依然繁重,新和县的"一关三城一窟一舞",除了"一舞"之外均是我们此次所要重点调查的对象。

9点多,考察队经过217国道渭干河桥时望见唐代柘厥关遗址碑,便停留考察。柘厥关是唐代西域一处重要的关隘,在史籍资料中有明确的记载,如《新唐书·地理志》载:"安西出柘厥关渡白马河。""白马河"又称"白马渡",徐松在其《西域水道记》中载:"渭干河南流经胡木土喇庄西,又南流经札依庄东、和卓土拉斯庄西,盖唐之白马渡也。"[①]

夏哈吐尔古城遗址

唐代柘厥关遗址

---

① (清)徐松:《西域水道记》,朱玉麒整理,中华书局2005年版,第98页。

只见公路一侧有一红色房屋,一旁立有保护碑,其上书写"夏哈吐尔古城"。据当地居民讲此处原为一红色院墙的佛寺,今已荡然无存,旧址前面的空地上高耸一纪念碑,上刻有"'唐拓厥关故址'新和县政府93年立"几个土黄色大字。1907年,法国汉学家伯希和到此考察,称此佛寺为"都勒都尔——阿乎尔",并在寺内的"藏经室"内发掘出大量佛经写本以及婆罗谜字体的文书。由此前行约100米,见有一坍塌的夯筑建筑,其北临通往水电站方向的公路,西侧为居住区,南边与东边亦为居民区,地势低于台地。遗迹遭破坏严重,基部呈圆形,现存有一高耸土墩,结构为夯筑,残高约7米。土墩正前方有一无字的黑色石碑,正面无字,北面只刻有立碑的时间"1984年",联系周边古迹推测,其不是佛塔便是烽燧残迹。再向南行,便是库木吐喇水电站。查阅相关考古资料得知,与夏哈吐尔古城隔河相望之地亦有一名为"玉其吐尔"的古代遗址,但按照图示位置并未找到任何遗迹。

渭干河东岸的库木吐喇石窟

驻足河边高地遥望渭干河畔,两岸皆为高耸陡峭的台地,有一夫当关、万夫莫开之势,作为军事关隘,浑然天成,方圆百里,别无他处,由此推断该关口应为丝绸之路龟兹段的一处重要通道。渭干河北岸见有连绵陡峭的台地,岩层构造分明,该不会是石窟遗迹吧?翻阅考察资料得知,库木吐喇石窟地理位置大致就在附近,由此沿公路返回约1千米,果然路边立有一库木吐喇石窟标志牌。近几年正在进行修复工程,但因冬季的到来而暂停施工。下车前行百米，始见石窟，洞窟上方镌刻有洞窟编号。崖壁上位置较低的石窟仅高 1—2 米，位置稍高的距离地面 10 余米，只有少数石窟外接有阶梯。由此可想当年雕刻之艰辛。映入眼帘的第一个石窟即 1 号石窟，洞窟距离地面约 4 米，继续向前，陆续看到连续编号的 2、3、4……石窟，虽然有些已经坍塌，但形制大多保存完好，由此可以想象当年石窟的宏伟规模。

库木吐喇石窟第 18 号窟

前行约一里，有一东北向岔口通向山谷深处，由此继续前行，路面布满碎石，愈向里走，感觉地势愈高，道路也愈加崎岖。在山谷一拐弯处，见有 18 号石窟，下有刻凿的石质阶梯，我们顺阶攀登而上，至石窟前狭窄台地上，洞窟门已为文保单位修缮，窟门紧锁，透过门上铁窗依稀可见有残留壁画。该窟形制为典型的中心柱式。由于还要赶往新和县宣传部接洽考察事宜，对石窟的考察只能到此而止。返回时发现山谷中偶尔见有狼粪，大家纷纷对贸然进入山谷考察的举动深感后怕。

据"三普"资料统计，库木吐喇石窟分为南北两个相对集中的区域，南侧沟口区有编号洞窟 32 个，北部窟群区有编号洞窟 80 个，总计 112 个，保存壁画面积约 5200 平方米，1961 年被公布为"全国重点文物保护单位"。石窟凿刻于公元 4 世纪，是龟兹境内一处重要的佛教寺院，唐朝统一西域后，置安西都护府于龟兹，中原佛教艺术随之传入，库木吐喇石窟的开凿由此进入中原佛教与龟兹佛教元素相互共存、互为影响的时期。由此，库木吐喇石窟壁画风格总体呈现出三大类型：早期的龟兹画风、中期的汉风特征以及晚期的回鹘风格，尤其以来自中原的汉风特征的壁画最为凸显，并在整个窟群中占有相当比例，这些石窟艺术特点对于研究丝路佛教的东西传播具有重要价值。

二　通古斯巴西古城

离开库木吐喇石窟，车行20分钟后到达新和县人民政府，宣传部门给予考察队以热情的款待。下午4时，考察队由当地文保管理人员做向导，首先来到位于新和县塔格托格乡通古斯巴西农场西南的通古斯巴西古城。通古斯巴西古城是一处典型的唐代屯田城址，是有唐一代经略安西时期一处重要的后勤补给地。较早光临此地的专业考察者当数英籍匈牙利人斯坦因，1915年，斯坦因对通古斯巴西古城进行了专业的测量，并在城内采集到少量木简、细泥红陶片等遗物。1928年，黄文弼亦到此考察，当时所见"旧城在庄南，名通古斯巴什，盖谓'通古斯族首领'之义，为龟兹大城之一。四面城墙，巍然独存，城四隅尚有突出城垛。墙外尚存城垛5。高约9米，周约820米，土坯所砌。南北开门。门宽约1.3米，北门楼尚存，在北门楼东有古房遗址数处"。黄文弼对古城进行了发掘工作，出土了巾布、鞋履、木碗以及其他木具等遗物。随后，黄文弼又考察了附近的诸多古迹，采集到唐代钱币和陶片等，并由此断定这一地带遗址年代应为唐代。

2007年，考古人员曾测得古城东西长约250米，南北宽约230米，面积约5.75万平方米。墙垣高处达7米，底宽4.5—8米，顶宽1.5—3米，北城墙有重修或扩建的痕迹。城址四角有突出的墙垛，城垣外遗存有马面建筑，马面是古城常见的建筑结构，通常起到以下两个作用：一是军事防御作用，由于其建于墙的侧外凸出位置，三面均可向城下发射武器，杀伤力颇大；二是城墙加固作用，凸出城垣部分对于城墙具有支柱与加固作用。围绕古城一周，见古城东西城墙各有马面四座，南城墙上遗存三座，北城墙上遗存两座。城门开有南北两门，城门外各修筑有瓮城，用于保护内城，为内城的防御争取必要的缓冲时间，以到达消灭攻城之敌的目的。古城建筑结构为夯筑，从坍塌的土块可明显看出，夯层夹杂有红柳枝

通古斯巴西古城

等,古城地表散布有陶片、铺地方砖、残磨盘、残铁器、炼渣等。考古人员在城内出土有"开元通宝"钱币以及标识有"大历"年号的文书题记、唐代丝织品、棉纱布、麻布鞋等遗物。1995年,仅古城内东北隅就曾一次出土约三千枚唐代窖藏钱币。

通古斯巴西古城马面残迹

"通古斯巴西"意为"九城之首",因其周边另有八座古城,呈众星拱月之状分布在其周边而得名。

沿古城中央主干道进入,不禁为古城的保护深感担忧。古城内地表土壤泛白且呈颗粒状,说明土质盐碱化程度较高,这是南疆古城保护工作中面临的最大自然威胁。此外又观察到城墙基部有许多洞穴,兔子、老鼠等啮齿类动物不时出没其间。一旁有坠落在地的城墙的大块土坯。最严重的问题是古城周围农田的集中灌溉时常造成古城内地下水位的猛然升高,逐渐渗入城墙基部,导致城墙土层湿度增大、松散而坍塌。

三　玉奇喀特古城

离开通古斯巴西古城之后,考察队便匆匆赶往 20 千米外,阿克苏地区新和县玉奇喀特乡玉奇喀特村西北的玉奇喀特古城。古城又名"乌什喀特古城",始建于汉代。就规模而论,玉奇喀特古城是古龟兹地区现存的仅次于通古斯巴西古城的第二大城。

"玉奇喀特"意为"三重城之意",遗憾的是,三重城的面貌已经无从得以观之,20 世纪末所修筑的乡村公路横穿古城而过,打破了原有三重城格局,将古城一分为二。走进宫城,测得其北城墙长约 42 米,宽约 17.5 米。残存城墙下有一凹坑,其长约 10 米,宽约 4 米,据说是盗掘分子所留。坊间传言,龟兹著名高僧鸠摩罗什就出生于该古城附近,但至今未发现有可信的传世材料。

考察玉奇喀特古城

考察完古城,已近黄昏。唯有"三城"中的"羊达克沁古城"未能成行，返回县城，我们来到位于县城中心的龟兹博物馆参观。馆内陈列物品均出自新和县境内古代诸遗址内。其中，最为有名的当是"李崇之印"和"汉归义羌长印"，目前二印已被列入国家级珍贵文物。"李崇之印"现存于国家博物馆，其为黄铜质桥纽印，面呈正方形，边长约1.3厘米，印高约7厘米，桥纽中部带孔，孔径长约0.6厘米，印底面刻有3行阴刻篆书文字，学界考证其为"李崇之印"，遗存年代为东汉初年。关于对此史实的记载，一般均采自《汉书》中的相关记载，天凤三年（16），新任都护李崇率领大军联合龟兹、莎车等国，共同打击亲匈奴政权的焉耆势力，后因战败而退守龟兹，命丧于此。

"李崇之印"的鉴别与此记载有着较大的关系。但近年来，有学者基于印信史的研究，对上述说法提出了质疑。北京大学朱玉麒教授研究发现，此枚印章并非出自所谓的玉奇喀特古城。实际情况是，1928年黄文弼先生在新和县考察，有群众将此印交于黄先生住所，只知道印章出土于这一地带，并未指明是玉奇喀特古城，但后来因这一地带玉奇喀特古城规模最大，人们一厢情愿地认为印章就出土于此城内；其次，印章所刻文字应为"李忠之印"，李忠当时为一名较低级别的将领。

另一印章为卧羊钮铜质"汉归义羌长印"，亦属国家珍贵级文物。印章平面呈正方形，边长约3.5厘米，厚约1.5厘米。印章底部刻字，上下各有阴刻篆书三字，即"汉归义羌长印"，遗存年代亦为东汉时期。有学者考证，这枚印应是东汉政府颁发给当时驻守龟兹地区羌族首领的印绶。小小印章显示了中原政权对于西域主权的行使，至少自西汉时期，西域就是中原政权经略的重要边地！

新和历史文化资源之所以如此丰富，与其良好的自然条件有着密切的关系。新和地处渭干河冲积平原和塔里木河冲积平原之上，土壤肥沃，气候温和，适于屯田耕作。此外，新和县位居丝路要塞，东为渭干河，西为戈壁、沙漠，南傍塔里木河，北倚却勒塔格山，地势独特，易守难攻，具有重要的交通位置和军事防御地位。新和地处古龟兹西部一角，曾是汉唐中原政权的驻军重地，境内修筑有为数众多的城址、烽燧、驿站，对于抵御外敌入侵，维护龟兹社会稳定发挥着重要作用。

一天紧张而有序的考察活动终于结束，吃过晚饭，休息片刻，便开始整理照片，撰写日志，同时计划第二天的考察行程。忙完这些，已是凌晨

与龟兹文化博物馆工作人员交谈

时分,已走完的行程让人在疲惫中不乏充实,未知的行程中又给人以担忧并且夹杂着新奇,这也许就是田野考察的魅力所在吧!

第五节 姑墨古国——温宿

一 新和至温宿路途中的古迹

29日清晨9点半,我们带着依依不舍的心情离开了新和县,沿314国道向温宿县方向奔驰,行至库阿高速公路尤鲁都斯服务区西南方向约八九千米处,忽然发现公路南侧有一形似戍堡的古迹,我们便下车前去考察究竟,翻越路边铁丝网,步行50多米即可到达遗址前。见有遗址保护碑两个,西侧的维吾尔文字保护碑已经倒塌在地,东侧所立为汉语保护牌,其上字迹较为模糊,隐约可以辨认出"央达克库都克烽火台"几个字。甚是喜悦,真是"踏破铁鞋无觅处,得来全不费工夫",原来这就是位于新和县尤鲁都斯巴格镇的央达克库都克烽燧遗址。

环绕烽燧遗址一周,观得烽燧东西两侧均为植被稀疏的荒漠,南边有数个小土墩,不知其用途为何,颇似现代遗存。周边数百米均未发现河道或流水遗迹。由此可知,烽燧的选址因素并非以良好的环境为主,而是出于战略需要,此地虽远离绿洲农垦区,但出于传递军事情报或御敌的需要,故将烽燧修筑于此。综而观之,该烽燧应该是沿314古道烽燧线的重要组成部分，由此一直延伸至通古斯巴西古城周围。

考察央达克库都克烽火台

烽燧遗址由戍堡和烽火台组成，整体呈不规则状，基部风化严重。测量烽燧周长约 90 米，残高约 10.5 米。烽体建筑结构为夯筑，夯层清晰，夯层厚 32—60 厘米，中间夹杂有红柳等。烽燧西南角部分保存较为完整。"三普"时考察人员曾在此出土陶猴雕塑，并采集有铺地方砖、夹砂红陶片和铜、铁器残件等遗物，但就其用途、遗存年代及特征仍无从得知。

央达克库都克烽火台近景

我们由央达克库都克烽火台出发继续前行，经拜城五彩山，远远望去，岩层纹理分明，相间呈现出五种色泽，浑然天成。这种地质现象应为岩浆岩喷发时，不同矿物质受高温而发生化学反应的结果。平生首次见到，甚感自然之奇。

拜城五彩山

二 破城子

愈向前行，路愈加崎岖，考察队于中午时分到达温宿县博孜墩柯尔克孜民族乡政府，见到乡党委刘宏民副书记，据其介绍，博孜墩柯尔克孜民族乡主要居民为维吾尔族和柯尔克孜族，分别为5600人、1600人，汉族仅有20多人，且均为乡政府或党委干部，多是20世纪末在疆服兵役后转地干部。他们离乡背井，戍守祖国西北边陲，默默无闻，无私奉献的精神着实令人钦佩。也有"80后""90后"知识分子服务于此，在此甘守寂寞，奉献青春，亦颇让人感动。

博孜墩乡经济发展以牧业为主，经济水平属欠发达地区。柯尔克孜族居民多是20世纪30年代由今吉尔吉斯斯坦共和国迁徙于此，时至今日，仍有许多居民出境探亲，成为中吉边境一道美丽而温馨的亲情线。柯尔克孜族人有自己的语言，但无文字，书写文字皆使用维吾尔文。民居多选址在山谷之中，风光秀丽，尤以夏季最为迷人，是游人避暑的绝佳去处。

抵达温宿县博孜墩柯尔克孜民族乡

温宿县博孜墩柯尔克孜民族乡政府

下午4点多，由刘书记做向导，我们驱车前往破城子考察。古城始建于唐代，其西倚库勒克代尔亚斯山，东临木扎提河，是翻越托木尔峰进入温宿县境的必经之地。关于此城，当地居民流传有这样一则传说：唐代时，有一王子路经此地，见风景秀丽，气候宜人，便修建城郭在此定居，并将其珍宝也埋藏于附近的大山深处，然后将藏宝图分别绘制于诸多巨型石块之上，若有人想找到宝藏，必须将所有画有地图的巨石拼接，才能得到完整的寻宝路线。

破城子残垣

沿狭窄的山道行驶约 20 分钟,我们到达托木尔峰自然保护区界碑处,破城子即在界碑前方不远的地方。古城倚靠陡峭山崖而建,整体被山路分为东西两部分,东西长约 200 米,北城墙破坏严重,南城墙保存相对完整,残高约 2.6—7.8 米。古城为夯筑结构,主要建筑材料为石块,夹杂有泥土、红柳枝等。由古城所处位置观察,古城恰置山道之上,两边山体耸立,有"一夫当关,万夫莫开"之势,由此判断古城应为汉唐时期一处军事戍堡遗址。

夏特古道

王子的传说极大可能是后人所杜撰。但毋庸置疑的是，前往破城子古城的道路自汉唐时期就是连通南北疆的重要通道——夏特古道。自温宿县博孜墩乡破城子出发，沿木扎尔特河河谷，翻越哈达木孜达坂，进入昭苏县境，继而沿山谷前行，即可抵达北疆夏特柯尔克孜族乡的夏特古城。所谓的"夏特古道"并非人工开凿而成，多是人们沿河谷，翻越冰雪达坂，历经艰险而探索出的河谷通道，并非通途，常受到自然因素的限制。在秋冬季节，大雪封山，夏特古道便难以通行，而春夏之际气温升高，山上大量的冰雪融水奔流而下，时常成为穿行者的"夺命杀手"，2001年8月，穿行在"夏特古道"考察的一名新疆探险家就被汹涌的洪水吞噬了生命，由此可见"夏特古道"路况之恶劣。

但历史上的"夏特古道"却并未因此而陷入沉寂。早在一千年前的唐代，高僧玄奘西去印度途经此道，就见识过夏特古道的艰难凶险，《大唐西域记》记载："（自跋禄迦）国西北行三百余里，度石碛，至凌山，此则葱岭北原，水多东流矣。山谷积雪，春夏合冻，虽时消泮，寻复结冰。经途险阻，寒风惨烈，多暴龙，难凌犯。……暴风奋发，飞沙雨石，遇者丧没，难以全生。"[①] 根据季羡林先生的考证，"凌山"即是夏特古道上的木札尔特冰川。由于夏特古道是由南疆进入伊犁河谷的便捷通道，一直到清代仍发挥着重要的交通枢纽作用。清朝政府曾于古道北段设置军台，将领阿桂曾于19世纪后半叶率领军卒于河谷艰险之处修筑栈道，夏特古道由此变得更为通畅。后来由南疆迁徙至伊犁的两万民众、官吏，当年走的就是夏特古道。近代以来，由于公共交通的日益便捷，夏特古道才渐趋衰落阻绝。

三 阿克布拉克古城

离开破城子，考察队又前往博孜墩乡的阿克布拉克村，寻访位于该村南约3千米处的阿克布拉克古城。古城于2009年3月被考古人员进行文物调查时发现。在村支书亚森卡·斯木的引领下，我们穿过一片千年古树林，继续前行约5分钟路程，绕过一处正在施工的油井，即看到阿克布拉克古城。古城北倚天山，西临深约20米的断崖，地势极为险要。现存古

---

① 季羡林：《大唐西域记校注》（上），中华书局2000年版，第67页。

城平面呈长方形，东西宽约 80 米，南北长约 130 米，占地面积约 10400 平方米。其中东城墙保存相对较好，南、北城墙局部被破坏，西部以陡崖作为自然屏障。古城墙基宽 4—6 米，高 1—3.5 米。城门开在北墙中部，宽约 10 米。城垣为夯筑，夯层厚 8—12 厘米。古城附近曾出土有人骨、陶片等遗物，考古人员曾据此推断古城为唐代遗存。对比"三普"资料便可发现，古城大部现已被开发为牧民草场，城墙东部也基本被新建的油井占据大半，保存现状令人担忧。

前往阿克布拉克古城

阿克布拉克古城

石油对于国家经济的发展具有巨大的促进作用，但石油的储量是固定的，对其的开采也具有时限性，因此，特定的地域内石油所带来的经济效益也具有短暂性。而诸如像阿克布拉克古城这样的物质文化遗产，作为古代先民在此生活的历史见证，蕴含有较为深厚的地域文化价值。无论是将其作为拉动经济增长的旅游景观，抑或是进行学术研究的对象，还是提升民族凝聚力、树立正确民族历史观，皆具有非凡的时代价值。因而在开发资源的同时，务必兼顾到文物的保护，二者殊途同归，相辅相成，不可偏废。

博孜墩乡风景秀丽，空气怡人，更有淳朴的民风、崎岖的地势、幽静的山林、神秘的古树……给人留下了深刻的生态印象。在"三化"建设高潮的今天，新疆的发展一定要汲取以牺牲环境而求得经济发展的深刻教训，要因地制宜，实事求是，走出一条经济得到发展、生态得以维系、文物得到保护的可持续发展道路。

第六节　柯坪至图木舒克途中的古迹

我们伴着黄昏，怀着对博孜墩乡青山绿水的种种回想，于深夜时分抵达阿克苏市。阿克苏的深夜灯火通明，街上人群熙熙攘攘，其繁华程度与沿海都市相比一点也不逊色。阿克苏不仅是南疆的第二大现代化城市，而且在古代亦有辉煌的历史。西汉时期，这里曾是姑墨国所在地，《汉书》记载：姑墨国地处丝路交通要塞，四通八达，向东一千二十一里抵大国龟兹；向南沿和田河畔行约十五日可抵达于阗国；向北是大国乌孙。姑墨国国都南城，其人口规模在北道沿线还是比较大的，有户三千五百，口二万四千五百，兵员四千五百人。设置的主要官职有姑墨侯、辅国侯、都尉、左右将、左右骑君各一人以及译长二人。

西汉时，姑墨国受制于龟兹国，王莽篡汉时期，姑墨国王向西征服了温宿国，扩大了自身的统辖地域。东汉时期，中原政权国力衰弱，无暇经略西域，遂导致中原与西域出现了"三绝三通"的政局，姑墨国时常亲附龟兹一同攻打东汉的统辖地——疏勒，直至东汉和帝时期，姑墨方归属于东汉。随后，姑墨被龟兹兼并。唐朝一统西域之后，在此设置姑墨州。有学者认为《大唐西域记》中所提及的"跋禄迦国"即是此地。清代时，因其临近阿克苏河而得名"阿克苏",其中"阿克"意为白色,"苏"意为水,"阿克苏"即为白色的水。

阿克苏博物馆

30日上午10点,考察队来到位于阿克苏市西广场的阿克苏博物馆考察。未进其内,便被博物馆大楼的雄伟大气所震撼,外表设计取材具有浓厚的地域文化气息,用一句时髦的话来说就是"很接地气"。菱形格艺术,可谓是西域龟兹文化艺术的典型符号,无论是在东疆的吐鲁番,还是龟兹,石窟、墓葬壁画中的"菱形格"文化如影随形。菱形格对称布局的中间位置,镶嵌有一块大大的方形牌匾,上书有"阿克苏博物馆"六个大字。顶层的四个拱形建筑意喻了古代龟兹建筑中的"纵券顶"样式。"菱形格""纵券顶",如此简洁的表达,将龟兹文化的特色表达出来,我不由对设计者卓越的西域文化识略深感敬佩。

阿克苏博物馆集历史、艺术、民俗、自然等内容为一体,以展示"龟兹文化"与"多浪文化"的历史起源、发展及传承过程为主题,旨在全方位释读龟兹文化。博物馆有四个展厅:"龟兹历史文化陈列厅""多浪民俗文化陈列厅""新疆古代货币陈列厅"以及一个临时展厅。我们考察的重点为"龟兹历史文化陈列厅",该厅主要展示了自石器时代至今,阿克苏境内考古发掘与采集的近200件珍贵文物。

由讲解员冯丽女士做向导,我们首先步入龟兹文化陈列厅参观。最初映入眼帘的是"文明的曙光"专题,在遥远的石铜并用时代,古代龟兹大地就有人类繁衍生息，迫于生存的需要，聪明的龟兹人已经开始使用各种打磨锋利的石制工具进行刀耕火种，从事农业生产活动。至公元前4—3世纪，龟兹文明进入孕育与成熟时期。自公元前1世纪中原政权开始对西域经营以后，龟兹地区遂成为历代中原政权统辖西域的政治、经济、军事、文化中心，在此期间修建了大量的军事、屯田等设施，这些历史遗存至今仍可见于古丝绸之路沿线。

历史作为文化的传承载体，极具时代厚重感，而现代人通常由于历史知识的匮乏，针对某一历史现象的时候，往往不能对其予以客观而理性的思考和查证，而是仅存在于文字表面的一种感性认识，这样的事情今天也不乏其例。谈到烽燧，必然说起狼烟，而狼烟经常被人理解为白天守城战士所燃狼粪所致。稍微考察历史，便可知道此说法的谬误之处。翻阅大量的资料，均未找到以狼粪作为烽燧积薪的记载或考释。其实，烽燧的燃料多是守边战士就地取材，主要燃料为芦苇等，只是根据昼夜及所燃材料的特征分别使用，例如白天报警需点燃易产生浓烟的薪柴，晚上则点燃产生火焰的薪柴。那么为何人们还是多称其为"狼烟"呢？看过小说《狼图腾》的人们也许会记得这样的桥段：古时候，北方少数民族以狼为图腾，他们崇拜狼、敬畏狼，其作战所用战术与狼群狩猎颇为相似，作战勇猛凶残，中原北方守边军民每逢北狄入侵，便以烽火为信，称其为"狼烟"。可见，"狼烟"专门指对西戎、北狄入侵而言的，意为抵御像狼一样的入侵者而点燃的烟火。由此也告诉我们，在认识某一历史事物时，务必结合时代的背景综合辨析其来龙去脉，切忌以表带面。

考察完博物馆稍作休息，我们便起程踏上西去柯坪的道路。一路走来，满目尽是无际的荒漠戈壁，古代交通线路的遥远与艰辛真难以想象。根据考察计划，在到达柯坪县之前，我们应路经一烽火台遗址。考察队行至314国道柯坪方向第1100—1101千米处，向左拐入一条沙石道路，一直通向柯坪县阿恰勒乡齐兰村。在当地居民带领下，我们方才找到齐兰村南约1.7千米处的齐兰烽火台。烽火台四周地势一马平川，大部分已开垦为农田，烽火台围有铁丝保护网，保护碑早已不见踪影。烽火台下发现有许多破碎的啤酒瓶碎片，显然烽火台时常有人光顾。烽体在近些年曾有修复，北侧保存现状相对完好。烽体为夯筑，夯层清晰分明，夯土层厚17—55厘米不等，夯层中间夹杂有树干。在几个热情的维吾尔族小伙子的帮助下,我们测得烽体高度约16.6米,基部周长约86.5米,与"三普"记录数据相差不大。

齐兰烽火台

一览齐兰烽火台的雄伟之后,考察队驱车驶入柯坪县城前往县委宣传部商洽考察事宜。我们见到了宣传部张海波部长,他首先向我们简单介绍了柯坪的人文地理概况,从中得知柯坪县在汉唐时期为龟兹所管辖,是丝绸古道上的一处交通要塞,《新唐书·地理志》载:"自拔换、碎叶西南渡浑河,百八十里有济浊馆……又经故达干城,百二十里至谒者馆。"①有学者考证达干城即在今柯坪县境内。清代时此地称柯尔品,民国时期设置柯坪县佐,后升级为县,其名一直沿用至今。

柯坪县以农耕和畜牧混合为主,水资源缺乏,人均耕地少,整体经济发展水平低,因而对于境内历史文化古迹的保护亦是心有余而力不足。这也是可以理解的,柯坪县城不大,人口稀少,街上不见有车水马龙的繁华,由此而更凸显出它的整洁、朴实和幽静。据张部长说,柯坪县最有名的特产当数是"柯坪三宝"了,"红枣、羊肉、恰玛古",红枣和羊肉估计是大家耳熟能详的,但提及"恰玛古"也就未必知道啦。恰玛古是柯坪一带常见的一种蔬菜,可以入中药,学名称作"芜菁"或"蔓菁",其具有极高的营养与药用价值,据说这里百岁以上老人长寿的秘诀就在于每

---

① 《新唐书》卷四三《地理志七》,中华书局1975年版,第1150页。

天必饮恰玛古泡的茶。

克斯勒塔格佛寺遗址

下午 5 点钟，在县广电局赵局长的带领下，我们前往玉尔其乡库木里村，考察位于山坡上的克斯勒塔格佛寺遗址。佛寺遗址地处山腰一处狭窄的台地之上，依山势而建，一面傍山，三面皆临悬崖，整体呈不规则状。我们沿山崖一侧的小路攀登而上，观察得知佛寺建筑结构为垒筑，测得其残高约 15 米，"三普"文物普查时断代为唐。佛寺遗迹一侧见有一环形混凝土建筑，悬崖下有废弃房屋若干，由其上油漆的"中国石油"字迹判断，其应是相关部门进行石油开采时所留。显而易见，石油基础设施的建造对佛寺遗迹造成了一定程度的破坏。

佛寺东北约 1.5 千米处的山口河谷右侧即是丘达依塔格戍堡。戍堡依山势而建，面朝河谷口方向，结构为垒筑。由陡峭的山坡攀沿而上，便可感受到戍堡选址时的考量因素，居高临下，视野极其开阔，是据守山口古道的绝佳之处，毋庸置疑，戍堡应是南北朝至唐代时期一处重要的军事据点。

31 日上午 11 点，由县委办公室李东旭干事做向导，考察队前往位于阿恰勒乡齐兰村西南部的阿克协尔古城。我们出柯坪县城，驶入 314 国道，沿阿克苏方向行约 5 分钟车程，向右拐入一沙石小路，进入荒芜的戈壁滩，再行驶五六千米便抵达古城。现存古城大部分已损毁，仅遗存有一椭圆形土垣，测量其周长约 230 米，残高 0.5—2 米。"三普"资料描述

丘达依塔格成堡

丘达依塔格成堡依附的山势

该古城建筑为夯筑,伫实地考察发现古城残垣土质疏松,无任何夯筑层痕迹,似为沙土堆筑。古城西南处有一宽约 6.2 米的缺口,应为城门所在位置。城内地势平坦,中心位置以及西南部位置均有一深约半米、平面呈不规则状的凹坑,据说是盗掘挖掘所留。

阿克协尔古城西南约 500 米,便是亚依德梯木烽燧遗址。烽燧周围无任何保护措施,亦没有保护标识牌。烽燧遗址东北一侧有一篱笆墙所围成的羊圈。我们测得烽燧遗址残高约为 2 米,平面呈方形,里面是空心,已

阿克协尔古城

被人为改造成临时住所,其开门朝南,木门紧锁,不能入内。门锁上的斑斑锈迹显示该住所已遭废弃许久。走近烽火台观察得烽体结构为夯筑,夯层厚度40—50厘米不等。由于监管不力,加之居民文保意识淡薄,烽燧遗址近年来遭到了严重的破坏,"三普"时烽燧遗址的残高仍有11米,烽体由人工土台和烽燧两部分组成,占地面积约为4900平方米。但短短6年时间过去,烽燧就被破坏成如此不堪之状,实在令人扼腕痛惜!

亚依德梯木烽燧

下午1点，我们返回县城后，利用文管部门下班前的这段时间，我们又劳请李旭东干事做向导，前往位于盖孜力克乡巴格村西的沙牙提古城考察。沿乡村公路前行，经约20分钟便抵达古城。整体观之，古城平面大致呈长方形，城内很少见有古迹建筑遗存。古城内部地势起伏，高1—2米不等。古城周围有一深2—3米的壕沟。城门朝南，下有暗渠通入城中，与壕沟相通，其应是古城的地下排水设施。有学者根据地望以及文史资料考证，古城即是《新唐书》中的"故达干城"，此推断颇有道理。

沙牙提古城

我们由沙牙提古城返回县城，途经一乡村体育场，场地四周座无虚席，甚至连院墙上也坐满了人。走近方知，原来是在举行排球比赛，今天要选出柯坪县成绩最好的球队，然后再去参加阿克苏地区的比赛。我们穿过围得水泄不通的人墙，见赛场上双方正打得激烈，四围观众热情高涨，助威声呐喊声连成一片，令人振聋发聩。在如此偏僻的南疆小镇，能够观看到如此高水平的排球比赛，真的令人感到意外！

返回县城，吃过午饭，与李东旭干事辞别之后，我们便匆匆赶往伽师县。前行数十千米，经图木舒克境内时，意外发现位于公路一侧的脱库孜萨来遗址。脱库孜萨来遗址亦称"唐王城"，是图木舒克市境内目前发现一处规模较大的唐代遗迹。古城依山而建，结构由内城、外城、大外城三部分组成，是典型的三重城结构。其中内城城墙长约756米，外城接内城墙续至山顶，残墙长约 1008 米，大外城残墙长约 1668 米，由外城环绕到山脚。在山腰、山顶均发现有城墙和城门遗迹。

脱库孜萨来古城

20 世纪以来，以斯坦因为代表的中外探险家曾多次到此挖掘，出土了大量南北朝至唐宋时期的壁画、塑像、木雕，以及婆罗谜文、粟特文、龟兹文、佉卢文、汉文文书，还有棉、麻、丝、毛织物、钱币、陶器、铜器、农作物种子等物。有学者考证，该城就是唐代安西"郁头州城"。清代时有樵夫在此采集到唐代"开元通宝"钱，因而当地居民又称其为"唐王城"。此外，遗址又因遗存的九座形似庙宇遗址，而被维吾尔族民众称作"脱库孜萨来"，意即"九座宫殿"。

脱库孜萨来古城众多历史文物的发现表明，历史上的脱库孜萨来遗址不仅是佛教沿丝路传布的重地，而且是一处军政战略要地和商贸集散重镇。面对规模如此宏伟的遗址，便不由自主地想象和感叹其昔日的繁华盛况。

第七节　疏勒要塞——伽师

愈往西行，地域文化气息愈加浓厚。公路两边的建筑、行人的服饰无不透露出南疆穆斯林特有的民族风情。我们即将到达的考察地——伽师，隶属喀什地区，总人口约 40 万，其中 98% 为维吾尔族民众。唐朝时期该地为疏勒国迦师城，据《新唐书》记载："疏勒，一曰佉沙，环五千里，距京师九千里而赢，多沙碛，少壤土。俗尚诡诈，生子亦夹头取褊，其人文身碧瞳。王姓裴氏，自号'阿摩支'，居迦师城，突厥以女妻之。"① 现在伽师即是由迦师演变而来。当然，也有学者考证其为汉魏六朝时期的疏勒国迦师城，唐代时移至今阿瓦提县黑太沁古城。清代光绪二十八年（1902），始置伽师县，其名称一直沿用至今。钟兴麒编著的《西域地名考录》认为，"伽师"亦为古代活动于疏勒一带的"伽师部落"，即是《鲜卑史料发现记》中提及的"东方的伽师人"，或许是"小月氏"部落。

对于伽师的历史沿革也许多感陌生，但提及"伽师瓜"，相信大家再熟悉不过了。远近闻名的"中国伽师瓜之乡"就是这里，"伽师瓜"不仅肉厚质细，而且与哈密瓜相比，其口感更甜、更脆。虽邻近地区也都慕名种植其瓜，但均不如原产地纯正，其差异多在于土壤所含元素以及水质的不同吧，真是"一方水土育一方瓜"啊。每年 8 月至 10 月是伽师瓜的收获季节，收成的好坏决定了当地瓜农的经济收入，但事实上靠此致富者不多，一是因为地理位置的偏远加重了运输的成本，二是市场信息传递不及时、不对称，当然与瓜农自身的经营因素也有关系。凡此种种，倒是让那些从事伽师瓜生意的中转商尝尽了甜头。

伽师县党政中心

---

① 《新唐书》卷二二一上《西域传上》，中华书局 1975 年版，第 6233 页。

2月1日上午11点多，在文化中心文物管理员阿依提拉·努尔的引领下，我们驱车来到位于伽师县英买里乡英阿瓦提村附近的英阿瓦提卡拉墩古城，当地人又称其为"红沙古城"。据阿依提拉·努尔介绍，此城有可能为唐代的疏勒城。1928年，黄文弼先生在此考察，当时称"黑太沁尔"，古城占地甚广，但多为沙碛所埋，仅可见有低矮的残垣遗迹，城内大部分位置已是土阜满野，瓦砾随处可见，据说考古人员曾在城内采集到大量小铜钱。后有学者认为该城是唐代"达漫城"遗址，《新唐书·地理志》记："经达漫城，百四十里至疏勒镇，南、北、西三面皆有山。城在水中。"①

初见此城，见其周围皆是荒漠，地面长满芦苇，古城边缘有推土机挖掘的便道通往古城深处。城内连绵不断的残墙随处可见。走进古城中心地带，残墙、土丘皆为简单的泥土堆积而筑成，墙体中未发现有夹杂物遗存。登一高处放眼远眺，一眼看不到古城边际，可见其规模之大，由此推断古城绝非一般城址，极有可能为疏勒国王治所迦师城。

红沙古城

---

① 《新唐书》卷四三下《地理志七》，中华书局1975年版，第1150页。

与伽师县文保工作人员合影

第八节　进出中亚南亚门户——喀什

喀什，即汉代历史上的疏勒国所在地，《汉书》记载："疏勒国，王治疏勒城，去长安九千三百五十里。户千五百一十，口万八千六百四十七，胜兵二千人。"① 如此人口规模在古代西域算不上大国。神爵二年（前60），疏勒国归属西汉西域都护府羁縻，王莽时期重又臣属匈奴，至东汉，先是为邻国莎车兼并，后又随莎车国的破灭而转属于阗。之后，东汉名将班超经略于此，东汉封疏勒国王臣磐为汉大都尉，疏勒国由此而渐趋强盛。唐朝经略西域时，疏勒为"安西四镇"之一。唐末回鹘西迁，其中的一支会同突厥民族，在此地建立影响后世的喀喇汗王朝，并将喀什噶尔作为陪都，今天的喀什即是由"喀什噶尔"演化而来，意为"各色砖房""玉石集中之地"等。乾隆时期，清朝在喀什噶尔设"总理南八城事宜"的参赞大臣。光绪十年（1884），置喀什噶尔道，管辖有疏勒、莎车两个府和英吉沙尔直隶厅、蒲犁分防厅、和阗直隶州。中华民国时置喀什行政区，设行政长公署于疏附。新中国成立后改置喀什专区，1971年改称喀什地区。

---

① 《汉书》卷九六上《西域传》，中华书局1962年版，第3898页。

疏勒国为丝绸之路中道要塞，从此出塔里木盆地进入大宛、安息等中亚、西亚国家，向南经莎车，翻越帕米尔亦可至南亚诸国，是东西方文明和贸易的交融与集散重镇。

前往喀什途中

一　盘橐城和艾斯克萨古城

我们到达喀什市已是下午4点，匆忙赶往喀什市委宣传部，就明天所要考察内容进行了商洽，宣传部安排喀什市文管所麦和提万江·玉赛因所长作为考察向导。之后，考察队在市委不远处安顿好住宿后，就考察计划重新予以商议，决定分为两队分别考察，一队前往伯什克然木乡考察亚吾鲁克古驿站、汗诺依古城、莫尔佛寺等遗迹，人员为张老师、胡志磊、岳丽霞和我，另一队由卞亚男一人主要对市内的盘橐城和艾斯克萨古城进行考察。

3日清晨10点，麦和提万江·玉赛因所长已经在市委大门口等待我们，一番寒暄后，考察队便分两路出发。后来据卞亚男所述得知盘橐城现又称"班超城"。东汉明帝永平年间，匈奴势力为争夺西域，唆使龟兹国攻打疏勒。听闻此消息，班超自鄯善火速西行，在打退驻扎于阗国的匈奴势力后，又用计策杀死充当疏勒国王的龟兹左侯兜题，还政于已故疏勒王成的侄子忠。永平十八年（75），龟兹乘焉耆叛乱再攻疏勒，处于"骑墙之势"的疏勒见风使舵，联合尉头国投降龟兹，班超不顾生死率兵先破尉头，隔绝疏勒和龟兹的联合局势，成功地维持了东汉对于西域的管辖主权。汉章帝建初年间，疏勒王忠于乌即城发动叛乱，班超出于大局考量，立即授命成大为新任疏勒王，并于元和三年（86）一举消灭了原疏勒王忠，东汉在疏勒的统治由此得以稳定。据说当时班超的办公官署就在此城，用"运筹于帷幄之中，决胜于千里之外"来形容班超的谋略，甚为恰当。后人出于对班超的崇敬，便命名该城为"班超城"。

班超及三十六勇士像

现在的班超城已经改建为班超公园，随着城镇化进程的加快，原有的班超城早已掩埋于高楼大厦之下。我们仅在古城西北角见有一块保护碑和

艾斯克萨古城

一段长约百米的古城墙，即艾斯克萨古城，也是班超公园的一部分。而古城的原有面貌只得从早期探险家的考察记录中窥探。20世纪初，法国人伯希和到此考察，根据其所绘图纸，古城当时只存有北面和西面两段土筑城墙。其中，北城墙长约287米，西城墙长约205米，墙基厚约7米。古城平面近似一梯形，占地总面积约200亩。古城南临克孜勒河，地势高敞，水源充足。咸丰年间，大儒徐松来此考察，见城内尚有人居住，古城整体结构保存相对较为完整。而今的班超公园，虽有班超和三十六勇士威风凛凛、飒爽英姿的塑像，但再也无法挽留住那段"汉时明月"。

二　亚吾鲁克驿站

亚吾鲁克驿站是喀什地区现存的为数不多的古代驿站遗址之一。自张骞"凿空"西域后，丝路交通渐趋通畅，东西方贸易日益繁盛，沿途馆驿的修建因之兴起。尤其是中亚腹地的环塔里木南北两道，绿洲间距远，旅途行商补给困难，更加促进了驿站的修筑。疏勒国地处丝路交通孔道，东西方大批贸易物资皆在此停留中转。《汉书》记载："（疏勒国）有市列，西当大月氏、大宛、康居道也。"[①] 据史籍记载，驿站系统自汉代时就已出现，至唐代得以进一步的完善，官府对其设置和制定有专门的管理机构和制度。汉代驿站根据传递方式的不同分为"邮"和"驿"两种形式，短途的步行为"邮"，管理机构为"邮亭"，通常是十里一亭，五里一邮。而以马为主的长途运输方式称作"驿"，驿站事先备好车马，供人使用，通常是三十里置一驿站。驿站规模从大到小依次为"置""驿""骑置""亭"。唐代沿用两汉驿站制度，并有所完善，驿站的建筑设施更为健全，规模类型依次分为"驿馆""驿站""都城驿"等，而且每处驿站还设有驿兵，确保了驿站的正常运转。

尽管冬日的南疆比北疆温暖许多，但清晨的喀什街头依然寒风凛冽。在市委大门与麦和提万江·玉赛因所长会面后，我们就径直前往位于乃则尔巴格乡尤喀克喀孜艾日克村西北的亚吾鲁克驿站遗址。由文管所麦和提万江·玉赛因所长做此次喀什古迹考察的向导，再合适不过了，在车上当我们向麦所长询问喀什附近的汉唐古迹时，麦所长对遗迹的名称、分布地

[①]《汉书》卷九六上《西域传》，中华书局1962年版，第3898页。

考察亚吾鲁克驿站遗址

点、遗存年代、保护级别等如数家珍，脱口即出，真不愧是喀什文保事业的掌舵人。车行大约 10 分钟，麦所长示意在高速公路一侧停车。亚吾鲁克驿站遗址即位于道路右侧，翻越公路护栏即是遗址保护区域。遗址内现存房屋平面略呈方形，测量其南北长约 6.8 米、东西宽约 5 米、高约 4.1 米，占地面积约 34 平方米。遗存建筑为土石结构，墙体外部抹有一层草拌泥，顶呈穹窿形。西南部已坍塌，原顶部四周均开有天窗，现仅遗存有东侧天窗。查阅"三普"记录得知其遗存年代为南北朝时期。

驿站所在地为一块独立的台地，颇有居高临下之势，整体规模较大，占地约 1 平方千米，遗憾的是诸多遗迹现已无存，地面仍散布有大量红色碎陶片，质地较厚，似为古代容器碎片。据麦所长介绍，每逢大雨过后，地表时常见有被雨水冲蚀出的方孔铜钱。驿站遗址北面台地下不远处便是恰克玛河，据说很多年前河水还很充足，到了近代，随着上游用水量的增大，导致下游水量急剧减少，如今只有春夏季节，河道里才见有缓缓细流。

一路走来，考察的汉唐遗址很多，驿站还是首次所见。驿站在古道上发挥着极其重要的作用，尤其是在交通阻塞、地形复杂的塔里木地区，驿站犹如"沙漠之舟"，为艰辛的旅人提供了休憩之地，同时也为漫天黄沙的丝路增添了一抹别样的色彩。

三 莫尔佛寺与汗诺依古城

由亚吾鲁克驿站继续前行，我们到达位于伯什克然木乡开普台尔哈纳村的莫尔佛寺遗址，遗存年代为魏晋至唐时期，是目前喀什地区保存相对较好的佛寺遗址。据麦所长介绍，该佛塔是南疆地区为数不多的金刚塔。"莫尔"意为"烟囱"，想必是居民观其形状颇似烟囱，便以此命名。佛寺遗址周长约 5 千米，遗存的两座佛塔位于同一块高地上，相互间隔 20 余米。其中，位置南侧的佛塔为土坯垒砌，塔身残高约 12.8 米，上下分为五层，下边三层为方形底座，上边两层分别是圆形台座和圆柱形塔身。北侧佛塔为夯筑结构，整体呈方形，塔基东西长约 25 米，南北宽约 24 米，残高约 8 米，佛塔四面墙壁上原本均雕刻有佛像，现仅存有佛龛遗迹。

莫尔佛寺北侧佛塔

时至中午，冬日的阳光将清晨的寒气祛除殆尽，渐渐感觉暖和起来。我生平第一次见到乡间柏油路上飞驰的汽车与买买提大叔驱赶的毛驴车齐头并进的景象，这无疑给审美疲劳的现代化道路增添了一丝异样的风采。穿越熙熙攘攘的巴扎，到达伯什克然木乡罕乌依村的汗诺依古城。"汗诺依"汉语意为"皇宫"，由此可以想象，昔日古城在当地居民心目中那富丽堂皇和雄伟壮观的景象。

莫尔佛寺南侧佛塔

考察队在汗诺依古城

古城为汉唐时期遗存，20世纪初，斯坦因、黄文弼均相继到此考察，在城址内发掘出不同时代的铜钱数枚。据麦所长回忆，古城在早些年规模尚为宏伟，方圆数里皆被古城占据。但近年来人口剧增，居民在古城内挖土肥田、肆意开垦耕地等一系列行为，对古城造成巨大的破坏。现存古城被水渠分为东西两部分，北面大部分遗址多已被开垦为农田，平面呈不规则长方形，仅有东部残垣可见，测得残垣基宽约7米，顶部宽约3.8米。东侧一段城墙有明显被河水冲刷的痕迹，墙体分为两段，其余地方均不见遗迹，想象中的繁华"宫城"早已消失于现代文明的犁铧之下，无从寻觅。

自考察起始地的吐鲁番盆地至今天塔里木盆地西陲喀什，古迹保护与农业耕地之间的矛盾普遍存在，难以调和。究其根源，固然有经济利益的驱动因素，但政府文化价值观念和民众文保意识，在"三化"高速推进的新疆，亦是文物保护工作中应当注意的问题。

四　疏附县

> 有路标不会迷路，有知识不会失言。
> 大风可以驱散乌云，贿赂可以打开官府大门。
> 不经试验，就会受骗；不动脑筋，就要失败。
> 凭计谋可把狮子捕捉，凭蛮力连老鼠也难逮到。
> ……

这是多么具有哲理的格言啊！它的作者是喀喇汗王朝时期一位名叫麻赫穆德·喀什噶里的智者。他本有着显赫的家世，本可以过衣食无忧的生活，但突如其来的王朝内乱祸及其身，为保性命他一路向西逃亡，出于对学术的良好修养与喜爱，他一路上潜心搜集突厥语文献资料，抵达苏丹后，在苏丹王后的支持下，继续从事学术研究，潜心学问。历时7年，他终于完成了闻名后世的《突厥语大辞典》。"落叶总要归根"，满怀对家乡的思念，年过六旬的麻赫穆德·喀什噶里于公元1080年返回故乡，并把自己余生献给了家乡的教育事业，死后人们把他安葬在了村子附近的小山上。

麻赫穆德·喀什噶里塑像

这座小山即是我们将要考察的"艾孜热特毛拉木"——圣人山。山上不仅是哲人麻赫穆德·喀什噶里的安息之地,也是一处著名的汉唐佛教寺院扎库孜卡孜那克卡寺所在地。下午5点多,由乌帕尔乡政府武装部彭部长做向导,我们来到位于毛拉木贝格村的圣人山,山脚下已被高高的院墙所围,大门紧锁,原来是近几年随着当地政府文化意识的增强,加大了对于古代文化遗产的保护力度。由景区大门的标识牌得知,麻赫穆德·喀什噶里的麻扎遗址已被列入"全国重点文物保护单位",自然,托库孜卡孜那克卡寺院遗址也成为保护区的一部分,佛寺遗址位于景区后山山腰上。于是我们计划由远及近考察,绕道后山,沿坡道向上攀登,行至山腰,果然见有窟洞若干,沿山腰小径走进观察,见洞内垃圾遍地,洞窟顶部已被浓烟熏黑,不见有壁画遗存,一旁的几个洞窟遗存概况大致与之相同。寺院的其他建筑亦不见所存,多应该是毁于公元10世纪的宗教战火之中。

托库孜卡孜那克卡寺院佛窟残迹

在考察遗迹的同时,彭部长还为我们讲述了许多当地的社会状况,尤其是关于地方稳定、民族和谐之类的事情。乌帕尔乡是先知麻赫穆德·喀什噶里的诞生和安息之地,许多穆斯林将其视为精神领袖,这是完全可以理解的。但是偶尔也有暴恐分子在策划不良事件之前,前来先知麻扎前进行祈祷,求得保佑。若麻赫穆德·喀什噶里在天有灵,该做何感想呢。

由后山佛寺遗址行至前山，经过一片麻扎后，我们便来到麻赫穆德·喀什噶里麻扎前，怀着一颗虔诚的心瞻仰了哲人陵墓，可惜的是流传后世的抄本《突厥语大辞典》，竟然珍藏于伊斯坦布尔图书馆，甚为遗憾！

亚库尔干古城是我们在乌帕尔乡考察的又一处历史遗存。下山后，我们驱车到达索塞河南岸台地，前行大约两千米，即可望见地处台地土崖边的亚库尔干古城。"三普"考察时测定其为汉唐遗存。古城居高临下，易守难攻，北临索塞河，水资源补给充沛，显然是一处非常重要的军事战略要地。古城周围不见有保护措施，仅存有一道长约十几米的残垣，毁损严重，建筑构造不太容易分辨，应为夯筑，但夯层不明显，亦不见夹杂有杂草等，历史遗存信息甚少。

亚库尔干古城

下午5点，我们结束了对疏附县乌帕尔乡古迹的考察，与彭部长告别后返回喀什城区。途经有着"维吾尔族活的民俗博物馆"之称的高台民居，也是目前新疆境内保存较为完整的、具有典型维吾尔建筑风格和原生态民族传统文化特色的迷宫式城市街区。高台民居建筑群形态主要形成于喀喇汗王朝时期，时至今日，这里依旧是穆斯林聚居区。根据相关地方史志的记载，喀喇汗王朝都城原和现在民居地处同一块台地上，经过近千年的河水冲蚀，台地被分为两块，现在的高台民居区在其北侧台地，占地面积约2平方千米，有居民2000多户，人口10000多人。

高台民居摒弃了传统中讲究对称的建筑风格，代之以在紧密结合的地理空间内，采用"按需所建"的方式，并由此形成了高台民居这一独特的城市景观。走进崎岖蜿蜒的巷子，映入眼帘的尽是栉比参差的土质房屋、让人摸

喀什高台民居

不着脑儿的岔路口，若不是路标的提示，身处其中便会迷路。不过即使迷了路也不要担心，除了路标的指引，还有一种办法就是注意脚下的方砖，只要顺着铺有六边形的方砖前行就一定能找到出口。

20世纪90年代，高台民居已经列入"全国重点文物保护单位"，目前国家已经下拨专款对其进行改造。随着前来参观游客的增多，聪明而且天生就具有经商头脑的维吾尔族老乡，也做起了生意，这里的每一户人家几乎都开设有家庭作坊，闲来无事或工作之余便会手工制作一些精美的饰物出售。最常见的便是土陶作坊、地毯作坊、玉器作坊以及专业制作帽子的作坊……每走进一户人家，推门便是琳琅满目的商品，其样式独特、制作精美，令人爱不释手，流连忘返。

第九节　叶尔羌古国——莎车

调研的时间过得真是快，蓦然发现今日已是农历年的腊月二十三日（2月3日）了，传统上称为"小年"，不言而喻，"小年"到了，也就进入年关。离开喀什后便向我们此次中道考察的最后一站——莎车进发。通往莎车县的路况是令人惊奇的糟糕，一路颠簸，风尘仆仆地赶到莎车县城，已是中午时分，但宽阔整洁的莎车县城街道与喀什到莎车路况形成鲜明对比。

考察队抵达莎车县委机关

与往常一样，考察队首先来到了县委宣传部，不巧的是今天恰逢周末。接通曹部长的电话后，他让我们去找一位名叫伊力吐拉的木卡姆艺术的传承人做向导。接通伊力吐拉的电话后，我们便按照约定的地点见面。穿过闹市区，便会感受到这座地处喀喇昆仑山脚下小城的繁华，特色风味小吃、散发有珠光宝气的金银器店、街边琳琅满目的布料商铺……熙熙攘攘的人群穿行其间，虽然这里的穆斯林不过春节，但这番热闹的景象着实让我有了过年的味道。

莎车县在汉唐时期是西域绿洲城邦——莎车国所在地，《汉书》载："莎车国，王治莎车城。去长安九千九百五十里，户二千三百三十九，口万六千三百七十三，胜兵三千四十九人。辅国侯、左右将、左右骑君、备西夜君各一人，都尉二人，译长四人。……有铁山，出青玉。"① 由此而知，莎车国不仅人口规模庞大，兵力充足，而且对内对外机构设置较为完备，仅"译长"就有4人，这在西域古国中算得上是多的了，其在一定程度上反映了地处西域南北两道交汇之地的莎车国，对外交往之频繁。

西汉时期，占据丝路经济战略要冲的莎车国，必须找到可以依附的大国以谋求自我的发展，时刚与西汉联姻的乌孙成为莎车王极力攀附的对象。为此，聪明的莎车王希望乌孙国夫人解忧的儿子万年，来做莎车国的继承人。但位居国王宝座的万年竟然不知天高地厚，胡作非为，肆虐残

---

① 《汉书》卷九六上《西域传》，中华书局1962年版，第3897页。

暴,引起了国人共愤。公元前65年,已故莎车王弟弟呼屠徵潜伏回国,杀死了万年及西汉使者,公然叛汉。西汉将军冯奉世听闻消息,自鄯善出发,长途跋涉,重掌莎车政权,逼死呼屠徵,新立其侄为王。

东汉时期,莎车国力渐盛,吞并了邻近的许多小国,明帝时被于阗国兼并,章帝时又复国。之后的数百年,莎车在硝烟弥漫的兼并战争中摇曳不定。蒙元时莎车改名为"雅儿看",至明代又改为"叶尔羌",意为"广阔的土地",清朝乾隆时期又使用汉文名"莎车",与维文"叶尔羌"一直并用至今。根据地方史志的记载,莎车县城共经历了四次扩建,历经伊斯兰统治时期、明清、民国、新中国改革开放以后四个时期,因而徜徉在莎车县城,便会不时感受到不同时代的人文气息。

接上伊力吐拉之后,我们在他的指引下驶入老城区,在一块标注有"奴如孜墩"景区的红色铁制标示牌处拐入一胡同,前行数米,便可看见将要考察的奴如孜墩遗址,当地居民称其为"和卓木墩",又名为"朱俱婆佛塔"。现存土墩破坏严重,整体呈不规则状。主体建筑结构为土坯垒砌,残高约9米。据"三普"记录,遗址为一座南北长20.6米、东西宽14.5米、高约10米的土墩。1982年考古人员曾在此发掘出宋代钱币、红陶陶器,口沿和器身有轮制痕迹。据说,西行取经的玄奘法师在东归途中经行此地,驻留于此讲经数日方东归。

莎车县奴如孜墩遗址

之后，在去往"昆将军、艾将军遗址"的路上，十二木卡姆艺术传承人伊力吐拉便情不自禁地给我们讲木卡姆艺术，木卡姆即"大型散曲"。"十二木卡姆"顾名思义就是指"十二套大型散曲"，这些曲子均是搜集自民间的维吾尔乐曲。伊力吐拉见我们听得云里雾里，转而向我们讲述非常有名的关于木卡姆起源的故事。那是嘉靖十二年（1533）的一天，阳光明媚，一位年满14岁的漂亮姑娘阿曼尼莎汗，像往常一样在家埋头钻研自己心爱的乐曲。正是这一天，叶尔羌汗国第二代国王拉失德在附近狩猎至黄昏，化装成牧民来到阿曼尼莎汗家借宿，阿曼尼莎汗的父亲热情地接待了这位英俊的年轻人，并让阿曼尼莎汗为其弹唱乐曲。一曲《潘吉尕木卡姆》方进行一半，拉失德便被姑娘的美貌和惊人的乐曲天赋所倾倒。第二天，拉失德便带上厚重的聘礼向阿曼尼莎汗求婚。阿曼尼莎汗成为王妃后，将大部分精力都奉献给在木卡姆的整理制作和规范上，并培养了大批乐师。在历时数十年之后，她终于整理出十二套木卡姆，一直传唱至今。不幸的是这位"木卡姆之母"在34岁时死于难产，拉失德因悲伤过度也在三年后离世。他们就埋葬于今天莎车县城叶尔羌汗国王陵。由于时间关系，我们未能前去瞻仰。

原来木卡姆背后还隐藏有如此浪漫的爱情故事！听到我们的感慨，伊力吐拉大叔脸上亦洋溢出灿烂的笑容。车行至县城东北郊区的农田耕作区，伊力吐拉示意在路旁停车。我们跟随他的脚步，向北边的农田横插过去，经过一较大的麻扎，又沿农田田垄前行百米，来到一大土墩旁，这便是所要寻找的昆将军、艾将军遗址。土墩残高约5.8米，仅南侧保存较为完整，有修复痕迹。"三普"时测得遗址东西宽约20米、南北长约21米、残高约6米。土墩为土坯所筑，原有台阶可供人们上下，南面有墓葬遗存。1958年，考古人员曾在此出土四方灰色无纹方砖及泥质红陶，并根据其推断遗址年代大致为唐宋时期。但传说中的昆将军、艾将军所指何人，至今仍未得以查证，听说从事西域史地研究的学者李吟屏先生，曾对此有较为详尽的阐释，但未寻得此文，甚为遗憾。

昆将军、艾将军遗址

离开昆将军、艾将军遗址，已是斜阳西下，我们来到了今天要考察的最后一处遗址——巴衣都韦。巴衣都韦意为"富人的城"，其地处莎车县老城区附近阿热勒乡巴衣都韦自然村南。现存遗址为一残高约10米的土墩，周长约260米。根据"三普"记载，土墩底部东西宽约67米、南北长约68米、高约10米；顶部东西宽约21米、南北长约30米，顶部平面呈不规则"凹"状。土墩顶部多为红烧土，考古人员曾在此出土有红砖，并在其南侧小渠中发现少量夹细砂黄陶片。据说此地曾是唐时莎车国中心的一处重要城池。据伊力吐拉介绍，成吉思汗西征时曾途经此地，并在此挖掘出数以千计的黄金。时隔千年，历史的硝烟早已散尽，仅遗存有一土墩在此，其上已成为儿童玩耍的乐园，再也看不到古城的那段辉煌岁月。

傍晚时分，接到蒋静师姐打来的电话，再三邀请我们前往她家做客。盛情难却，我们稍作整顿后，便去米夏乡赴宴。时恰逢"小年"夜，见到师姐及其家人，倍感亲切。酒过三巡，菜过五味，旅途的疲惫之感也随之稍瞬即逝。晚饭后，我们在村中闲走，借着微弱的灯光，可以看到此地独有的村落布局，与内地大不一样。此地居民多来自四川，在此多以种植蔬菜等经济作物为业，并无长居打算，因而房屋多是出于耕田方便而修筑在田地边上，因而村落的布局呈现出松散插花状安置。据悉，村民每年的收成很不错，只是多了一份身在异乡、远离亲人的乡愁，每逢佳节之时，愈感觉强烈，这也许便是中国人特有的乡土情结，不论何时身处何时、何地，这种乡愁皆是终生挥之不去的。

巴衣都韦遗址

考察队于莎车县蒋静师姐家中

第十节 返回和硕、焉耆

莎车的考察结束后，考察队按计划原道返回，主要考察天山南麓的和硕、焉耆的主要遗存。

经过近一天的奔波，夜宿轮台一晚。5日清晨天蒙蒙亮，我们就动身前往和硕县。和硕县为古危须国所在地，自西汉以来就是历代王朝屯垦重地，也是西域丝绸之路的重要通道，《汉书》载："危须国，王治危须城，去长安七千二百九十里。户七百，口四千九百，胜兵二千人。击胡侯、击胡都尉、左右将、左右都尉、左右骑君、击胡君、译长各一人。西至都护治所五百里，至焉耆百里。"① 但这并不是危须国最早的记录，据说危须国人本为中原三苗部族，因叛乱失败而被舜驱赶至今甘肃三危山脚下。秦汉之际，受迫于大月氏以及匈奴羌人威胁，危须人再次踏上逃亡之路，西过流沙，沿孔雀河北上，定居于焉耆国东北的一处狭小绿洲之上，筑城屯田畜牧，取名"危须国"。东汉末年，危须国被强盛的焉耆国吞并，从此销声匿迹于历史的长河中。千年后的一天，土尔扈特部东归，清廷将跟随渥巴锡的九百多名和硕特人安置于此，民国时期取"和硕"为名，一直沿用至今。

危须城便是我们即将寻找的古迹，根据 20 世纪的考察记录，在今和硕县曲惠乡仍遗存有危须城建筑。行驶至曲惠乡，我们在一刘姓老人的热心帮助下找到了古城遗址。古城遗存在一维族老乡的后院内，现仅存有一较大的土墩，周围堆积柴草，一侧有 1962 年文管部门所立的保护碑，其上字迹模糊不清。土墩呈不规则状，高约 2 米，据维族老乡讲述，土墩其余部分多因居民"挖土取肥"而毁损。

危须国故址

---

① 《汉书》卷九六上《西域传》，中华书局 1962 年版，第 3917 页。

20世纪早期,英国探险家斯坦因到此考察,他在《西域考古图记》中曾这样描述他所见到的曲惠古城:"夯土建造的马面,大多长 25 英尺,宽 19 英尺,间隔一小段就建一个马面来加固围墙。围墙的厚度只有 7 英尺,两个坡面都被坍塌的泥块覆盖。围墙内部地表不见任何幸存的建筑遗址,又因挖土施肥,农民们已将那些能够辨认其建筑结构的地面遗存完全破坏。一个直径约 50 英尺的土墩,似乎标明了中央建筑基址的位置所在。"① 由此而知,当时的古城保存相对还是较为完整的。时隔数年后,中国考古学家黄文弼先生来此,推测古城可能是危须城所在地。

曲惠古城所在的老乡院落

由于我们所考察的和硕曲惠乡距离焉耆博格达沁和七个星佛寺遗址较近,因此在离开危须国故地后便赶往焉耆。焉耆亦是公元前后西域绿洲上的一大绿洲城邦,《汉书》载:"焉耆国,王治员渠城,去长安七千三百里,户四千,口三万二千一百,胜兵六千人。"② 无论是居民数量还是兵力规模,在天山南麓都算得上是大国的规模了。公元前 60 年,西汉置西域都护府于乌垒城,但迫于匈奴的压力,焉耆国非但没有归属西汉,而且时常阻挠西汉的统一大业。这一倾向在东汉更为凸显,在王莽篡汉期间,

---

① [英]奥雷尔·斯坦因:《西域考古图记》(三),中国社会科学院考古研究所译,广西师范大学出版社 1998 年版,第 674 页。

② 《汉书》卷九六上《西域传》,第 3917 页。

焉耆王先是杀死都护但钦，天凤三年（16）再杀将领王骏，又杀死都护陈睦，称霸一时。直到顺帝时西域长史班勇出兵焉耆，国王元孟方才归顺东汉政权。三国两晋南北朝时期，龙姓焉耆王国先后称臣于中原或西北割据势力。唐朝时期，焉耆邻国高昌独控伊吾道，肆意收取过境贸易关税，严重损害了焉耆等丝路沿线城邦的利益。焉耆国遣使长安，求太宗重开"楼兰道"通商。这一外交事件很快被高昌得知，于是高昌国采取武力方式予以报复，不时出兵焉耆，烧杀抢掠、无恶不作，史籍记载，仅公元638年高昌"攻陷焉耆五座城池，掠走男女多达一千五百人之多，并且将房屋焚烧殆尽"①。高昌国的这一暴行没有将大唐王朝放在眼里，引起了唐灭高昌的结局。

太宗于贞观十四年（640）平定高昌，将高昌侵占的五座城池和千余口劳力尽归焉耆。不料，焉耆不久竟勾结突厥势力，控制丝绸之路。无奈之下，安西都护郭孝恪于贞观十八年（644）讨伐焉耆，经过三年的征战，终于打退突厥，在此置焉耆都督府，焉耆由此正式纳入大唐统治之下。而我们即将考察的博格达沁古城，应该是焉耆国员渠城或唐焉耆都督府所在地。

古城位于焉耆四十里城子镇麻扎村东，沿乡村公路行驶至一丁字路口处，便可望见东北山丘上的残垣。据"三普"资料记载，古城平面略呈长方形，规模较大，其中东城墙长约800米，南城墙长约880米，西城墙长约660米，北城墙长约860米，周长约3200米。与《大唐西域记》中所述的阿耆尼国颇为相似，"阿耆尼国东西六百余里，南北四百余里。国大都城周六七里……"② 1928年，黄文弼先生来此，对古城描述甚为详细："四十里城市之东约四里地，有旧城一座名博格达沁，位于草滩之中，墙基尚存，周约六里。城中已漫草荒芜，洼者且浸水而成池塘，城中有二土阜……城西北隅有一大墩，高丈余……"③ 在古城东南约半里处，黄文弼又发现有一小城，并在城中采集有唐"开元"钱。今考察队一行

---

① 《旧唐书》卷一九八《焉耆》："贞观十二年，处月、处密与高昌攻陷焉耆五城，掠男女一千五百人，焚其庐舍而去"，中华书局1975年版，第5301—5302页。
② （唐）玄奘、辩机：《大唐西域记校注》，季羡林等校注，中华书局2000年版，第48页。
③ 黄文弼：《焉耆考古调查简记》，《西域史地考古论集》，商务印书馆2015年版，第41页。

又到此城，所观之处，与前人所考察之状无显著变化，望着雪后的博格达沁古城，只是又徒增了几分凄凉。

博格达沁古城

博格达沁古城看护员一家

由博格达沁古城返回，没想到要找寻的七个星佛寺就位于道路的左侧。寺院正处于修复施工期间，四周围有低矮的砖墙。我们环绕一圈也未找到看管人员，估计因年关来临，施工人员都回家过春节了。站在公路上向里望去，寺院所在地势由低向高顺山丘而上，布局应该类似于阿克苏与喀什地区的佛寺，均为依缓坡高地而建。寺院遗迹与土丘浑然一体，给人一种古老厚重感。"七个星"为音译，意为"有着一千所房屋的地方"，由此可以想象当时寺院规模之大，晚上若是全部点燃烛火，想必是一片灯火通明的佛家圣地。公元400年，东晋高僧法显去往印度取经路经焉耆（法显称其为"焉夷"），见有僧人四千多人，均修行小乘佛教，法则齐整。估计是法显在焉耆国没能化缘凑足盘缠，不得不委派随行的智严、慧简、慧嵬返回高昌求取，由此方有了《法显传》中对焉耆国人"不修礼仪，遇客甚薄"的描述。两百年之后，亦有唐朝高僧玄奘路经于此，也遭到了焉耆国人同样的"礼遇"，他在《大唐西域记》中如此描述到，焉耆国人"勇而寡略，好自称伐。国无纲纪，法不整肃"。但是佛教依旧盛行于此，"伽蓝十余所，僧徒二千余人，习学小乘教说一切有部"[①]。

无论是法显还是玄奘，都向我们传达出同样的信息，焉耆国自汉晋至唐时期，应是塔里木盆地北道沿线一处非常重要的佛教圣地，并且皆以修习小乘佛教为主。由此而分析法显和玄奘遭到冷遇就不足为奇了。修行"小乘佛教"的教徒，都是一个完美的信徒，理想成为阿罗汉一般的人物，他们"就像一头孤独的犀牛游荡着，独自奋力追求涅槃，用惊人的专注毫不怀疑地朝目标走去"[②]。而修行"大乘佛教"的教徒以慈悲为怀，理想成为菩萨，在其"达到涅槃边缘的存在，自动放弃了那项奖品而回到世俗中，使涅槃让每个人都可以得到"[③]。大、小乘佛教义理不同，体现了人们信仰道路的差异，为灿烂的佛教文化增添了些许魅力。寂静的古刹啊，千年之后的今天，但愿我们突然地到来不会惊扰到高僧们的冥想。

沿佛寺所在山丘而下至背阴的一面，行走约数百米，来到一片废弃的砖房建筑物附近，抬头便可望见位于其东北—西北走向的山丘之上，依山势而分布着若干洞窟。洞窟的门均已被土坯封闭，应是和佛寺遗址一样均处于施工修复期。尽管如此，在山丘最里边的几个洞窟口的保护墙还是被人砸开，由此进入其内拜佛烧香。民众文保意识淡薄和文物保护之间的矛盾由此可见一斑。依次走进被砸开的洞窟，其形制均为中心柱式结构，顶部由于香客长期送香及冬季点火取暖的缘故而被熏成黑色。四周墙壁皆有刀刻痕迹，应是20世纪初以勒柯克等为首的探险家割取壁画时所留。

---

① （唐）玄奘、辩机：《大唐西域记校注》（上），季羡林等校注，中华书局2000年版，第48页。

② ［美］休斯顿·史密斯：《人的宗教》，刘安云译、刘述先校订，海南出版社2013年版，第119页。

③ 同上。

七个星佛寺遗址

　　环塔里木南北两道沿线的壁画做工程序大致相同，在开凿好石窟或建筑好墙垣后，将墙面打磨平整，在其上涂一层厚 1—2 厘米的粗制草泥，继而再涂一层相对细洁的草泥，磨平，接着刷一层石灰浆水。然后待草皮层干透之后即可在上面勾线作画了。

　　七个星石窟共计有 10 处，彼此相去不远。走进洞窟内仔细观察，仍能看到有小块壁画残留，但由于窟顶上的积雪消融，有积水渗入窟内，导致壁画草皮层因受潮而开始脱离窟壁。壁画颜色多为明绿、橘红、黄色、白色几种，与克孜尔佛教壁画不同之处在于，没有显著的菱形格风格，也无背景颜色，至于壁画的内容，就只能寄托于自己的想象了。

七个星石窟

第十一节　重返吐鲁番

塔里木盆地北道沿线考察结束返回石河子后，考察队员们埋头于考察资料的整理和日志的撰写工作。如此忙碌数日，发现许多数据、资料还需要补充调查，于是在农历年除夕，张安福老师、胡艳老师以及同门岳丽霞我们四人再到吐鲁番，对吐峪沟石窟、柏孜克里克石窟、雅尔湖石窟等古迹进行了专门考察。再一次与这片古老而神秘的绿洲如此亲近考察，还是平生第一次。

一　吐峪沟石窟

吐峪沟石窟位于鄯善县西约 40 千米的吐峪沟内，石窟开凿年代为 5—7 世纪。近年来，随着政府部门文化遗产保护意识的增强，国家对于文物保护事业投入大量财力和人力，吐峪沟也因此而重新焕发生机。按照石窟的地形分布，吐峪沟石窟主要分为两大区域，现已清理发掘洞窟 94 个，石窟类型主要有中心柱窟、方形窟和禅窟三类，因早年受到人为与自然的破坏，现仅 9 个石窟有壁画残存，题材多为"本生故事""因缘故事"等。个别斑驳的壁画中仍可发现有汉文题记等，壁画风格既有犍陀罗风格的影响因素，又不乏中原画风的烙印，可以说是在吸收和借鉴东西方元素的基础上，渐趋形成了包含有本地文化的独特风格。

如今的吐峪沟石窟，虽已不见"佛乐飘飘，烟火不断"的昔日盛况，但每逢盛夏，吐峪沟绿树掩映，下临清溪，鸟语花香，水声潺潺，这种令人顿感心旷神怡的景象，时至今日依然如昨，并不亚于千日修行所要达到的境界。这一切我想皆是"沟"这种地理形态所恩赐的。如果你到吐鲁番就会发现，以"沟"命名的地方特别多，"吐峪沟""葡萄沟""阿拉沟""大小桃儿沟""雅尔沟""木头沟""树柏沟"等。每条沟就是一条河流，在气候极其干燥、降雨稀少的吐鲁番，源自高山的冰雪融水奔流而下，正是通过条条沟谷，孕育了人们得以生存的片片绿洲。

石窟所在的吐峪沟即是吐鲁番一条典型的沟谷，在其上游的地方人们多称其为"苏巴什"，意为"水的源头"。充沛的水源不仅方便了谷内的僧侣，而且成为普通民众的宜居之地。吐峪沟石窟脚下的麻扎村，这座古

吐峪沟霍加麻扎村

老的穆斯林村落大约形成于 15 世纪伊斯兰教传入吐鲁番之后，至今已有近六百年的历史，现已被国家文保单位列入"中国历史文化名村"，居民有百余口，村内至今还传承有古老的维吾尔族民俗风情，有着"民俗活化石"的美誉。

吐峪沟石窟为四姓高昌王朝时期的皇家寺院，壁画上发现的供养人画像，衣着华丽，雍容典雅，多出自高昌国贵族阶层。15 世纪之后，信仰伊斯兰教的回鹘高昌政权强势推行伊斯兰教，打压佛教徒，同时对佛教寺院和石窟寺大肆破坏，至今在吐峪沟石窟中仍可见有被凿去眼睛或鼻子的佛像、壁画。

考察吐峪沟石窟

在文管员的带领下，我们步入谷内近距离考察石窟。走进谷内便会发现，地处半山腰的石窟巧妙地借助了地形空间，依山崖而凿。由于所凿台地，石质较为疏松，受自然条件及人为的影响，已有部分石窟坍塌，窟内只能用木桩暂时支撑。窟内光线较暗，残留壁画很难细致考察。沿谷崖之下的木桥前行，至一水库大坝处。据悉，水库为鄯善县水利部门所设计修建，虽方便了民众生产生活用水，但对石窟却有着致命的影响，被截留的河水不断渗入崖壁中，窟内岩体受潮后，便加剧了台地的坍塌速度。沿河坝至河谷的另一侧，顺台地底部沙石路继续前行，半山腰又有石窟若干，多为苇席暂时密封，应为考古发掘的现场。由于天色已晚，谷内光线也暗淡了许多，我们便沿山谷中的小路返回，途中所见民居，皆巧妙利用山势修建而成，与山谷石窟自然一色，浑然一体。

沟谷中修建水库，对两侧崖体有着较大影响，尤其是对石窟壁画的影响更为明显，文化遗产的保护与现代化建设的冲突普遍存在，怎样在二者之间取得平衡事关紧要。这就要求我们的政府在着重发展眼前物质利益的同时，更要认识到精神文化所带来的长久利益，如此方能求得社会的平衡持续发展。

吐峪沟石窟附近的水库

二 雅尔湖石窟

11日清晨，刮了一夜的风终于停了，冉冉升起的朝阳总是给人青春的朝气与活力。整理好行囊，我们便开始了今天的考察。首先计划要考察的地方为"雅尔湖石窟"，位于吐鲁番市西约10千米处，交河故城西南雅尔乃孜沟南岸的崖壁上。本以为到了交河故城，如果按图索骥很容易就会找到石窟，然而实际的行程并非如此，询问当地的居民，大多知道交河故城，但对于石窟却似未曾听说过。沿沟谷内羊肠小道蜿蜒前行，后来还是在雅尔乡郭勤村一回族老人的热心指引下，方才知道大体方位。在跨过谷地小溪后，我们又拐入一谷间小道，前行百余米，豁然开阔，展现在眼前的是又一个河谷，遍野山林尽收眼底，沟谷内哗哗的流水声更加凸显出山谷的幽静。

雅尔湖石窟

尽管雅尔湖石窟如此隐蔽，但还是难逃西方探险家的一劫。早在19世纪末，以克雷门茨为首的俄国探险队就曾光临此地，对包括雅尔湖石窟在内的交河故城以及附近的墓葬遗存进行了调查和发掘，现场拍摄了石窟的壁画，切割取走壁画4块，现收藏于艾尔米塔什博物馆内。进入20世纪之后，西方探险家对新疆文物肆虐抢夺。1902年勒柯克"到访"，1908年日本野村荣三郎、橘瑞超窃取了大量壁画及泥塑佛像，紧随其后，1909

年俄国奥登堡又割取雅尔湖石窟壁画两块。直到20世纪60年代以后，中国学人方展开对雅尔湖石窟的调查与研究工作，遗憾的是，呈现在面前的仅剩西方强盗留下的"残羹冷炙"，令人痛心疾首。

沿小溪一侧的道路前行大约百米，便可看到坐落在小溪对岸崖壁上的石窟。据回族老人说，此前山谷本没有这么深，谷底大约和石窟所在的二层台地持平，但在1986年一场山洪过后，沟谷被下切了5米多深，水沟宽度亦拓展了10余米。由于溪水的阻隔，我们只能隔河遥望。石窟倚靠崖壁分为上下两层，其中上层石窟外形保存较为完整，11个洞窟依次排列开来，形制均为长方形纵券顶式。据说第4号洞窟内壁画至今仍有残存，内部两侧为"说法图"，顶部为千佛图，对于研究9—12世纪高昌回鹘王国佛教艺术具有重要的价值。在上层1—11号洞窟的正下方为下层洞窟，编号为K12和K13，如果不仔细观察，还真不易发觉距离主体7个洞窟右下侧约50米处，处于下层的两处洞窟（其编号依次为K14和K15），与主体石窟如此远的距离，想必是僧房窟所在位置吧。

雅尔湖石窟洞窟分布图[*]

翻阅最新的调查报告得知，雅尔湖石窟编号为K1—K7的洞窟形制皆为长方形纵券顶窟，7个洞窟前面为一开阔的台地。其中又以K4窟规模最大，石窟内两侧内壁四个耳室供礼拜和禅修使用，其余的石窟规模相对较小，因遭受严重破坏，仅残留有为数不多的题记或壁画，为确定石窟的历史信息提供了珍贵的线索。如在K5洞窟内残存有"翟姓禅师莅临西谷寺"的汉文题记，后来有学者根据题记内容和书法类型推断，雅尔湖石窟的遗存年代应为唐西州时期，寺名为"西谷寺"。此外，在K3、K6以

---

[*] 吐鲁番地区文物局、吐鲁番学研究院：《雅尔湖石窟调查简报》，《吐鲁番学研究》2015年第1期，图版肆。

及其他石窟中亦多发现有清代题记，但内容多与佛寺或禅修无关。

三　交河沟北墓地

考察完雅尔湖石窟后，我们又在回族老人的帮助下折返至来时的第一条沟谷，由一缓坡处攀登而上，便来到了交河沟北墓地。墓地分布在一块完整的台地上，平面呈不规则状，南北长约 350 米，东西宽 30—380 米不等，周围沿崖边缘围有铁丝保护网，每个方向都布置有监控设备，可谓戒备森严，也由此反映出该墓地的保护级别之高。透过铁丝网可大致看到布满碎石块的地表，发掘后仍未回填的墓穴。文保部门规定墓地不对外开放，后来经再三协商，待接到上级许可通知后，看护员方才打开栅栏铁门让我们进入墓地考察。

交河沟北墓地

沟北墓地现已被发掘墓葬 55 座，其中合葬墓 35 座，以夫妇合葬较多，单人葬 14 座，其余 6 座埋葬方式无法分辨，葬式多为仰身直肢，也有少量为仰身屈肢。墓葬形制主要有土坑竖穴墓和竖穴偏室墓两类，普遍出现有以马殉葬的习俗。我们重点对编号为 M01 和 M16 的两座墓葬进行了考察，之所以选取这两座墓，一是因为规模大，二是因为墓葬规格比较高。以 M01 号墓为例，整体墓葬组合分布呈椭圆状，中间位置为主墓坑，形制为竖穴偏室墓，很显然是墓主人埋葬处，以主墓室为中心，周缘依次排列有 15 座葬墓和 22 座殉马坑，据考察资料显示，殉葬的马匹有 21 匹。相比之下，M16 号墓规模稍逊一筹，周围东西排列有 9 座葬墓和 18 个殉马坑，马匹有 21 匹、驼 3 峰。其中葬墓内尸骨多是 2—3 具，皆为夫妇与一儿童的合葬墓。其余的墓葬均未出现如此序列的埋葬情形，这可能是车师国贵族的家庭墓葬特有的埋葬方式吧。

沟北墓地中出土有大量的随葬物品，从普通的陶制生活用具到珍贵精致的金银饰品，共计 300 余件。但规格较高级的金银器具集中出土于 M01 和 M16 两座大墓，其余的墓葬多发掘出一般的生活用具，由此反映出当时社会生活中人们的等级差别，下层的穷困百姓即使到了冥界也仍未能逃脱贫贱的身份定位。不过好在沟北墓地的殉葬早以马驼代替了人，这由殉马坑和出土于 M10 的木俑已知，尽管孔子诅咒"始作俑者，其无后乎"，但木俑或土俑的出现毕竟还算人道，避免了用人直接殉葬。

四 柏孜克里克石窟

> 宁戎窟寺一所。
> 右在前庭县界山北二十里宁戎谷中。
> 峭巘三成，临危而结；
> 极曾峦四绝，架回而开轩；
> 既庇之以崇岩，亦环之于清濑。
> 云蒸霞蔚，草木蒙笼。
> 见有僧祇，久著名额。[①]

——《西州图经》残卷考释

这就是 1400 多年前唐人印象中的柏孜克里克石窟，远离闹市，地处前庭县赤石山北麓山谷。山峰重峦叠嶂，云雾缭绕，谷底水声滔滔，草木葱茏。石窟临半山台地而凿，栈梯自谷底攀附而上……犹如人间仙境！

---

① 王仲荦：《〈西州图经〉残卷考释》，《敦煌石室地志残卷考释》，中华书局 2007 年版，第 213 页。

柏孜克里克石窟今已成为一处著名的风景游览区，在现存的83个石窟中对游人开放的仅有5窟，由入口处沿阶梯而下，便可一览其状。石窟依火焰山东坡山腰开凿，"柏孜克里克"意思即为"山腰"，石窟下面深20余米的木头沟谷底至今仍有寺院庭院和佛塔残迹。石窟的开凿时间约为公元5世纪，其间经历有四姓高昌王国。信奉摩尼教的回鹘西迁吐鲁番盆地之后，受到佛教浓郁氛围的熏陶亦将其作为国教。因而，柏孜克里克石窟寺的繁盛时期为公元5—10世纪，长达500年的时间。至15世纪，随着伊斯兰教的传入，两种宗教在经过短暂的"鼎足而立"局面后，由于宗教战争的压迫，佛教衰亡，石窟寺亦随之衰败。

柏孜克里克石窟

20世纪初，西方探险家的到来将尘封千年的石窟惊醒，而且以最残忍的手段掠取了石窟内最宝贵的壁画。失去壁画的石窟就像是灵魂出窍的人一般，失去了原本的自我，这是多么悲伤的事情啊。破败的石窟曾经见证了一拨又一拨强盗的肆虐。先是1905年德国人勒柯克的到来，在其助手巴斯图发疯般的卖力下，割取了大约上百件的壁画运回德国，后藏于"柏林印度民俗博物馆"，1945年盟军攻打柏林，由于未来得及拆除保管，这批文物最终被无情的战火吞噬。步勒柯克后尘到来的是俄国人奥登堡，1910年日本大谷光瑞探险队，1913年的斯坦因，等。柏孜克里克石窟如同刀俎下的肥肉一般，任人宰割，留给后人的仅是满目疮痍之状。

遭受苦难的柏孜克里克石窟终于在数年后等来了国人的重视和保护，

并于1982年被列入"全国重点文物保护单位"。于是石窟寺又仿佛迎来了命运之春，以沉着的姿态重又面对这个似曾无情的世界。据悉，残存的石窟壁画基本得到了临摹，许多濒临毁损的壁画也得到了适当的修复。研究发现，石窟寺在历史上有相当一段时期曾是高昌王国的皇家寺院，这一推断便是凭借第20窟的供养人高昌国王和王后画像得出的。20窟繁盛于10世纪的回鹘高昌王国时期，形制为典型的长方形纵券顶，中堂两侧和后面均有通道，从而连成回廊，中堂壁画以大悲观音为中心，中堂门两侧内壁绘制有回鹘高昌王及王后供养像。

除20窟外，其他洞窟的壁画亦各有千秋。如第27窟，绘制于11—12世纪，形制为长方形纵券顶式，窟内塑绘结合，原有七世佛，两侧壁上绘制有火焰、珠宝等图案，侧旁壁画上部绘有供养、听法菩萨，他们表情沉静、双手合十恭敬礼佛，佛座下绘制有贵族男女、供养人像，顶部绘有千佛。第31窟，形制为大型长方形纵券顶式，顶部绘制千佛图案，后部是塑绘结合的《涅槃经变》。卧佛早已被破坏，后壁上方绘制有汇椤双树。右侧是悲哀供养菩萨天龙八部，左侧是前往举哀的各国王子，中间有一火焰冲起，顶端并列绘制有舍利塔，描绘的是八国王子分舍利的情节。第33窟的形制与31窟一样，窟内壁画已破坏殆尽。第39窟的壁画绘制于12世纪的回鹘高昌后期。此窟形制也为大型长方形纵券顶式，后部的七尊佛像已毁，顶部绘有千佛。侧壁相对绘制供养菩萨行列，后部相对绘制《文殊变》，后下方有昆仑奴、五台山风景，一派林木丛生、其景宜人的景色。

五　胜金口石窟

沿山路而下，过高架桥后，我们拐入木头沟另一侧谷地，见胜金口石窟依山而筑，坐东朝西。石窟所在的整体环境与柏孜克里克石窟相似，洞窟皆是倚靠山谷两壁开凿，谷底有溪水缓缓流淌而过。据看护员热加普说，近年来频发的山洪对石窟所在台地冲刷严重，进而威胁到了石窟的稳定性。据说文物部门准备在开春后对其进行加固。石窟除遭受自然因素的破坏外，盗掘分子的光临，也在很大程度上给石窟壁画造成一定程度上的毁损。

胜金口石窟

胜金口石窟寺现存有石窟、佛寺、岩画等遗存12组，其中有石窟1处、岩画点1处，佛寺多达9处。按照功能形制划分，胜金口石窟寺主要由"南寺院""中区生活居址"以及"北寺院"三部分构成。其中，南寺院遗址规模约为330平方米，是一座五层阶梯形制的建筑群，第2层和第3层有石窟分布，共有洞窟3座。北寺院规模大约为600平方米，结构造型亦是阶梯状建筑群，现存4层，其中第4层遗存有石窟9座。中区遗址原为一组三层结构的居址群，现已坍塌为长约40米、宽约10米、残高约12米的圆锥形土山，2012年3—5月，考古人员曾对其进行发掘清理，发现房屋26间，布局大致和南北寺院一样同为阶梯状，分为上、中、下三层。

看护员热加普告诉我们，目前已经编号的洞窟有8个，个别洞窟坍塌严重，仍处于修复过程中，只得依靠木柱进行暂时性支撑。石窟北侧不远处有高速公路穿过，汽车排放的尾气、刺耳的鸣笛声、汽车经过时所引发的地质震动等因素，均在一定程度上加速了石窟的损毁进程。与石窟隔河相望即是寺院遗址所在，其亦是胜金口石窟寺的重要组成部分。我们绕过溪流，前往对面较高处的台地上，见有房屋建筑遗迹，墙垣残高1—2米，建筑结构为土坯垒砌，由基址结构来看，房屋占地面积较小，极有可能是僧房建筑。

六　台藏塔

1996年初春的一天午后，一名正在玩耍的维吾尔族少年在一只飞鸽的指引下,爬上了位于吐鲁番市三堡乡尤喀买里村的一座残破的佛塔,无意得到隐藏在佛龛内流沙层下的一片汉字文书。谁曾想,正是这样一件被偶然发现的文书,却揭开了一个被流沙掩藏千年的秘密。文书上"永淳三年历日"等的记载,确切证实了唐代"颁历制度"在西域的实行。在唐朝之前,人们日常生活中所使用的日历(当时称历日)均由中央政府统一颁发。根据《唐六典》官职条的相关记载,太史局负有"掌国之历法,造厉以颁于天下"的职责,那么,照此推断,文书上的日历正是来自太史局。

台藏塔遗址

故事中的残破佛塔即是我们今天所要考察的古迹——台藏塔,"台藏"乃是维吾尔语"太桑"的音译。台藏塔是唐代至高昌回鹘王国时期典型的单体佛教建筑。后来西域佛教的主流宗教地位逐渐为伊斯兰教取代,佛教衰败,佛塔亦随之而渐遭废弃。时过千年,台藏塔重又受到世人的关注,并于2001年被国务院列入第五批"全国重点文物保护单位"名单。

据说台藏塔是新疆境内现存规模最大、保存现状较好的佛塔遗址。早些年的台藏塔,曾是尤喀买里村民众生活中的重要组成部分,佛塔周围密集分布有居民的房屋、羊圈、果园、菜地等,甚至有的居民房屋就是依靠佛塔墙体所修筑。进入20世纪之后,随着唐代旧历的发现和政府文保意识的增强，台藏塔逐渐得到文保单位的抢救性发掘和保护。耸立在我们面前的佛塔，早年那种破败不堪，民居建筑杂乱无章分布的景象，得到很大改观，台藏塔如今显得雄伟壮观、整洁大方。

台藏塔所在地势平坦，周围已被铁栅栏保护。现存台藏塔遗址主要包括佛塔和墓葬两部分，其中所谓的佛塔其实是一座平面呈"回"字形的大型佛寺，其东西长约35.5米，南北宽约22.65米，残存高度约为19.1米。佛塔只有塔身东侧和北侧保存相对完好，其上有佛龛遗存，共计32个，且多已坍塌，仅有东南墙壁第三级最北一座佛龛保存较完整，其中基座和壁画仍依稀可见。该佛龛编号为K1，形制呈长方形券顶式，宽约1.7米、进深约1.75米、残高约3.8米，佛龛结构为土坯砌筑。佛龛中壁画制作工艺与石窟寺壁画大致相同，佛陀雕像已被毁损，仅残存有佛座。

两座墓葬遗址为早期遗存，分别位于佛塔的西南壁和佛塔北角，墓葬形制均为斜坡墓道洞室墓，包括墓道、墓门、过洞、封门、墓室和耳室六部分组成，其葬具、葬式以及出土遗物等与距离1千米外的阿斯塔那—哈拉和卓墓群较为相似，考古人员认为这两座墓葬应归属于阿斯塔那—哈拉和卓墓群，而佛塔则是在墓葬遗址上后来修建的。

台藏塔的修筑年代至今仍无法确知，曾经在此修行打坐的僧侣早已作古，唯有残存的佛塔遗迹在向世人昭示着丝路上佛教传布的印迹，吉木萨尔县北庭故城西大寺和吐峪沟西尔科普佛塔，与台藏塔有着相似的造型，它们虽然分居天山南北，但却一同见证了西域佛教的盛衰兴亡的历史过程。

七　洋海古墓群

在历史悠久的吐鲁番大地，名不见经传的发现时常成为揭开古迹神秘面纱的钥匙，洋海墓地的发现如同台藏塔一样，以相同的方式一跃而成为世人瞩目的对象。

20年前的一天清晨，怒吼了一夜的狂风终于在黎明时分停歇。居住在鄯善县洋海夏村的居民和往常一样打开房门，清扫昨夜狂风之下残留的一片狼藉，一位老人习以为常地摘下庭院门前树枝上的纸片，但在弯腰的那一瞬间，老人被突然出现的东西吓了一跳，骷髅头！这一惊人的消息很快传遍了吐鲁番大地,甚至更远的地方。为什么一夜的狂风之后会出现瘆人的白骨呢?是火焰山山神显灵,还是真主安拉降怒众人的先兆呢?种种疑问困扰着世代居住于此的洋海人。开春的一天,洋海夏村居民发现连通田地的坎儿井突然阻塞断流了,于是派人前去山前台地疏通地下暗流,就在打捞杂物的时候,突然打捞起一具白骨?这一发现又使人突然想起几年前的骷髅头,会不会是墓葬呢?这一潜意识蓦然惊醒梦中人,吐鲁番地区考古单位得知消息之后立即前来调查,一个惊人的发现横空出世,它就是后来闻名于世的洋海古墓群。

洋海墓地

　　洋海古墓群的发现,就像是打开了一个尘封千年的神秘世界。如果说阿斯塔那—哈拉和卓古墓群是吐鲁番中世纪时期地下博物馆,那么洋海古墓群便是吐鲁番盆地早期人类生活的演绎厅,为后人了解吐鲁番早期人类活动打开了一扇广阔的窗口。怀着这样的一种历史文化情愫,在考察完台藏塔之后,我们便驱车前往地处吐鲁番盆地火焰山南麓,位于鄯善县吐峪沟乡洋海夏村的西北戈壁滩深处的洋海古墓群。古墓群位于山前较高的台地上,台地地势平坦广阔,占地面积约9000多亩,受千百年来山洪或雨水的长期冲蚀,台地被自然分割为三块,考古学者将其分别编号为1、2、3号墓地。洋海古墓群墓葬地表无明显的封堆标志,放眼望去,地表皆是布满碎石的戈壁滩,也许是因为原有封堆被自然长期冲蚀风化而消失,导致现存墓地地表普遍呈现出许多圆堆形墓群。古墓群遗存年代以青铜时代晚期甚至早期铁器时代为主,汉代至唐代的墓葬极少。墓葬形制主要分为四类：竖穴墓、竖穴二层台墓、竖穴偏室墓、斜坡墓道洞室墓。据看护员介绍，以前此地有农田，附近至今仍见有废弃的坎儿井，但多被沙石填埋，地表呈凹陷状。之后，我们又在看护员的带领下步行数百米，见有几处尚未回填的墓坑，其形制均为斜坡墓道样式，墓道宽约 40 厘米，长约 10 米，为南北走向。

斜坡墓道墓

竖穴土坑墓

近年来，由于盗墓分子的疯狂盗掘，国家文保单位对洋海古墓群进行了抢救性发掘。1 号墓地位于最西部的台地之上，现已发掘墓葬 209 座；2 号台地位于 1 号台地墓群的偏东位置，墓葬主要分布在台地中、西部，呈现出片状密集状分布，现已发掘墓葬 213 座；3 号台地墓群地处 2 号台地墓群南约 120 米处，地势相对低平，现已发掘墓葬 63 座。同时，墓葬中出土有丰富的金器、银器、铜器、骨器、织品等遗物，对于研究古代洋海居民的日常生活提供了非常重要的参考。随着科技考古的发展，洋海墓地中许多现象得到了较为合理的解释。如在发掘的洋海墓地中发现大量人头颅骨上遗留有方形穿孔，有考古学者认为这或许是古代洋海居民进行头骨开颅手术留下的创伤，伤口愈合度显示主人在接受开颅手术后很长一段时间方才离世；墓葬中还曾出土过一名女性尸体，下半身肚皮上被横拉一刀，之后伤口又为马尾缝合，有学者认为，这应是古代洋海居民进行剖腹产后所遗留的痕迹。

洋海古墓群中的出土遗物不仅显示出洋海人的高超医学技艺，而且客观地反映出古代吐鲁番民众的生活方式。例如洋海墓地出土的陶罐器皿，底部形制多呈现为圜状，与中原平底器差异显著。中国人民大学李肖教授对此现象解释说，这种圜状底陶器显示出洋海居民曾处于游牧生活状态，因不断迁徙，以圜状作器皿底部，即使在地势起伏的情况下放置，器皿仍能竖立不倒。而以种植业为生的中原民众，生活之地以平原为主，地势平坦，因而器皿的形制基本呈现为平底。这大概就是人类适应生存环境的绝佳范例了！聪明的洋海人不但能够适应环境的挑战，亦具备较强的因地制宜的适应能力。一座墓葬中葡萄藤枝的出土，就显示了洋海人早在 3000 年前就已经开始栽种葡萄了，并且学会了在低温下保存葡萄藤的能力。按照常理而言，由西方传入的葡萄树，在寒冬季节的吐鲁番盆地是无法得以生存的，于是聪慧的吐鲁番人便发明了"冬埋技术"，在寒冬到来后即将葡萄枝条埋入地下，待到次年，春暖花开，枝条又绿。如此客观反映早期洋海居民生活概况的事例不胜枚举，将洋海古墓群比作古代洋海居民生活的演绎厅，是再恰当不过了！

第 二 章

丝绸之路南道考察

丝绸之路南道大致与《汉书·西域传》中所记载的南道交通线路一致，即"从鄯善傍南山北，波河西行至莎车"，沿线分布有大片绿洲，土壤肥沃，水源充沛，楼兰、若羌、且末、尼雅、于阗、莎车等古国便发祥于此。时过千年后的今天，当你重新踏上这条神秘的丝路古道，文明城邦的身影虽早已逝去，但遗存至今的城址、烽燧、佛寺、墓葬等历史遗迹，记录了昔日的繁华景象。

2013年5月，《环塔里木历史文化资源调查与研究》考察队继年初北道沿线历史古迹考察之后，开始了对塔里木盆地南道沿线历史古迹的田野调查。初夏时节的5月并不是进行南疆考察的理想时间，一是天气逐渐炎热，许多地处大漠深处的遗址难以到达；二是风沙盛行，不利于调查现场的拍摄记录。但由于时机来之珍贵，考察队一行五人，轻装简行，于13日自石河子出发，开始了南道沿线古迹的考察。出于交通线路的考量和考察信息搜集的需要，考察队由托克逊经干沟进入南疆，首先到达巴音郭楞蒙古自治州（以下简称"巴州"）首府库尔勒市，一方面拜访巴州文保单位，对巴州南道现存遗迹概况有一个总体的了解；另一方面求得州文保单位的帮助，为我们之后对巴州地方古迹的考察提供方便。

考察队由库尔勒市出发，先后经巴州尉犁县、若羌县、且末县，和田地区民丰县、于田县、策勒县、洛浦县、和田县、墨玉县，对沿途汉唐历史古迹进行考察。与年初所考察的北道沿线历史遗迹相比，南道的遗迹大多被沙漠掩埋，数量较少，且分布零散，许多遗迹难以到达，在一定程度上提高了我们对其实地考察的难度，比如尼雅遗址、安迪尔遗址、丹丹乌里克遗址等多位于沙漠腹地深处，凭我们现有的实力根本无法进行实地考察，故只能到相应的文管部门查阅有关信息资料，尽可能地将古迹遗存现状弄个究竟。此外，鉴于上次北道考察经验，此次南疆考察的准备工作相对较为充分，除注重取得古遗址感性认识、客观数据信息之外，对遗址历史地理信息的考察亦多有侧重。

第一节　库尔勒

2013年5月14日，简单的早饭过后，我们离开托克逊驶向库尔勒。通往库尔勒的道路有两条，一条为翻越天山冰达坂的山路，此道较为陡峭险峻，稍有不慎就有坠崖的危险；另一条为干沟道，由托克逊县出发，沿此道，经和硕、焉耆抵达库尔勒市。我们自然选择后者。很快，我们驶入蜿蜒崎岖的干沟之中，车行数十里，我才感受到干沟之所以得名的原因，气候炎热干旱，沟中植被甚少，山体石头多为裸露，呈现出青灰色和淡黄色。准确来讲，干沟地势为低山丘陵，其间山坡连绵起伏，一直延伸至干沟尽头，与南方长满碧绿植被的丘陵相比，显然多了几分苍凉与沉寂。将近4个小时的奔波，感觉山路渐渐变缓了起来，绕过一段狭长的山体之后，我们终于把干沟甩在了后面。

中午时分，考察队抵达"南疆第一大城市"库尔勒市，夜宿龙源酒店。库尔勒早在西汉时期属于尉犁国境地，东汉末年被并入焉耆国。现名"库尔勒"源自民国时期的库尔勒县，20世纪80年代撤县建市。关于库尔勒的得名，新疆史地学者于维诚对此解释为"值得远眺的地方"[①]，这一说法与徐松在《西域水道记》中对此地"地形轩敞，可供眺览"的描写较为相符。

一　巴州博物馆

午饭后，我们便前往库尔勒市人民广场附近的巴州博物馆考察。博物馆展厅分三层，第一层的"通史展厅"和第二层的"楼兰专题展厅"是我们今天重点考察的对象。从第一层的"通史展厅"得知，巴州是我国面积最大的地级行政区域，自古就有塔里木河、开都河、孔雀河、车尔臣

---

① 于维诚：《新疆地名与建制沿革》，新疆人民出版社2005年版，第37页。

河流经其境,充沛的水源孕育出如今这片生机盎然的绿洲。千百年来,繁衍生息于此的人们,利用自己的勤劳与智慧在这片神奇、美丽、富饶的大地上,创造出绚丽多彩、瑰丽多元的地域文化。巴州自古以来就是多种族和多元宗教并存的地方,因此,语言和文字作为此地文化符号和基本元素,在地域历史文化的演变中始终扮演着较为重要的角色。考古资料显示,巴州历史上出现的文字多达 24 种,其中包括汉文、佉卢文、梵文、于阗文、突厥文、粟特文、叙利亚文、希腊文等,语言文字之丰富,甚为罕见。

巴州博物馆

参观了通史展厅,我们对巴州的历史地理变迁有了一个总体的了解。巴州历史悠久,文化灿烂,人类活动最早可追溯至史前时期。约公元前 2000 年,罗布泊居民便创造出了闻名后世的"小河文化",现存的古墓沟、铁板河古墓群均是"小河文化"的重要物质载体。约公元前 1000 年,在巴州北部和昆仑山南部山麓又相继出现了"察吾呼文化"和"扎滚鲁克文化"。想必,在人类交通欠发达的远古时代,每一种地域文化的形成,背后就隐藏有一支独立生存的社会族群、一段令人心酸的移民史。

两汉时期,今巴州的轮台、焉耆、若羌等地就是适于农耕的理想地域,《汉书·西域传》载:"故轮台东捷枝、渠犁皆故国,地广,饶水草。"① 同时也是重要的军事战略要地,汉匈双方曾在此角逐。公元前60年,西汉置西域都护府于乌垒城,标志着西域诸国从此纳入西汉版图。十六国时期,前凉、前秦、后凉、北凉等地方政权曾先后统辖西域。隋朝时期,在今若羌、且末设置有河源、且末等郡。显庆二年(657),唐朝平定阿史那贺鲁叛乱,将安西都护府升格为安西大都护府,其管辖范围东起阳关、玉门关,西至中亚的咸海一带,北抵额尔齐斯河,南与吐蕃相邻。同时,为巩固在西域的统治,唐朝又在大都护府下设都督府、州和羁縻府州等管理机构。

博物馆第二层为楼兰展厅。进入大厅,首先映入眼帘的是一幅20世纪前后中外探险家考察塔里木盆地罗布泊水系的简况图。如1876—1877年,俄国军官普尔热瓦尔斯基到阿不旦调查,他将喀拉库顺误认为罗布泊。普尔热瓦尔斯基之所以犯错,是因为他并未注意到喀拉库顺是淡水湖而非咸水湖,而且其在地理纬度的测量上也出现了误差,其所在的位置较清朝官府所记录的罗布泊纬度偏南一度。1889年和1893年,俄国军官科兹洛夫先后两次进入罗布泊考察。他认为罗布泊北部湖泊的形成主要得益于孔雀河河水的泛滥。1896年3月,瑞典地理学家斯文·赫定考察罗布泊,他于北纬40°30′处发现四个小湖,小湖周围存在许多干涸河床。而且他所测量的湖泊位置与清朝官方所标识的罗布泊位置基本一致,只是形状稍有不同。

20世纪初,西方探险家纷至沓来,掀起了罗布泊考察的热潮。1905—1906年,美国学者亨廷顿抵达罗布泊。他基于气候影响环境的理论提出罗布泊是"盈亏湖"的观点,认为湖泊面积是随着气候的湿润或干燥而扩大或收缩,并且推断出现在的罗布泊应是经过两次干湿气候变迁后的遗存。1934年,陈宗器基于对罗布泊所进行的地理测绘,认为罗布泊位置的变化主要是受注入河水量的多少影响,从而提出罗布泊是"交替湖"的观点。1954年,苏联学者西尼村提出了"新构造活动引起位移"理论,认为罗布泊迁移是由盆地基底发生块状位移所导致。1959年,中科院新疆综合考察队地貌组进入罗布泊北部地区,通

---

① 《汉书》卷九六下《西域传》,中华书局1962年版,第3912页。

过对地貌特征的历史变化和水文特征的探索，认为罗布泊既非"游移湖"，又非"交替湖"。

二　铁门关

考察完巴州博物馆后，天色尚早，考察队前往铁门关遗址考察。铁门关坐落在库尔勒市郊区水电站一侧的山崖上，自古以来就是连通中原与塔里木盆地北道的军事要冲。根据史籍记载，345 年，甘肃地方政权张骏率军侵入焉耆、征服尉犁时就经由此关。雄伟的铁门关不仅只是刀光剑影之地，也是诸多文人骚客寄托豪情、泼洒笔墨的佳境，唐朝著名边塞诗人岑参途经铁门关时，就曾留下如此优美诗句：

> 铁关天西涯，极目少行客。
> 关门一小吏，终日对石壁。
> 桥跨千仞危，路盘两崖窄。
> 试登西楼望，一望头欲白。

岑参《银山碛西馆》碑刻

20 世纪初，斯坦因光临此地，他在《亚洲腹地考古记》中曾详细地阐述了铁门关的重要军事战略地位。斯坦因对铁门关所处的地理环境考察后发现，铁门关陉所在位置恰当明屋遗址西南烽燧至苏盖提布拉克 Y. IX

烽燧之间，并由此认为铁门关应是汉唐时期传递信号的一处军事据点。①

铁门关

昔日的铁门雄关现已被开辟为旅游景区，开辟有"关楼""藏兵洞""摩崖石刻"等人文景观。我们沿铁门关一侧的环山公路驱车盘旋而上，行驶约5、6千米抵达铁门关水电站大坝处，大坝高约30米。其借助山体落差，在峡谷一狭窄处拦腰将河谷水流截断，形成了如今"高峡出平湖"的壮丽景象。攀登至大坝一侧的观景亭，水库附近的优美景色便可尽收眼底。

铁门关古道

---

① ［英］斯坦因：《亚洲腹地考古图记》，巫新华等译，广西师范大学出版社2004年版，第1078—1079页。

第二节 尉犁

约中午时分，经宣传部寇主任安排，考察队在巴州博物馆古朴典雅的办公室内见到了牛馆长，我们就巴州现存古迹情况与其进行了交流，恰好尉犁县文管所所长吾甫尔·库尔班也在，这更加方便了我们对下一站——尉犁县古迹的考察。

一 玉孜干古城

丰盛的午餐过后，牛馆长安排我们前去库尔勒市附近阿瓦提乡阿瓦提村南的玉孜干古城考察，古城又名"夏合开来艾"。1928年，我国考古学家黄文弼曾到此考察，他将古城记录为"玉子干旧城"，地理位置在回城南约1.5千米处，古城周长约1.2千米，城墙大部已经坍塌，仍有墙基遗存；城址中间位置残留一土墩，地表散布有粉红色陶片，颇似唐代遗物。当地人曾向黄文弼介绍，有居民曾于古城内挖掘出一两端有孔的方形石碾农具。20世纪80年代全国第二次文物普查时，普查人员测得古城平面呈圆形，结构为典型的内、外二重城，内城与外城所形成的环形半径约200米，可惜的是外城早在20世纪30年代就已毁损殆尽。

考察队在玉孜干古城

现存古城位于乡村公路的右侧，平面呈椭圆状，城周约1.1千米。古城内荒草丛生，中央位置见有一外形不规则的大型土墩，测得其东西宽约

45米，南北长约60米，当地居民称其为"宫殿"，由此推测土墩所在位置很可能是古城的中心建筑区。古城地表散布有少量的畜骨和夹砂红陶片等遗物。

据随行的文管人员介绍，古城原有规模比现在要大许多，城门本开在古城东墙垣上，后因乡村公路建设被毁。近年来，巴州文物部门十分重视对于古遗址的保护，在古城四周围加铁丝隔离网，并在古城入口处竖立文物保护碑。但毋庸置疑的是，古城现在也面临着破坏威胁。早些年，中国文物保护机制尚未健全，加之民众文保意识淡薄，当地居民通常将过世的亲人埋葬于此，久而久之，这里就成为附近居民的公共墓地。走入古城，随处可见有现代墓葬，尤其是在古城中间位置的土墩周缘，墓葬分布更为密集。如此下去，古城在不远的将来就会被墓地覆盖而消逝。据文管人员介绍，政府也曾注意到这一现象，但由于涉及民族风俗、社会稳定等错综复杂的问题，至今也未探索出十分奏效的解决办法。因而，玉孜干古城的保护工作仍任重而道远！

玉孜干古城内的麻扎

离开玉孜干古城后，听从尉犁县文管所吾甫尔·库尔班所长的建议，考察队沿孔雀河畔前行至尉犁县，如此可在途中考察孔雀河沿岸的烽燧遗址。由于张老师驾驶的大众轿车底盘较低，所以我和卞亚男、王玉平、岳丽霞四人乘坐吾所长的车，沿河畔行驶考察烽燧遗址，张老师独自开车走国道直接驶向尉犁县城。

前行数十分钟，我们自公路一岔口处拐入孔雀河畔的戈壁滩上，地势倒是平坦，只是午后火辣辣的太阳直射大地，飞驰在戈壁滩上的我们，如同铁板烧上的烤肉一般。又前行七八千米，一望无际的戈壁滩地上逐渐冒出蘑菇形状的土墩，这就是所谓的雅丹地貌，其多是受千百年风蚀的结果。吾所长此时提醒我们，现在已经进入了尉犁县境内无人区。

我们所处的位置大概是《汉书》中所记载的尉犁国东北部区域，尉犁国，"王治尉犁城，去长安六千七百五十里。户千二百，口九千六百，胜兵二千人。……西至都护府治所三百里，南与鄯善、且末接"①。三国时期，尉犁国被邻国焉耆吞并，从此便消逝在历史的长河中。明代，该地被称作"什尼戛"，不久又因孔雀河改名为"昆其"，清朝在此置新平县，有"新近平定"之意。民国时期，为避免县名与云南省新平县混淆，又取西汉尉犁国名为"尉犁县"，蒙古语发音为"罗布淖尔"，即有湖泊的地方。岑仲勉先生考证认为，尉犁取自印度语，意为"多水"或"水城"，此描述与尉犁县境内丰富的水域径流状况较为吻合。

愈向前行，道路愈加颠簸。在经过一处大型雅丹地貌之后，蔚蓝色的孔雀河水逐渐映入眼帘，水面上不断有水鸟轻盈地掠过，烈日、戈壁、雅丹、蔚蓝的河水……俨然一幅洋溢着诗情画意的山水图画。正在开车的吾所长向我们介绍，孔雀河源出焉耆县境内的博斯腾湖，依次流经库尔勒、尉犁、若羌等地，最后消失在罗布泊地区。孔雀河自汉代时期就见诸史籍记载，如东汉时期，西域名将班超曾临河饮马，孔雀河因此亦得名为"饮马河"。北魏郦道元所著《水经注》，描写到"大河又东，右（应为'左'）会敦薨之水，其水出焉耆之北敦薨之山"②。敦薨之水即是开都河和孔雀河。清代，孔雀河连同博斯腾湖上游的开都河并称为"海都河"。

二　孔雀河沿岸烽燧

我们几个正听的有趣，吾所长突然将车子停在一高约 2 米的土墩旁边。不等我们询问，他便指着右侧的土墩说，这就是苏盖提布拉克烽燧，烽燧附近便是尉犁县著名的水利工程——希尼尔水库。"苏盖提布拉克"，汉语意为"柳树圈"，顾名思义，烽燧附近原来生长有许多棵柳树，这一

---

① 《汉书》卷九六下《西域传》，中华书局 1962 年版，第 3917 页。
② （北魏）郦道元：《水经注》，陈桥驿校注，中华书局 2007 年版，第 39 页。

苏盖提布拉克烽火台

朴素的名字却向我们透露出烽燧在某一时期，周围水域环绕、绿柳垂荫的良好生态环境。时过境迁，沧海桑田，如今的烽燧附近植被稀少，荒漠弥漫。历经千年风化，现存烽燧残高已不足3米，从残存的基部仍旧可以看出其形制为圆柱体，测量得其上表面半径长约6米，基部周约37米。烽燧顶部有一不规则的土坑，应是盗掘分子所遗留。

吾所长见我们个个汗流浃背、口渴难耐，便对我们说道，前边不远处的草丛中有泉水，开始我们对此面面相觑，心想吾所长一定在和我们开玩笑吧，在这一望无际的荒漠戈壁中怎会有甘泉涌出呢？半信半疑的我们，跟随吾所长的脚步，走进一簇芦苇丛深处，果然有两股清澈的泉水涌出，令人感到不可思议的是，一股泉水味苦、一股泉水甘甜，两股水在距离泉眼不远处汇聚成小溪，注入附近茂密的芦苇丛中。嗓子眼儿几乎快要冒烟的我们，俯下身，手捧甘泉，一饮而尽，真是痛快淋漓，此情此景至今仍记忆犹新，令人难以忘怀。

我们由苏盖提布拉克烽燧前行约8千米，到达了雅库伦烽火台遗址，与前一座烽火台遗址不同的是，雅库伦烽火台是修建在一规模很大的雅丹地貌上，现存烽燧残高约3.7米（不含雅丹高度），烽体为土坯垒砌。由雅丹北面缓坡攀爬上高约十余米的雅丹，眼下一望无际的荒漠，颓败的烽火台在夕阳的照耀下，给人一种难言的沧桑感。再由雅库伦烽火台前行约10千米，我们便到达"孙基烽火台"遗址，现存烽火台保存相对较为完整，外形呈斜坡状，残高约7米，烽体结构为土坯垒筑，土坯层间夹杂有芦苇、红柳等植被。至于该烽火台为何命名为"孙基"，至今未得以了

苏盖提布拉克烽火台附近的泉水

解,想必是为纪念某一投身西域的历史人物吧。

雅库伦烽火台

沿孔雀河畔分布的烽燧遗址现共遗存有 11 座,相邻的烽火台间隔 5.5—23 千米不等,分布线绵延 150 余千米,向西可通至轮台境内的西域都护府乌垒城,东北向可抵营盘遗址,所组成的烽燧线路曾是汉晋中原政权统辖西域,是传递信息的重要渠道。《汉书》载:"自敦煌西至盐泽,往往有亭",由此可知孔雀河烽燧线即是"敦煌——盐泽"烽燧线抵达营盘后的延伸。

孙基烽火台

离开孙基烽火台，午时火辣的阳光早已被傍晚夹杂有寒气的残阳所取代，即将入夜的戈壁显得十分冷清，莫名的凄凉感涌上心头。无言的荒漠、静静的孔雀河、寂寥的烽火台……无不使人联想到"塞驿远如点，边烽互相望"的诗句，此时此刻，我们仿佛又穿越了时空，回到了那个不知边关何处的年代，感受着身为戍边健儿背井离乡、保卫边关的凄苦与无奈。

三 营盘遗址

营盘遗址位于库鲁克塔格山脉南麓，孔雀河故道中游北岸的洪积戈壁台地上，西北距尉犁县城约 150 千米，东距楼兰古城约 200 千米。营盘在西域历史长河中留下了浓厚的一抹。营盘是古代西域较为典型的集城址、佛寺、烽燧、墓地于一体的聚落遗址。早在汉晋时期，位于楼兰与尉犁之间的营盘，就是丝绸之路上的交通重镇，使者、商旅西出玉门关、沿疏勒河、过白龙堆、循孔雀河谷抵尉犁、轮台等地必经于此，因而其在中西文化、经济的交往中发挥了重要作用。现存营盘遗址地处孔雀河北岸、库鲁克塔格山山前冲积平原上，这里在很久以前就是土壤肥沃、水源充沛的绿洲，随着楼兰的消失，营盘这片古老的绿洲也渐渐退出历史的舞台。营盘遗址所处地理位置大致相当于《汉书》中所述的"山国"，（山国）"王治去长安七千一百七十里。户四百五十，口五千，胜兵千人。……西至尉犁二百四十里，西北至焉耆百六十里，西至危须二百六十里，东南与鄯善、且末接。山出铁，民山居，寄田籴谷于焉耆、危须"①。此外，北魏郦道元在其《水经注》中对此地亦有表述："河水又东，迳墨山南，治墨山城，西至尉犁二百四十里。"② 其中，"河水"即孔雀河，"墨山"指库鲁克塔格山。

灭楼兰，攻车师，置都护……西汉政权经过一系列的政治博弈，初定西域。依傍孔雀河水，地处广袤绿洲之地，且又扼守南北两道的营盘，自然成为西汉维持道路通畅、经略西域的桥头堡。于是，西汉以营盘为连接中原和西域腹地的重要军事据点，分别修筑"敦煌至盐泽"和"孔雀河沿线至龟兹"两大烽燧线路，保障其对西域的统辖。这样的地域政局一直延续至东汉末年，直到公元3世纪初，山国为焉耆吞并，营盘才止步于西域城邦相互角逐的政治舞台。这一政变对于"山国"的黎民来说，充其量也就是"城头变幻大王旗"，直到公元5世纪，环境的变迁引发了孔雀河水的突然改道，水源匮乏又导致了绿洲的沙化，"山国"最终遭遇了亡国灭种的劫难。

1893年的一天，俄国探险家科兹洛夫的迟迟到来，将这个尘封1400多年的山国故址重新带进人们的视野，斯文·赫定、斯坦因以及贝格曼等人闻讯后亦纷至沓来，一探究竟。其中以斯坦因的考察较有代表性。眼光敏锐的斯坦因，在对遗址进行整体细致的考察，并在古城附近的墓地中发掘出具有萨珊波斯风格的玻璃器皿、唐代文书之后，立即判断出营盘应是丝路交通要冲一处军事聚落遗址，很可能是《水经注》中所记载的"注宾城"故址。进入20世纪80年代之后，随着我国沙漠考古事业的发展，营盘遗址的全面考古调查工作陆续得以开展。营盘墓地成为世人了解古代营盘民众生活的"万花筒"，数量众多的铜器、漆器，考究的金银饰品，绚丽的毛纺织品……无不向人们透露出营盘人的富贵气息，也由此营盘遗址被称为考古界的"第二楼兰"，并入选1997年"全国十大考古新发现"之列。

查阅资料方知，名不见经传的营盘遗址竟有如此背景，不由地说，刚才还是平静的我们，立马对明天营盘的考察充满了期待。16日一大早，

---

① 《汉书》卷九六下《西域传》，中华书局1962年版，第3921页。
② （北魏）郦道元：《水经注》，陈桥驿校证，中华书局2007年版，第40页。

我们就收拾好行装在宾馆大厅等待文管所专家的到来，十点一刻，文管所两位专家如约而至。简单的交流过后，我和卜亚男、岳丽霞、王玉平随考察车深入营盘考察。

从尉犁县城出发，通往营盘遗址的道路有两条，一条需先到达 35 团甘草厂，再往西北前行约 30 千米，此条路线最近，但是沿途道路经常为流沙所掩埋，行走十分困难；另一条需先到达 32 团，由此绕道前行至天成水泥厂附近，然后沿尉犁县政府所立的写有"游客止步"的遗址保护碑，前行约 38 千米即可抵达，此条道路较为顺畅，但路途比前者要多行驶 200 多千米。

前往营盘遗址途中的艰辛

我们决定选择近道碰碰运气，出县城后沿 218 国道向农二师 35 团方向行驶，沿途感受到了南疆特有的地貌景观：一望无际的戈壁滩、连绵不断的沙丘、规整的方格沙障、顽强挺拔的胡杨，都给人以前所未有的视觉冲击。中午时分，我们到达 35 团附近，在一农家餐馆吃过午饭后，就地寻找了一些宽厚的木板（以备车子陷入流沙中时使用），继续向营盘方向前进。

车沿沙石道路行驶数十千米后，两处沙丘阻挡了我们前进的道路，携带的木板终于派上了用场，炽热的烈日下，考察队成员和两位向导轮流用铁铲将车轮前的细沙铲平，然后再将携带的木板垫在车轮下面，如此反复几次，车子终于越过了这两处沙丘。之后，又遇一段沙石道路，开始的一段汽车行驶还算顺利，在路过团场的一处门防后，发现原来通往营盘的路已经被流动沙丘所覆盖，汽车无法前行，我们只好另做打算，决定绕经32团前往营盘遗址。在一望无际的戈壁滩中，车子沿石子铺设的简易道路行驶200多千米后，转向天成水泥厂方向行驶。苦于荒漠中没有较为明显的标识物作参照，我们的向导也一时无法确定通往营盘的具体道路，在荒漠中徘徊数十千米后，前方突然出现尉犁县政府所立的"游客止步"的标识牌，直觉告诉我们这就是通往营盘遗址的路标。沿此前行约40千米，考察队终于如愿到达营盘遗址。

营盘遗址

营盘遗址的沙化远比我们想象中的更为严重，地表布满碎石颗粒，远处的开阔地带，山洪冲击所留下的沟壑仍清晰可见，放眼望去，遗址周围不见一丝绿意。古城平面呈圆形，距离孔雀河畔南岸约4千米，周长约570米。城垣残高1—5米，宽约3米，结构为夯筑，夯层内夹杂有红柳枝和节节草等。东部墙垣中有一宽约8米的缺口，应是古城城门位置，东南部墙垣见有外凸建筑，似马面或角楼遗迹。这种圆形的古城在罗布泊一带并不少见，如尼雅南方古城、若羌县北部沙漠中的麦德克古城、民丰县北部荒漠中的安迪尔道孜立克古城等。在塔里木盆地北道沿线也有圆形古城的分布，如库车县硝里汗那古城、轮台县的卓尔库特古城等。圆形筑城风格显然是受到了希腊和中亚艺术风格的影响。而中原风格的城池多呈方形，随着中原政权对西域的经略，军卒民众的迁徙，他们同时也把中原的汉式建筑风格带到了这里，并且完成了中原建筑艺术与西域地理环境的适宜结合。日本学者相马秀广研究认为，包括罗布泊地区在内的西域大部分方形城址，其城墙的修筑方向基本与盛行风向相一致，因为这样可以尽可能地减少风蚀城垣的力度。①

营盘墓地位于古城北约 1 千米处较高的台地之上，墓葬集中分布在两座平顶的沙丘台地上，东西长约 1.5 千米，南北宽约百米，墓葬遗存有百余座，现多已被发掘清理。据文管人员介绍，发掘前的墓葬地表多竖立有木柱标志。墓葬形制主要有长方形竖穴土坑墓、竖穴偏室墓和长方形竖穴二层台墓。葬具主要有半月形槽棺、长方形箱式棺和船形棺三种。葬式多为单人仰身直肢葬。葬俗呈现出典型的地方文化特征，如"头盖覆面、鼻内封堵塞毛、下肢捆扎、人体用褐、指甲涂红、头下置枕"②。墓葬内出土了大量生活用品和生产工具，对于研究古代营盘民众的生产生活具有重要的学术价值和意义。

紧邻墓葬的一侧即是营盘佛寺遗址，现残存有佛塔数座，均位于不规则的土墩上，处于中间位置的佛塔保存相对较好，残高约 5 米。佛塔底部长方形塔基仍依稀可辨，残高约 1.8 米，周约 48 米。中央佛塔周围还遗存有数个较小的佛塔遗址，现多已被人为破坏，形制已无法辨认。据说 20 世纪末，佛塔上仍可见有佛龛，佛龛内尚存有彩色壁画。由营盘所处的重要地理位置不难推测，在公元前后，这里成为佛教向东传播的必经之地，如此规模的佛教建筑群在此出现也就不足为奇了。

营盘遗址残留佛塔

---

① ［日］相马秀广：《塔里木盆地及其周边地区遗址的布局条件》，《中国文物报》2004 年 10 月 22 日，第 7 版。

② 羊毅勇：《尉犁县因半古墓调查及研究》，载穆舜英、张平主编《楼兰文化研究论集》，新疆人民出版社 1995 年版，第 58—59 页。

由营盘遗址返回县城，已是午夜时分，除运送水泥的大型卡车轰鸣的发动机响和闪烁的车灯外，夜色笼罩下的罗布荒原更加荒凉和沉寂。车子沿着车辙缓慢前行，在一处岔路口拐上一正在施工的道路，方才摆脱了蜗牛般的爬行，平整的路基上虽尚未铺设水泥，但相比荒漠中崎岖的土路，大大缩短了我们回程的时间。尽管如此，考察队回到宾馆已是凌晨1点，按照惯例整理照片，撰写考察日志，准备明天若羌的行程，忙完这些天已蒙蒙亮了，我顾不上洗漱，便带着疲惫进入了梦乡。

第三节　若羌

2013年5月17日早上9点半，嘈杂的闹铃声无情地唤醒了沉睡中的我，匆忙地洗漱、就餐，打理行囊之后，便又开始了新的征程。走出宾馆，普照大地的晨阳，湛蓝湛蓝的天空，扑鼻而来的花草清香，疲惫的身心瞬间得以释然。与文管所吾所长辞别后，考察队便前往300千米外的若羌米兰遗址，经过4个多小时的长途跋涉，于下午2点，终于到达若羌米兰小镇，也是新疆生产建设兵团第二师36团所在地。著名的米兰遗址就位于团部东约3千米的荒漠中。

前往若羌

一 米兰遗址

回溯过去，这里已经有两千多年的历史了。若羌在古代实际上是两个城邦的所在地，即《汉书·西域传》所记载的"婼羌国"和"鄯善国"，"鄯善"为楼兰国迁徙之后的名称。就地理方位而言，鄯善国当由敦煌进入西域孔道，而婼羌国则偏居西南一隅，因而其历史的长河中不曾留下像楼兰那样传奇的故事。"婼羌国王号去胡来王。去阳关千八百里，去长安六千三百里，辟在西南，不当孔道。户四百五十，口千七百五十，胜兵者五百人。"① 顾名思义，国名中的"羌"字向我们透露出这个城邦的种族成分，黄文弼先生考证认为，"婼为部落名，羌是种族"，婼羌即是由部落名称而命名的国名。

考察队在团部附近的一家餐馆用过午饭后，便动身前往团部东约 3 千米的米兰遗址。尽管距离很近，但最终还是在一当地居民的帮助下方才找到遗址。文管员检查完我们的证件后才准予入内，同时一再告诫我们一定要沿着车辙前行，千万不要私自将车子乱开，当时还不曾明白什么意思，直到后来车子陷入吐蕃戍堡附近深几十厘米的淤土中，方才领教其中厉害。

米兰遗址

米兰遗址东西长约 4.1 千米、南北宽约 2.6 千米，现存遗迹约十余处，其中包括戍堡 1 座、佛塔 8 座、寺院 3 处、烽燧 2 座，此外还有居所、窑址、冶炼遗址及墓葬等，是汉唐时期一处大型聚落遗址。由于长期

---

① 《汉书》卷九六上《西域传》，中华书局 1962 年版，第 3875 页。

遭受洪水冲蚀，遗址地表松软的土层竟厚达20厘米，走在上面稍一用力，双脚便会陷入其中。在距离入口约百米处，有3座正在修缮中的佛塔，残高约3米，方形基底宽4—10米不等，塔体均为土坯砌筑。佛塔底部盗洞均已修补完整，塔顶呈圆形。另外的5座佛塔位于吐蕃戍堡的西南，形制与前三座佛塔相似。

正在修复的佛塔

继续前行约1千米抵达吐蕃戍堡，戍堡东西长约75米，南北宽约60米，平面呈不规则四边形状，最高处约13米，建筑结构以夯筑为主，上部兼有土坯垒筑，戍堡四角残留有角楼基址，北城墙与东城墙上的马面痕迹尚清晰可见；南城墙一侧的高台为戍堡最高处，上筑有女墙，中间位置有木桩残迹。戍堡西墙处有一宽约5米的缺口，应为戍堡城门所在位置。1906年，斯坦因前往楼兰古城时途经此处，他在戍堡一侧的杂物堆中发掘出许多吐蕃文简牍与纸质文书，数量多达千余件，文书内容涉及公文、契约以及军事行动记录等，斯坦因由此推断戍堡应是维护塔里木盆地南部至敦煌间交通的一处重要军事设施，应是八九世纪吐蕃侵占安西四镇时期所修筑。

东晋时，此地为鄯善国统辖，成为佛教东传必经之地，因而至今仍可见到许多佛寺遗迹，当时有高僧法显西去印度求取真经，途经于此，在《法显传》一书中这样描述，"（鄯善）国王奉佛法，可有四千余僧"①。由此可见,婼羌之地在东晋时期就是南道上一处重要的佛教圣地,僧侣的数目远远超出《汉书》中所记载的居民户口数。那么,如今米兰遗址中所存的数处佛教遗迹,多应是当时佛教兴盛的历史见证。

吐蕃戍堡

我们由吐蕃戍堡向东北行约 1.5 千米,抵达东南小佛寺遗址。佛寺修复工作基本竣工,一旁的脚手架建筑还尚未拆除。佛寺一侧是一平面呈方形的佛塔,其底座北面、东面墙壁仍可见有数处佛龛,可惜的是曾经艳丽一时的壁画早已毁于西方探险家之手。惊艳世人的"有翼天使"壁画就是出自此处,令人气愤的是斯坦因当年一次就剥离带走了 7 幅"有翼天使"壁画,最后一幅破碎壁画也在 1911 年被光临此处的日本大谷探险队带到日本。我们只能在斯坦因的发掘日记中,重温"有翼天使"带给世人的那种无以言表的惊叹:

发掘到离地四英尺左右的处所,显出绘得很精美的有翼天使的护墙板,我不禁为之大吃一惊。在亚洲腹部中心荒凉寂寞的罗布淖尔岸上,我怎样能够看到这种古典式的天使呢?

在热烈的兴奋之下,我用光手一个头部一个头部地仔细清理以后,我自己即刻明白在昆仑南北各处我所看到的任何古代绘画美术之中,以这些壁画的构图和色调为最近于古典的作风。完全睁开的大眼灵活的注视,小小微敛的唇部的表情,把我的心情引回到埃及托勒美同罗

---

① (东晋)法显:《法显传》,章巽校注,中华书局 2008 年版,第 7 页。

马时期木乃伊中所得画版上绘的希腊少女及青年没理的头部上去了。①

这种只有在希腊神话中才出现的"人首双翼"形象,为什么会出现在东方的佛寺中呢?显然是受到了西方艺术的影响,斯坦因在随后的发掘工作中也找到了答案,他在壁画的一侧发现了壁画工匠的犍陀罗语签名。联想到希腊文明中讲究人神同形的风格,斯坦因则对此解释道:"犍陀罗派希腊式佛教雕刻所有从有翼的伊洛斯神抄袭来的画像,实在用以代表佛教神话中借自印度传说,普通称此为犍达婆的一班飞天。"②

关于米兰佛寺壁画所涉及的犍陀罗艺术,在北道沿线调研时略有涉及,行文于此有必要对其作以详述。"犍陀罗",是古代中亚地区一处地名,其具体位置大致相当于今巴基斯坦白沙瓦一带。根据历史记载,这里曾是亚历山大大帝东征的边缘。在亚历山大撤兵后,犍陀罗长期受希腊人统治。不久,居住在中国西部敦煌一带的大月氏人,被强大的匈奴势力击败西迁,其中一支名为贵霜的部落,向西打败了希腊人组建的大夏国,建立贵霜帝国,并将首府置于犍陀罗。起源于南部的佛教,此时已在此得到了广泛的传布,起先佛教中并不见有具体的形象信仰,但传入贵霜帝国后,深受希腊文明和贵霜文化的熏陶,便出现了早期的佛教造像艺术,这就是犍陀罗艺术风格形成的大致过程。地处交通孔道的米兰也深受影响,"有翼天使"的形象也便随之诞生于此!

米兰佛寺遗址

---

① [英]斯坦因:《西域考古图记》,向达译,商务印书馆2013年版,第120—121页。
② 同上书,第123页。

当我们前去找寻附近的另一处寺院遗址时，接到张老师打来的电话，说是汽车陷进吐蕃戍堡一侧的淤土中，于是我们立即返回，未走多远，便看到焦急等待在车子一旁手足无措的张老师。张老师一再很是无奈地表示"非常后悔未听从文管员的告诫"。走近一看，前车轮几乎一半陷入了淤土中，越是加足马力向外冲，陷得越深。我们只得请求外援，恰好一辆载有数十名旅客的中型旅游车行驶过来，我们便上前寻求帮助，司机师傅表示需支付200元钱才同意把我们的车子拖出来，无奈之下只得同意，不幸的是，旅游车不仅未将我们的车子拖出来，自己也陷入其中不能自拔，最终还是在数十名游客的帮助下，将陷入淤土的两辆车子硬拉了出来。令人气愤的是，轿车师傅仍向我们索取200元钱，竟然遇到如此奇葩不讲理的事情，真是令人无语至极，助人为乐的传统美德竟在此迷失，若在此圆寂的众多高僧在天有灵，得知此事，不知将做何感想！

二 瓦石峡古城

2013年5月18日清晨，早餐后，考察队便起程前往若羌县瓦石峡乡，寻找瓦石峡古城。沿315国道行驶约80千米，到达瓦石峡乡，询问当地居民后得知，瓦石峡古城距离此地还有数千米的路程，具体位置在瓦石峡河南岸约10千米处。幸运的是，一名祖籍河南的中年大哥表示愿意做我们的向导。在他的指引下，我们从一自然保护区标志牌旁边的岔道下去，不料，通往瓦石峡古城的旧路已被人为切断，只得下车步行。我们穿过一片狼藉的墓地，眼前出现的尽是一个接连一个的大型红柳包，其高3—8米不等，底部周约七八十米，对此颇感好奇，还差点闹出将其当做古代遗址的笑话。询问一中年男子，他对此也同样迷惑，只记得在他孩提时代，这些巨大的红柳包就已存在。

直到后来查阅资料方才知道这种红柳包的奥秘。不言而喻，红柳包的形成固然与红柳这种植物密不可分。红柳，学名"柽柳"，属于落叶乔木类植物，天生具有耐碱抗旱的顽强生命特质，根系发达，一丛红柳根系多达3000—4000根。更令人诧异的是，红柳为更好地汲取水分，能将根系扎入深40—50米的地下，这般奇特的植被好像天生就是为荒漠而生的。盘根错节的红柳丛，在狂风肆虐的荒漠中能将土壤牢牢地紧固在原地，待周围水土流失后，有红柳生长之处地势自然就高起来，即便是在其枯死

抵达瓦石峡乡

后,亦能长时间存在,据相关报道,考古学者对一丛红柳枝进行碳十四测定,发现其已将近4000岁的高龄了。久而久之,红柳繁茂之处便逐渐形成了锥形红柳包。①

瓦石峡古城附近地貌

---

① 齐东方:《盘根错节的红柳包》,《广州日报》2013年10月20日,B2版。

顶着烈日，我们又前行约 3 千米，向导指着一处沙包后的残垣说这就是瓦石峡古城。遗址内隐约能辨认出数处居址。我们按照考古调查报告找到了沙包一侧的 1 号遗址，仅存有土坯砌筑的墙基，残长约 9.5 米、厚约 1 米、残高约 1.2 米，土坯外表有草泥涂抹痕迹，附近偶见有炼渣、残铁块等遗物；2 号遗址位于 1 号遗址的东南部，中央位置有一浅坑，北缘和西缘残存有土坯筑墙垣；3 号遗址位于 1 号遗址东南部，地表见有些许骨头。总之，破败不堪的遗址已很难找寻到记录历史的关键文化信息。

据随从的向导介绍，关于瓦石峡古城的消失，当地流传这样一段传说。很久以前，古城里面的居民得罪了上苍，然后遭到了报应，一夜的暴风沙过后，整个古城被掩埋于沙石之下。直到 20 世纪末，仍有很多人慕名到此挖掘宝物，遗址原貌因此遭到严重破坏。20 世纪 80 年代末，新疆自治区考古人员对古城进行专业的考古发掘工作，当时发现多处窑址和冶炼遗址，并在古城内出土有坩埚、铁渣等遗物。2006 年，北京科技大学冶金与材料史研究所在古城内采集到一批铜、铁冶金物品。[①] 联系《汉书·西域传》中"（婼羌）山有铁，自作兵。兵有弓、矛、服刀、剑、甲"的记载推断，瓦石峡古城极有可能是婼羌古国境内一处手工业重镇，并且已经具备相当高的冶炼水平。

途中检查车况

[①] 袁晓红、潜伟：《新疆若羌瓦石峡遗址出土冶金遗物的科学研究》，《中国国家博物馆馆刊》2012 年第 2 期。

由瓦石峡古城返回，已近中午 1 点。我们将向导送回后继续赶路，早已饥肠辘辘的我们，苦于沿途尽是荒漠而无处用餐，前行数十千米，终于出现一片绿洲——且末县塔提让乡，此地距离且末县城已近在咫尺，饥饿难耐的我们还是决定先填饱肚子然后再进城。塔提让乡集市并不繁华，饭馆也不多，我们选择邻近公路的一家民族餐馆用餐，一大碗拌面下肚，好似体验了一把久违的幸福。短暂的休息后，继续赶路。下午 4 点钟，我们终于到达且末县城。

第四节 从且末到民丰

且末，因境内且末河得名，西汉时曾是西域"三十六国"之一的且末国所在地，《汉书》载："且末国，王治且末城，去长安六千八百二十里。户二百三十，口千六百一十，胜兵三百二十人。"[1] 就其规模而言，且末显然只能算是环塔里木边缘上一蕞尔小国，也由此决定了其任人宰割的多舛命运。东汉时期被邻国扜弥占领，继而又被鄯善兼并，北魏后又被吐谷浑奴役，有隋一代曾置且末郡于此，唐代时改置且末镇，期间又有吐蕃势力侵扰，9 世纪末回鹘政权进入该地，社会局势才暂时稳定。

一 且末古城

在且末县文明办张主任的安排下，考察队换乘一辆越野皮卡车前往位于县城西南约 6 千米的扎滚鲁克古墓群和且末古城考察。这两处遗址之间仅隔有宽约 400 米的荒漠带，但此时天空突然乌云密布，这是沙尘暴来临的前兆，为应对沙尘暴的突然来袭，我们决定先前往且末古城考察。且末古城又称"来利勒克古城"，它又以满地的陶片而得名为"陶片古城"。据说它是世界上地表残存陶片最多、占地面积最大的古城遗址，距今已经有近两千年的历史。至于古城地表为何会出现如此多的陶片，至今仍未有较为合理的解释。

---

[1] 《汉书》卷九六上《西域传》，中华书局 1962 年版，第 3879 页。

且末古城

走进古城，果然见地表散布有数不清的陶片，分布较为密集，陶片多为红褐色。本想采集几片，可是随行的张主任说，"捡古城里的陶片会给自己这一年带来背运"。听此言语后我也只好作罢。又往古城内走百米，仍不见有古城建筑遗迹，古城边界更不得而知。据张主任介绍，前几年有专家在城内曾发现数条东南——西北走向的古渠道遗迹。但是要注意的是，这座古城并非《汉书》中所记载的"且末城"，无论是早期国外的探险家，还是我国近现代的专业考古学者，至今均未确定古代且末城具体方位，实乃学界一大憾事！

二 扎滚鲁克墓地

天空乌云压境，我们未在且末古城考察完便迅速返回，为的是留出更多的时间考察附近的扎滚鲁克古墓群。扎滚鲁克古墓群的具体位置在且末县城西南6千米处、托乎拉克乡扎滚鲁克村西的一处台地上，墓地因临"扎滚鲁克村"而得名，东约10千米处即是且末绿洲的母亲河——车尔臣河。墓葬年代为西周至魏晋时期。古墓群占地广阔，在3.5万平方千米的台地上分布有上千余座墓葬。墓葬地表均为沙质土，中间夹杂有沙石和盐层，现已挖掘的墓地可划分为五个区，南北长约1千米，东西宽约750米。我们即将考察的1号墓区的M24号墓，由于当时该墓葬原始形态保存较好，因而考古人员决定将其予以原状保存，即在墓坑之上修建一座陈列馆。

走进陈列室,一股阴冷的凉气扑面而来,给人一种阴森的感觉。管理员开启灯光的那一瞬,距今约三千年的 M24 号墓仿佛穿越了时空,将原貌展示在我们面前。

M24 号墓墓室为二层台地结构,墓穴朝东北向,长约 5 米,宽约 2.7 米,深约 3.4 米。墓室形制为典型的斜柄刀形墓,"刀柄状"的墓道自墓室西北角延伸而出。墓室中央竖立有一根高约两米的粗木柱,应是支撑墓室顶盖所用。墓室内遗存有 14 具尸骨,葬式多为仰身屈肢,年龄差距悬殊,小到幼儿,老至白发,由此判断该墓葬应是同一家族的多次丛葬墓。其中 4 具尸骨出土于封土层中,另外 10 具在墓室底部。墓底的 10 具尸骨集中在三个位置,其中 5 具尸骨位于墓室西北部,4 具为成年男子,1 具为幼儿;3 具尸骨集中于墓室东南部,均为成人;2 具尸骨位于墓室西南墙壁下,骨架已不全。尸骨旁边摆放有单耳杯、单耳木杯、木盘等生活用具,其中以木质器皿居多。

据张主任介绍,扎滚鲁克古墓群曾出土有大量文物,较具代表性的当属"木竖箜篌",其长约 86.7 厘米,据说这是目前我国发现年代较早、保存较为完好的弦乐器。此外,墓地还出土有距今约 3000 年的女尸,外形保存完好,仰身屈肢,头部梳有两条辫子,面部绘彩,手部有大面积的刺青图案,文化价值绝不亚于"楼兰美女"。

扎滚鲁克墓葬陈列室前

考察完扎滚鲁克 M24 号墓,我们又遭遇了类似在尉犁时的沙尘暴天气,不同的是沙尘暴之后紧接着便是倾盆大雨,幸好返回及时,要不然我们非要变成落汤鸡不可。雨下了足足有 20 分钟,转瞬即是艳阳高挂,万里晴空,弥漫在空气中的土腥味,沁人心脾。由于计划今晚赶到 300 千米外的民丰县,因而大雨初霁,我们便匆匆谢别张主任。雨后沿途景观美不胜收,从绿洲点缀的荒漠,到饮马成群的草滩,无不显示出这块绿洲的物产丰硕与庶饶。约晚上 10 点,考察队抵达民丰县城,宿于县城中心的山水大酒店,我和王玉平恰好住宿在靠近街道的房间,因而有幸耳闻目睹了民丰的夜晚。忙碌了一个白天的民丰似乎不知疲惫,又开启了夜晚的喧嚣模式,直到午夜时分,街上依旧熙熙攘攘,人头攒动,路边的烤肉摊、夜色中漫步的行人……都为这个绿洲小城抹上一笔亮丽的色彩。

三 尼雅博物馆

"民丰",意在祈福此地五谷丰登、百姓乐业。1901 年对于民丰而言是一个重要的年份,英国探险家斯坦因在一位名叫依布拉欣姆的居民的指引下,在民丰县城北约 100 千米的尼雅河畔发现了一处沉寂千年的遗址,发掘出七百多件佉卢文书和六十余件汉文文书,同时出土有大量铜器、毛织物等。据斯坦因的日记记载,这一次发掘的文物整整装满了 12 大箱。该遗址后来被斯坦因取名为"尼雅遗址"。偌大的沙漠遗址究竟有着怎样一段沧桑的历史呢?在斯坦因发掘尼雅遗址不久,中国西域学先驱罗振玉、王国维等先生就推测其为精绝国故地。而这一论断,直到 20 世纪 30 年代斯坦因再次光临尼雅遗址时,才被出土写有"汉精绝王"等字样的木简所证实。对于精绝我们并不陌生,《汉书·西域传》载:"精绝国,王治精绝城,去长安八千八百二十里。户四百八十,口三千三百六十,胜兵五百人。"[①] 唐朝高僧玄奘称其为"尼壤城",在其《大唐西域记》里对此描述为:"(尼壤城)周三四里,在大泽中。泽地热湿,难以履涉,芦草荒茂,无复途径,唯趣城路仅得通行,故往来者莫不由此城焉,而瞿萨旦那以为东境之关防也。"[②]

2013 年 5 月 19 日早上 10 点,考察队与民丰县文管单位取得了联系,得知将要考察的尼雅遗址,地处大漠深处,汽车无法通行,只得依靠骆驼

---

① 《汉书》卷九六上《西域传》,中华书局 1962 年版,第 3880 页。
② (唐)玄奘、辩机:《大唐西域记》,季羡林等校注,中华书局 2000 年版,第 1030 页。

民丰县尼雅博物馆

骑行，往返最少也要一周时间，因而考察队不得不放弃此行程，决定到民丰尼雅博物馆寻找尼雅遗址的历史与考古资料。尼雅博物馆位于民丰县买迪尼也提路 8 号，我们到达博物馆已近 11 点钟，博物馆大门紧锁，询问门卫得知，近些年民丰县财政吃紧，由于缺乏资金，博物馆基础设施一直没有得到完善，展厅内的照明设施至今尚未通电，因而博物馆平时并不对外开放，即使开馆的话讲解员也只能手持移动电灯工作。

尽管如此，我们还是对参观尼雅博物馆抱以很大希望。后来在宣传部江干事的协助下，联系上了博物馆吾馆长以及讲解员。约 11 点半，考察队在江干事和吾馆长的陪同下，进入馆内。民丰县现有两个国家级文物保护单位，一是安迪尔古城遗址，其位于安迪尔牧场库木村东南的荒漠中；二是闻名于世的尼雅遗址，地处民丰县城北约 100 千米的荒漠中，尼雅博物馆就是因其而命名的。博物馆设计有古代和现代两个专题展厅，古代展厅主要内容涉及尼雅遗址及其出土遗物等。现代展厅展示了民丰县"八·一八人工水渠"修建的光辉历程。新中国成立后，民丰县万余民众，面临干旱缺水的艰苦条件，发扬红旗渠精神，经过数年艰苦卓绝的奋战，终于凿通了有着"新疆红旗渠"美誉的"八一八人工水渠"，从而有力地保障了群众的生活生产用水和民丰现代化建设的顺利进行。

伸手不见五指的博物馆，我们只得依靠吾馆长手中的电筒和讲解员的解说词粗览全貌。进入尼雅展厅，讲解员对尼雅遗址的总体概况做了简要的介绍，我们由此了解到现存尼雅遗址南北长约 20 千米，东北宽约 7 千米，遗址内规模形制不同的红柳沙包随处可见。遗址主体建筑大部已为流动的沙丘掩埋，仅有个别房屋建筑架构外露。吾馆长说，尼雅遗址是一座木构建制的古代绿洲城邦，以佛塔遗址为中心，周遭分布有许多古城、墓葬、寺院、窑址、果园等。在历次的考察和发掘中，考古人员曾在此出土大量木器、陶器、角器等器皿；还有许多文书标本，如佉卢文木牍、粟特文纸文书等。较为著名的当数出土于尼雅墓葬中的一具男尸，身上披着织有"王侯合昏千秋万岁宜子孙""五星出东方利中国"等汉文字样的织锦，联系到《汉书·天文志》中"五星分天下之中，积于东方利中国"的记载推测，这个精绝国极可能曾与中原政权有较为密切的交往，男子的身份自然是精绝贵族；后来，考古人类学家按照男子骨骼为其复原了大致容貌，其身材魁梧高大，姿态英俊潇洒，被人们誉为"沙漠王子"。

吾馆长说，尼雅遗址最令人惊奇的并不只是稀世珍宝的出土，而是其为何在千年后的今天依然保存如此规整、完好无损的房屋建筑架构、虚掩的门、仍套有绳索的狗骸骨、摆放有序的古代文书、尚未启封的印泥、聚集的垃圾堆、广袤的果园以及绵延数里的灌溉水渠……这一切恰似主人匆忙离开的情形，是战争、瘟疫，还是突如其来的沙尘暴……这也许是素有"东方沙漠庞贝"之称的尼雅遗址故意留给世人的一道无解之谜。

随后，我们来到"八一八人工水渠"展厅。"八一八人工水渠"地处民丰县尼雅河上游西岸的峭壁上。工程修建的目的是解决民丰县季节性干旱缺水问题，动工于1966年8月18日，这一天也正是毛泽东主席在天安门城楼接见红卫兵的日子，工程由此而被赋予了时代性印记的"八一八"之名。由于水渠开凿的位置处于陡峭的山地中，工程十分艰巨，但民丰民众以万世子孙长远利益为重，不畏艰难险阻，历时五年之久，终于凿通了宽、高约为2米，总长约6千米的14条隧洞和30多千米的地上水渠，被人们称为"人工天河""新疆红旗渠"。

第五节　从策勒到洛浦

考察完尼雅博物馆后，我们直赴策勒县。策勒县受克里雅河流域的润泽，水源充沛，草木茂盛，不仅有着发达的畜牧业，而且是南疆重要的水稻产地，素有南疆"水稻之乡"的美誉。下午3点，考察队恰好路经315国道一侧的达玛沟佛寺遗址群，便决定在考察完佛寺遗址后再前往策勒县政府。沿遗址专用通道，行驶约 5 千米即到达"达玛沟佛教遗址博物馆"，遗址拟开辟为旅游景区，部分景观建筑上的脚手架尚未拆除。正值午时，烈日当空，游客寥寥无几，恰方便了我们的考察。

达玛沟佛教文化遗址

一　达玛沟佛寺遗址

穿过一片尚未竣工的停车场地，便是一座紧挨一座的红柳沙包，顺着向上的蜿蜒小路前行，越过两处沙包，即是"达玛沟佛教遗址博物馆"。我们依照工作人员要求进行实名登记后进入馆内。由入口简介得知，"达玛沟"一词为古印度梵语，意为"佛法汇聚之地"，有学者考证其是"达摩"的音转。我们所在的"托普鲁克墩佛寺"包括 1 号、2 号、3 号三个遗址，占地面积约 1 平方千米。其中，托普鲁克墩小佛寺较为著名，小佛寺遗址位于博物馆大厅最里面，是 20 世纪末当地一牧羊人砍伐红柳时所发现，当文物人员得知消息时，佛像上半身已被敲碎，因而佛寺仅残存下半身和部分回字形墙垣。

小佛寺坐北朝南，南北长约 2 米，东西宽约 1.7 米，占地面积仅 3.4 平方米，据说是世界上现存规模最小、保存最为完整的古佛寺遗址。近年来，也有学者根据佛教塔寺布局研究认为，托普鲁克墩 1 号佛教遗址并非佛寺，而是大型佛寺一角的佛塔残存，这种说法不无道理。走进细看，佛寺回字形墙体为木制架构，以榫卯衔接，外壁敷有一层厚厚的草泥。南墙垣中央位置为寺门所在，寺内靠北墙垣为一尊盘坐于莲花台上的无头佛雕。由佛像残损部位可看出雕像"以木骨和苇草做胎心，草泥塑形，再

达玛沟佛寺遗址博物馆

托普鲁克墩小佛寺

经细部雕塑而成"①。虽曾遭到破坏,但雕像以及墙垣上所绘图像依旧色彩鲜明,人物形象清晰可辨,其对于研究达玛沟佛教造像艺术提供了理想的素材。

走出托普鲁克墩1号遗址,越过几处沙包,不远处由白色简易房覆盖的建筑便是2号和3号遗址,由于刚发掘不久,尚不对外开放。据说里面曾发现有密教的护摩炉,还有源自古印度北部的"擦擦"(模范)。达玛

---

① 尚昌平:《凤展如画》,中华书局2009年版,第159页。

沟这一带在千百年前就是佛教寺院的聚居地,唐朝高僧玄奘由印度返回时途经此地,称作"媲摩城",位于于阗都城东约 330 里,"有彫檀立佛像,高二丈余"。之后的千百余年里环境变迁,人类迁徙,这个曾经繁盛一时的佛教圣地终被掩埋于黄沙之下。1900 年,斯坦因到此考察,发现了位于达玛沟乡北约数十千米的乌宗塔提遗址,由此揭开了达玛沟佛教遗址群的神秘面纱。6 年后,斯坦因再次到访,围绕乌宗塔提遗址,相继发现了乌鲁克吉亚拉特、喀达里克、巴拉瓦斯特等佛教遗址。至今,在达玛沟一带仍不时有佛教遗物的出土,相信在不久的将来,持续的考古工作最终将会揭开达玛沟佛教遗址聚落的全貌。

下午 4 点,考察队准时到达策勒县政府,宣传部文明办的王主任热情接待了我们。得知我们是来考察策勒县古迹的时候,王主任如同碰到了知音一般,非常热情,侃侃而谈,首先向我们大致介绍了一下策勒县的历史地理沿革概况。他说,如今的策勒县城是由北向南第三次迁徙后的"策勒",至于前两个策勒县城早已被无情的黄沙所吞噬。如此,现在的策勒县城亦非《汉书》中的扜弥国,更不是渠勒国,而是处于两个古国中间的地带。这些细微的历史地理信息对于我们后期的研究非常重要,听王主任一席话,感性认识提高了。

与策勒县文明办王主任交流

王主任向我们讲述完策勒的地理沿革,又如数家珍般向我们一一列举现存的历史遗迹。据了解，除达玛沟佛教群外，其他类型的遗址多已被开垦为耕地，现存较为代表性的城址有宋元之际的阿萨、阿希戍堡，这两座戍堡相距不远，分居两座山头，被形象地誉为"姊妹城"。这两座戍堡是当年伊斯兰教与佛教徒最后决斗的战场。由于城堡处于距离县城几十千米的山中，我们只好明天一早出发考察。实惠而丰盛的晚饭过后，王主任邀请我们领略一下策勒县城的夜景风光，我们便欣然同行，交谈得知，策勒县城区常住人口有3万多人，城镇化建设仍处于起步阶段，经济增长主要依靠农牧业的发展。当然，身在南疆，最关心的仍不忘谈及社会稳定形势，毕竟这是当今新疆既敏感而又亟待解决的社会问题。据王主任所讲，就策勒而言，稳定的重点不在于民族聚居的乡村，也不在城市，而在于城乡接合部，此处人口流动性强，不易监管，加之居民文化水平相对较高，容易接触与传播新事物和新思想，由此也时常被别有用心的宗教狂热分子利用。

二 阿萨、阿希戍堡

清晨，刮了一夜的风终于停了，地面上、房顶上、车子上、树叶上均披上了一层薄薄的"黄纱"，清理细沙成为当地居民早起后要做的第一件事情。据文明办王主任介绍，这样的天气频发于春夏交替之际，出现之前的两三天通常有明显的征兆，如果在此前几天里天气连续高温，那么在接下来的几天就很可能会出现大风扬沙天气。

清晨的策勒县城

10 点钟，在王主任的安排下，由外宣办刘主任陪同我们前往阿萨、阿希戍堡考察。我们首先到达恰哈乡政府，找到了熟悉遗址的魏乡长，在他的带领下，沿一段山路行驶约 20 分钟，到达阿萨戍堡的所在地——阿萨村，戍堡即位于村子附近靠近河流的一处高约 50 米的台地上。魏乡长又找到一当地村民做向导，我们一行数人沿着陡峭的山路攀登而上，行走约 10 分钟，终于抵达山顶开阔的台地。戍堡早已不见踪迹，仅在台地两侧遗存有石块垒筑的残墙。向西行 200 多米，即是戍堡西侧残墙所在，城墙呈南北走向，长约 460 米，残高 8—9 米不等，墙体结构以石块垒筑为主。城墙中间位置有一宽约 7.6 米的豁口，应该是后人为求得交通顺畅而开凿。残墙西临一深约 1.5 米的壕沟，应是护城壕。另一部分残墙位于台地东侧，长约 59 米，残高 2—6 米不等，最高处有一土墩，似为残存的瞭望台。

阿萨戍堡残墙

沿台地边缘陡坡，我们来到山体的另一侧，顺山谷中河流西行约 100 米，在高约 6 米的崖壁半腰处有一椭圆形洞口，据随行的向导说，该洞口是当时戍堡驻军的取水口，自洞口往里约六七米处，分为两个通道，均可通至戍堡地表。据随行的魏乡长介绍，我们现在所考察的阿萨戍堡以及下午将要考察的阿希戍堡，曾是于阗国最后一批佛教信徒与伊斯兰教徒对抗的终极战场。

这场悲壮的宗教战争约发生于 11 世纪初，信奉伊斯兰教的喀喇汗王朝和于阗佛国之间的军事对抗持续长达 40 年之后，喀喇汗王玉素甫·卡迪尔终于攻破于阗城,杀死于阗王尉迟萨格拉玛,忠于于阗国王的两位将领被迫退守于南部山区,分别占据两座山头,修筑了阿萨、阿希戍堡,凭借天险之势在此坚守数年。不料,由于奸细的背叛,喀喇汗军卒找到了阿萨戍堡的取水口(即是我们考察所见的椭圆形洞口),就切断水源,使得诸多虔诚的佛教徒不得不弃城而辗转至青藏高原,阿希戍堡不久也被喀喇汗军队攻破。从此,千年佛国于阗进入伊斯兰教统治时代。

从河谷中考察阿萨古城

从阿萨戍堡回到阿萨村恰值午饭时间。阿萨村委会的干部十分热情,早已为我们煮好了两大盘香喷喷的羊肉,再加上馕泡清水羊汤,绝对算得上一顿上等佳肴。阿萨村的羊肉之所以味道如此鲜美,没有膻味,主要得益于羊群的放养方式,一是羊群徜徉在高山低谷之间,大大地加强了运动量,练就了其发达的肌肉组织;二是山上的植被本身即是天然草药,补充了羊群生长所需的维生素。因而比起圈养所得羊肉,自然劲道可口,连一向坚持素食主义的我,也尽享了饕餮盛宴。

下午 3 点,我们直接由阿萨村前往位于阿希村的阿希戍堡。由村支部书记作为向导,我们驱车前往村子附近的阿希戍堡。但是一件令人担心的事情还是发生了,来自昆仑山的冰雪融水,奔流而下,充溢了整条恰哈河道,车子只能在河道前停下。

简单商议后,决定由我和支部书记赤脚蹚河而过,前往河流对岸台地

第二章　丝绸之路南道考察 / 143

在阿萨村吃午饭

上考察戍堡。河面很宽，如果算上河流中间凸起的滩涂地，河面宽度足有百余米。虽时至正午，但来自昆仑山的冰雪融水，仍然冰冷刺骨，加上湍急的流水所产生的轰隆声，自小怕水的我差点做了"前线逃兵"。我脱下鞋子拿在手中，将相机挂在胸前，步履蹒跚地跟在支部书记后面，刚开始经过的地方水较浅，步伐还能控制，约行至中间，水位基本与腰部持平，这时腿部能明显地感觉到暗流的巨大推力，为避免被水流冲倒，只得咬紧牙关，放慢脚步，坚持到对岸。

前往阿希戍堡

　　我和支部书记由一地表狭窄的谷口进入，沿陡峭山坡攀登至山顶。戍堡遗址分布于台地的两个方位，主体部分位于到达山顶处的西南方向，建筑遗迹平面呈长方形，东西长约22 米、南北宽约 6 米、残高约 1.6 米，主体结构为石头垒筑，南墙的一侧有深约数米的护城壕沟。在戍堡墙体的北侧接近东、西两端处各有一石

阿希戍堡入口

头垒筑的洞口，应为戍堡内驻军引水的通道。此外，我又在戍堡不远处发现有两个深约 1.5 米的锥形坑，据说是当时的居住遗址。我由于不懂维语，许多问题不能与书记直接交流，很是遗憾，这也是今后开展南疆田野调查所必须注意的问题。完成考察后，我与支部书记沿原路返回，估计是爬山消耗了过多的体力，在过河时明显感觉到体力不支，在渡第二条较深的河沟时，多亏了身旁书记的搀扶，才没有被湍急冰冷的河水冲倒，上岸后歇息良久，惊魂甫定，至今回想仍后怕不已。

阿希戍堡现状

三　山普拉古墓群

考察队成员与洛浦县宣传部李部长交谈

离开恰哈乡，我们在通往洛浦县的岔路口与刘主任辞别，直奔洛浦县。我们首先要考察的是洛浦县的山普拉墓地。在洛浦县政府大楼门口，我们恰巧遇见身着戎装的宣传部李部长。李部长待人十分热忱，急忙停下手中的工作将我们迎到会议室，待我们说明来意后，办事沉稳干练的他立马安排文管部门的负责人带我们前往山普拉墓地考察。5 分钟不到，我们便已在去往山普拉墓地的公路上飞驰。途中有幸目睹了洛浦县著名的"杨树王"，此树果然名不虚传，树干足有五个成年人环抱成团那么粗，遗憾的是大部分枝叶已经枯萎。又前行约 10 分钟，我们到达了位于洛浦县西南约 14 千米处的山普拉古墓群。据文管员说，山普拉古墓群本是和田绿洲上保存较好的历史古迹，不料，20 世纪 80 年代初，因当地居民修筑的水渠阻挡了洪水原有的通道，改向的洪水迅猛地冲向下游平坦的台地，由此台地上一些墓葬冲了出来。消息传到自治区之后，考古部门自 1983 年起，考古部门先后两次对山普拉墓葬进行了抢救性发掘。

墓葬遗址是田野考察中最不得要领的类型，其作为地下古迹遗存，要么发掘已空，墓坑早已回填；要么尚未发掘，我们又没有发掘资质，因而更无法了解其墓葬信息。而像且末扎滚鲁克古墓群 1 号遗址 M24 号墓葬那样在原址上搭建陈列馆的做法，仍未普及。因而，考察队对墓葬的调查一般多侧重于了解与墓葬相关的地理环境概况，至于具体的墓葬信息还得翻阅相关的发掘报告。

山普拉古墓群

山普拉古墓群局部

山普拉古墓群，通过实地考察，知道遗址的大概范围是东西长约 6 千米，南北宽约 1 千米，中央有一干涸的河道穿过，将墓群遗址分为两大区域。河道地表散布有骷髅、人骨以及碎陶片等遗物。而墓葬的发掘年代、出土遗物、反映的文化类型只得从发掘报告中找寻和探索。山普拉墓葬一共经历过 1983—1984 年、1992—1993 年的三次发掘，第一次共发掘墓葬 19 座，墓葬形制主要有长方形竖穴土坑墓和刀形棚架墓两类。葬具分为圆木棺、半圆木棺、木盆棺、长方形木棺。葬式常见有仰身直肢、俯身葬和直肢葬。随葬品有陶器、木器、铜器、骨器毛织品、皮制器等；第二次发掘墓葬 18 座，墓葬形制、葬具、葬式等大致与第一次相同。①

当然，有时候也有意外收获残羹冷炙的机会，在将要离开山普拉古墓群的时候，我就非常幸运地拾到一枚方孔铜钱，上面锈满铜绿，隐约能辨认出篆体"Ⅹ"（五）字，应当是五铢钱。

四 热瓦克佛寺遗址

考察完山普拉墓地之后，天色尚早，张老师的车因需要加油，于是派遣我和卞亚男乘坐文管员的车，继续前往洛浦县城北约 60 千米处沙漠深处的热瓦克佛寺遗址考察。热瓦克佛寺始建于公元 2—3 世纪，废弃于喀喇汗王朝占领于阗时。"热瓦克"为"亭台楼阁"之意，维吾尔语中通常将土塔称为"热瓦克"。佛塔早在 20 世纪初就面临着被风沙吞噬的威胁。1901 年，斯坦因到此考察，曾对佛寺内的细沙进行了清理，五年后他再访古刹时发现，此前清理的地方重又被细沙填满，而且佛塔基部的部分土坯建筑已被沙丘覆盖。由此可见，热瓦克佛塔所处环境沙化之严重，保护之困难。

抵达热瓦克佛寺

---

① 肖小勇、郑渤秋：《新疆洛浦县山普拉古墓地的新发掘》，《西域研究》2000 年第 1 期。

约下午 6 时，沙漠公路右侧出现标示有"热瓦克佛寺"的路标，我们由此拐入岔路，继续前行约 10 千米，便望见刻有"热瓦克佛寺遗址"绿色大字的巨型石块，一旁不远处是正处于施工期的遗址景区建设工程。沿着沙丘之上蜿蜒的木制栈道，越过一高处沙丘后，便可望见四周被栅栏保护的热瓦克佛塔。

佛塔外形是典型的覆钵式，塔身分为三级，现均已坍塌毁损。目测佛塔残存高度有 8 米左右，周约 50 米。基部回字格围墙的东南角和西南角已被流沙掩埋，由所存残垣仍可辨认出塔身结构为土坯垒砌。由早期的考察记录得知，佛寺四壁墙垣上均有泥塑佛像、菩萨像、比丘像以及供养人像，此外，亦有色彩艳丽的各种影塑绘画装饰，遗憾的是，这些蕴涵有东西方文化元素的佛教艺术，早已消失殆尽。

夕阳西下，熙攘的游客早已散去。孤寂的千年佛塔，重又找回了自我，你来也好，你去也罢，它终究在那里坚守着这片沙丘，无怨无悔。它所昭示的不仅是世人对佛陀的歌颂与虔诚，更是于阗民众那博大宽容的信仰世界。

热瓦克佛寺佛塔残迹

第六节　和田

5 月 21 日清晨，考察队与和田文管所赵所长以及宣传部的李主任约定在和田博物馆会面，商洽在和田县古迹考察事宜。在等待他们到来的空闲时间，我们便进入博物馆参观。博物馆位于和田市北京西路342号，此地恰处十字路口的拐角处，门前人来人往、车水马龙。临街坐落的带有伊斯兰风格的砖混小楼即是博物馆主体建筑。博物馆的前身是和田地区文物管理所，20世纪80年代初，文管所积极征集民间文物，创建了"和田文物陈列室"，随着规模的扩大和陈列物品的日益增多，于2001年成立"和田地区博物馆"，馆址起先位于塔乃依南路2号，后因城市广场建设而迁移到此。

和田博物馆

进入馆内，首先映入眼帘的是记录日本友人援助博物馆建设的牌匾。由上面的文字记录得知，日本友人岸田善三郎先生曾捐赠30万日元，小岛康誉先生更是慷慨解囊，曾出资100万元人民币。我对前者不太熟悉，但是对小岛康誉先生早有耳闻。他年轻时曾是一名成功的商人，一个偶然的机会迷上了西域佛教文化，从此遁入空门，皈依日本净土宗。得知新疆古代佛教遗址濒临损毁的情形，小岛康誉积极资助西域佛教遗址的发掘和修复工程，功德无量。由此可见，古代西域佛教文化影响之深远。

一　和田博物馆

博物馆一层为和田通史展厅，大致介绍了新石器时代以来和田的历史。约在三千或四千年前的新石器时代，和田地区就已"踏进文明的门槛",那时人们便会创制和使用石器、砍砸器等简易的生产工具。公元前2000—前200年,古代和田地区进入青铜时代,也就是在这时期末,和田与中原地区的交往日益频繁。现在的和田即是西域三十六国之一的"于阗国"所在地,《汉书·西域传》记载:"于阗国,王治西城,去长安九千六百七十里。户三千三百,口万九千三百,胜兵二千四百人。"[1] 显然,对于中原来讲,这实在是一个远在天边的国度。"九千六百七十里",在沙漠戈壁、崇山峻岭阻隔其间,交通工具落后的两千多年前,究竟是什么在撩拨着双方相互接触的欲望呢?

"玉",这是重要的线索。1976年,在河南安阳殷王武丁配偶妇好墓中一下出土了700多件玉石雕刻品,考古人员研究发现其所用的玉石原料均是和田籽玉,这与《汉书·西域传》中"(于阗)多玉石"的记载相吻合。至今,和田河支流玉龙喀什河和喀拉喀什河每年洪水过后,仍有大批民众筛石采玉。由此可见,在西域南道这条道路上,自古至今一直存在有玉石贸易。可以说,和田玉是早期东西方文化交流的开路先锋。如此一来,李希霍芬的"丝绸之路"的命名恐怕就要改写为"玉石之路"了。

跟随博物馆讲解员的脚步前行,我们见到柜橱中存放有一件采集于当地的"汉代'元和元年'锦囊","元和元年"即是东汉章帝刘炟在位时期,联系史籍记载的"自汉武帝以来,中国诏书符节,其(于阗)王传以相授"易知,于阗国与中原政权曾保持有长期的友好交往。有唐一代经营西域之后,于阗王尉迟氏曾向唐朝遣使献贡称臣,后来又协助大唐平叛吐蕃的入侵。晚唐,更有于阗王干脆改其姓氏为李,取名"李圣天",臣属大唐。直到公元10世纪末于阗佛国被信仰伊斯兰教的喀喇汗王朝攻破止,于阗国方才消失于历史的长河中。

除织锦文物外,博物馆中最具于阗文化特色的当数佛教雕像、佛像铜范和壁画了。佛像铜范的大量出土,在一定程度上反映出佛像需求数量之多,民众佛教信仰之浓郁。东晋法显就曾对于阗佛教繁荣的盛况有精彩的描述,"其国丰乐,人民殷盛,尽皆奉法,以法乐相娱。众僧乃数万人,多大乘学,皆有众食。彼国人民星居,家家门前皆起小塔,最小者可高二

---

[1] 《汉书》卷九六上《西域传》,中华书局1962年版,第3881页。

丈许。作四方僧房，供给客僧及余所须"①。斗转星移，一晃三百年之后，高僧玄奘亦在此驻足，见其国"语异诸国，崇尚佛法。伽蓝百有余所，僧徒五千余人，并多习学大乘佛法"②。于阗，真是无愧于"佛国于阗"的美誉！

二 约特干古城遗址

11点钟，和田县文管所赵所长和宣传部李主任准时来到博物馆。今天计划考察的遗址一共有六处，相互距离较远，注定这又将是奔波忙碌的一天。约特干遗址，我们考察的第一站，其位于和田县巴格其镇安拉买村附近的洼地中，遗存年代为汉至宋时期。我们由县城出发，沿乡村公路行驶约20分钟即到达约特干遗址所在地。眼前的景象令人又一次大跌眼镜，昔日偌大的约特干遗址，如今竟然从人间蒸发，荡然无存了。赵所长指着土路边的田地和树林带说，这就是约特干遗址。在很早以前，约特干遗址就已成为寻宝人的青睐之地，清末，当地的一名伯克曾将遗址用栅栏围住，挖地三尺，出土许多大型陶缸。在其之后就是斯坦因的到来，他在约特干遗址挖掘出大量精美塑像、石器和钱币等遗物，认为约特干很有可能即是于阗国都城。而百年后的今天，留给我们的只能是不尽的感慨和无奈。

约特干古城遗址现状

---

① （东晋）法显：《法显传》，章巽校注，中华书局2008年版，第11—12页。
② （唐）玄奘、辩机：《大唐西域记》，季羡林等校注，中华书局2000年版，第1002页。

三　伊玛目·木沙·喀孜木麻扎

伊玛目·木沙·喀孜木麻扎是今天考察的第二处遗址，其位于和田县布扎克乡阿孜乃巴扎村的公路一侧，西侧紧挨清真寺，遗存年代为唐五代时期。古代墓葬大部分已被发掘，地表基本被现代墓葬所覆盖。走进墓地，见有发掘后仍未回填的墓穴，其形制多为竖穴土坑式。上午在和田博物馆所见的彩棺就出土于此。据赵所长介绍，由于当地居民文保意识的淡薄，他们不顾政府的三令五申，还是将逝者安葬于古墓周围或空隙处，昔日的古墓群实质上早已成为当地居民的公共墓地。更有甚者，在有生之年就已经将死后安息位置圈定。这一现象在北道库车的墩买力墓地和南道库尔勒市附近的玉孜干古城也有存在，这里塔里木地区文物保护面临的一个大问题。

在考察中，我们还注意到一个问题，就是墓群所在地遗址标识碑上的名字和官方公布的名称存在不一致的情况。此外，专业机构所公布的发掘报告中，许多遗址的命名亦存在有命名不一的情况，这不仅会影响到人们对于文化遗产的认知，而且给专业的保护和研究工作带来不必要的麻烦。文物无小事，名称书写需统一，尤其是在遗址数量众多的新疆更为迫切，也更有利于西域文明的传承与发扬。

伊玛目·木沙·喀孜木麻扎现状

四 买力克阿瓦提古城

买力克阿瓦提古城位于和田县吐沙拉乡买力克阿瓦提村南约 15 千米处，东临玉龙喀什河，当地人称"什斯比尔"，为汉唐时期遗存。古城遗址周围有铁丝网栅栏保护，平面呈不规则形状，南北长约 3.2 千米，东西最宽处约 1 千米。城址遭风蚀破坏严重，地表布满沙石颗粒，偶见一些大小不等的雅丹，现存建筑遗迹稀少。据和田县文管所赵所长介绍，古城内分布有陶窑遗址数处，均呈土丘状，地表至今可见有陶器残片、炼渣、窑壁残块等遗物。有学者认为古城应是一处佛教遗址，并且在于阗佛国占有重要的地位。

1929 年，黄文弼先生到此考察，其在考察记中写道，"城名什斯比尔，译言三道墙，现城墙已毁，惟见墙基，依于山坡，若隐若现，难定其方圆，大约五、六里"①。黄先生又在山坡后面发现四个洞穴，在距离古城十余里处发现有一座周长约 60 米、残高约 6 米的石制佛塔，同时在其附近发现书写有婆罗谜文字的一堵墙壁。

买力克阿瓦提古城

1979 年李遇春先生率队对古城进行了调查和发掘，当时所存古城"遗址范围南北长约 1400 余米，东西两端由于河岸所限，南宽 745 米、北宽 450 米左右。……遗址范围也非方形，地面上分布着许多大小不等的土

---

① 黄文弼：《塔里木盆地考古记》，线装书局 2009 年版，第 53 页。

墩，土墩剖面可看到夯土的层次。这种土墩，在西南方分布较为密集，排列不在一条线上，不像城墙痕迹。尤其在土墩周围，经常发现许多沙质圆形的石础，估计这些土墩可能为建筑物的台基，因为长时间的风雨冲刷而成为不规则的土墩"[1]。同时发掘大量汉代钱币、佛像残块、泥塑壁饰等文物，经考古学者断定，这些文物多是汉唐时期遗存。

五　库克玛日木方城

中午，我们在拉依喀乡吃过午饭后，继续下午的考察。穿过布对村，沿斜坡路盘旋而上，即是库克玛日木方城所在的高约 10 米的台地。台地很开阔，前行 1 千米，便到达库克玛日木方城。方城西北侧下临河谷绿洲，东倚一山丘，北面是布满砾石的戈壁滩，南临喀拉喀什河。方城四周为铁丝栅栏包围，平面呈方形，边长约 82 米，残垣高约 1.7 米，墙基最宽处约 6 米，墙体夹杂有陶片。地表散布有轮制夹沙和细泥质红陶片。翻遍资料，也未曾找到关于方城的蛛丝马迹。但结合古城所在地势分析，方城极有可能是唐军抵抗吐蕃入侵安西四镇的一处军事据点。

库克玛日木方城

六　普基城堡

普基城堡位于和田县朗如乡奥塔克萨依村南侧的台地上，是我们今天所要考察的最后一处唐代遗址，其西临深约 20 米的河谷，居高临下，易

---

[1] 李遇春：《买力克阿瓦提古城试掘报告》，《文物》1981 年第 1 期。

守难攻。戍堡东侧现围有铁丝栅栏，文物保护标识牌位于距离城堡百米远的地面上，显然是受到了人为挪动。城堡平面呈不规则状，占地面积约3千平方米。东城墙和北城墙保存相对完好，其中东城墙长约48米，最高处约5米；北城墙长约45米，墙体坍塌严重。城墙建筑结构部分为土坯砌筑，其他为石块垒砌。城墙外有一深约2米、宽约6米的护城壕沟。城堡内地表散布有少量红陶碎片，戍堡外部地表遗留有数十个深浅不一的圆形洞坑，据说是当地居民挖掘玉石所留。很显然，这种在文物保护范围内的挖玉行为，严重违反了《文物保护法》的相关规定，对戍堡的完整性造成了很大的破坏。

普基城堡

奔波的一天终于在傍晚画上句点，收获很多，感慨不少。和田县古迹的考察使我意识到当前文保工作的一个问题，历史古迹是应该保护的，但更要明白保护的目的并非保护本身，而是深入尽快发掘现存文物背后隐藏的历史文化底蕴，让文物说话，让历史告诉未来，这是我们每一位文物和历史工作者义不容辞的责任和使命！如果文物消失，背后的历史也未清晰，那才是最大的遗憾。

第七节　从墨玉经沙漠公路到阿拉尔

2013年5月22日上午11点，考察队在墨玉县政府宣传部努尔·买买提副部长的陪同下，前往扎瓦烽燧遗址考察。墨玉县原属和田县管辖，在1919年划设墨玉县，以靠近喀拉喀什河得名。喀拉喀什河为和田河上游支流，因河中盛产黑玉而被称为"墨玉河"，墨玉正是取其突厥语Kara-kax的音译。① 努尔部长说，墨玉县是和田地区人口较多的一个县，共有40多万人。地域经济发展主要依靠农业和畜牧业。

一 扎瓦烽燧遗址

穿过一片嫩绿的农田后，我们便行驶在宽阔的东风水库大堤上。东风水库是墨玉县境内最大的水库，主要功能是泄洪防涝，水库设计的蓄洪量远远大于平时冰雪融水的注入量，因此平时水位很低，好多地带成为闲置的滩涂，往往被人们开垦为农田或牧场。因而，水库中不时便会出现大片的麦田和成群的牛羊。我们沿水库大堤前行不远，便到达扎瓦烽燧遗址。扎瓦烽燧，当地又称"扎瓦炮台"。烽燧所处地势较高，周边有铁丝栅栏保护，平面呈不规则五边形，残高约4米，结构为泥土夯筑，夯层清晰分明，厚度不均。烽燧南侧面上部有排列有序的孔洞，应是穿插木柱所用；木柱北侧面有一较宽的开口，应为烽梯所在位置。

扎瓦烽燧南侧面

---

① 于维诚：《新疆地名与建制沿革》，新疆人民出版社2005年版，第117页。

扎瓦烽燧北侧面

二 英麻扎墓群

穿过扎瓦烽燧所在的水草地，沿乡村公路行驶约半个小时车程，我们到达位于墨玉县萨依巴格乡吐扎克其村西南荒漠台地上的英麻扎墓群。墓群占地范围较广，东西长约 1 千米，南北宽约 0.5 千米。墓群因所在地势高度的巨大落差分为两块。据努尔部长介绍，英麻扎墓群至今仍未进行过正式的考古发掘，但是由低洼地表沙地上散布的白骨和两颗骷髅头可知，墓群早已被人为盗掘破坏。据最近消息，为配合墨玉至和田段高速公路建设工程，考古人员于 2016 年 3 月末对英麻扎墓群进行了抢救性发掘。经过近两个月的努力，共发掘唐宋时期的竖穴木棺墓 21 座，汉代的刀形竖穴土坑墓 1 座。其中，刀形汉墓为丛葬墓，墓室内共发现尸骨 50 多具，并出土有陶片、蜻蜓眼料珠、毛织品残片以及各种木器等随葬物品，其中的一个木盘中盛有小羊羔残骸。①

至此，考察队对南道沿线汉唐古迹的考察暂告一段落。考察队准备沿和田——阿拉尔的沙漠公路到天山南麓，走北道返回石河子。尽管是让人新奇的沙漠公路，也无法点燃我们的热情。与考察出发时相比，半个月以来，大家简直像换了个人一样，黝黑的皮肤、憔悴的面容、疲惫的身躯……唯一让人感到欣慰的是我们圆满完成了计划考察内容，对于南道沿

---

① http://ex.cssn.cn/kgx/kgdt/201605/t20160502_2991759.shtml.

英麻扎墓群

英麻扎墓群地表散落的骸骨

线的汉唐历史文化遗迹及保存现状有了一个较为客观的认识，同时也发现了一些文保工作中存在的问题，亦探索出了一些解决问题的对策，这些收获都是大家历经辛苦所换来的宝贵财富。

三　从和田到阿拉尔的沙漠公路

在与努尔部长辞别后，考察队便直接由和田出发，沿沙漠公路直奔阿拉尔市，一是顺便拜访塔里木大学人文学院的安晓平教授，就课题的相关问题交流意见;二是计划考察阿拉尔市郊区的昆岗巨人墓地。当然,沙漠公路也是由和田返回石河子市的最短路线。在广袤的塔里木盆地,纵贯塔克拉玛干沙漠的公路一共有两条,第一条是位于沙漠东部的轮台至民丰道,于 1995 年 9 月建成通车,全长约 522 千米,是目前世界上流动沙漠中最长的等级公路;第二条即是我们现在所走的和田至阿拉尔的二级公路,全长约 424 千米,于 2007 年 9 月建成通车,使阿克苏至和田的行程时间缩短了一半。

两条路线虽都是纵贯大漠南北的通途,但不同的是和田至阿拉尔这条沙漠公路是沿和田河修建的,早在汉晋时期就是一条天然古道。据和田史地学者李吟屏考证,和田河在北魏以前是自西向东流的,但由于受南北河的浸润,早在汉代便已成为交通要道,《汉书》所载的"姑墨南至于阗马行十五日",走的即是此条道路。至唐代,和田河变为北流,成为纵贯南北的重要交通路线,①《贾耽四道记》中所载由拔换城向东,经昆岗,渡赤河,向西南经神山(今麻扎塔格山)……九百三十里至于阗镇城,大致和今天的阿拉尔至和田沙漠公路吻合。到了近代该道仍可通行,斯坦因、斯文·赫定以及中国的黄文弼先生在塔里木考察时均走过此道。

和田——阿拉尔沙漠公路

---

① 李吟屏:《"20 世纪西域考察与研究"国际考察队散记》,《塔克拉玛干考察纪实》,新疆人民出版社 2013 年版,第 54 页。

之后，考察队在沙漠公路的行程也证明了以上观点。在和田至阿拉尔这条沙漠公路上行驶，注意观察西侧地貌便会发现，该条沙漠公路沿线并不像轮台至民丰那条公路，两侧寸草不生，遍地沙丘，而是每行驶不远，尤其是在靠近和田河道的地方，便会有大片的植被，若运气好的话，还能见到野骆驼奔跑的身影。

经过近 5 个小时的奔驰，我们终于在傍晚 7 点到达阿拉尔。安晓平教授早已在一农家蒙古包内备好宴席，为考察队一路的奔波接风洗尘。半月来风餐露宿的我们，面对满大桌子的美酒佳肴，立马精神起来。在座的还有几位塔里木大学的老师，待人都很热情，这一晚，不知道酒过了几巡，菜上了几味，只记得清晨醒来时，我已身处塔里木大学的校园里。

四　塔里木大学

清晨，塔里木大学校园一片寂静，恰逢风沙肆虐的初夏，空气中飘浮着大量黄沙颗粒，能见度很低。扬沙是南疆春夏季节较为常见的天气，给当地居民的生活带来了很大的不便，人们在户外不得不戴上口罩，以防止粉尘颗粒的吸入。

塔里木大学所在的阿拉尔市，新中国成立前尚是荒漠广布、野兽出没的无人区，是新疆生产建设兵团第一师于 20 世纪 50 年代兴建的军垦新城。1957 年，曾追随毛泽东主席开辟红色井冈山，进驻南泥湾，保卫延安的"三五九旅"，进驻阿拉尔荒漠，践行屯垦戍边、保卫边疆的重任，

塔里木大学

放下战斗的武器,拿起了生产建设的工具,筚路蓝缕、披荆斩棘,经过几代人艰苦卓绝的奋斗,硬是在荒无人烟的荒漠之地建设出了素有"沙漠明珠"美称的阿拉尔,与"戈壁明珠"的石河子市,分处天山南北,交相辉映。2002年,经国务院批准成立师市合一的阿拉尔市。

五　昆岗古墓群

早餐后,我们告别阿拉尔前往焉耆县,途中经过昆岗古墓群,便前往考察。古墓群位于阿拉尔十一团十三连与十五连中间位置偏南的荒漠中,北临塔里木河。墓群因阿拉尔古称"昆岗"而得名,其距今已有3800—4000年的历史,可以说是窥探远古时代塔河流域居民生活的重要窗口。据说,古墓群于20世纪80年代初被一团场职工拉木柴时发现,其占地面积达方圆数里,出土的人体骨架异常硕大,有的肢体竟然长约2.3米,残骸毛发呈现为金黄色,颧骨高耸,面型偏长,身材普遍高大,应是典型的欧罗巴人种体格特征。

昆岗墓地

葬具为无底座的木棺,葬式以男女上下合葬居多,仰身屈肢。经考古专家研究,昆岗古墓群与塔里木河下游的小河墓地同属一种文化类型,并由此"填补了塔中地区古人类遗址的考古空白"。看管墓地的是一位年过花甲的老人,他对我们的到来甚感惊奇,因为昆岗墓地在学界并不为人所关注,一般民众就更不知悉了,甚至有的人连这个沙漠小城阿拉尔都闻所未闻。在老人的带领下,我们前往靠近塔河的二号遗址考察。二号遗址所在台地南北长约800米、东西宽约250米，所见墓穴多插有被利器削过的红柳木棍。老人说，文保部门对已发掘的墓葬实行了有选择性的原地保护措施，应我们的要求，老人打开了二号遗址的一座女性墓葬。木棺呈长方形，无底，尸骨下即是松散的沙土地。骨架规整，未受任何扰乱，葬式为仰身直肢，肩膀较为宽大，左胳膊自然搭放在腹部，身旁未发现其他遗物。

昆冈墓地幼女墓葬

诸如此类的墓葬共有200多座，大都分布在塔河边的台地上。这显然是一处古老的公共墓地，这在很大程度上说明，此地在千年前就是一处水源充沛，适宜种植、游牧或渔猎，适宜人类生产生活的聚居地。周边的水系结构也为此提供了有力的佐证，其南有和田河、西有喀什噶尔河和叶尔羌河、北有阿克苏河，四条河流奔流而下，在阿拉尔附近汇聚而成塔里木河，继而顺地势东流，注入罗布泊。如此分析，阿拉尔俨然就是一座天然水塔，孕育绿洲，泽被人类，能在此发现人类生活遗迹也就不足为奇了！

第八节　从焉耆至和硕

5月24日早上10点，在假日酒店如约见到了焉耆县文管所徐所长，徐所长看上去大约40岁的样子，举止得体，谈吐优雅，对焉耆的历史文化如数家珍。简单交谈后，我们便动身出发前往计划考察的七个星佛寺及石窟、霍拉山佛寺。

一 阿克墩烽燧和哈曼沟路烽燧

大约 20 分钟车程后，我们来到了位于巴州地区焉耆县四十里城子镇阿克墩村南的阿克墩烽燧遗址。烽燧四周杂草丛生，不远处即是大片的农田。据徐所长介绍，前些年烽燧遭到不法分子的猖狂盗掘，烽体局部已遭受到严重的破坏。为保护烽燧，文物部门用铁栅栏将遗址进行了封闭保护，并在一旁的显著位置竖立了醒目的文物保护碑，划定了文物保护范围，在一定程度上使遗址得到了切实保护。

眼前的这座烽燧遗址要比平时所考察的烽燧规模大出很多，其外形呈圆形土包状，周长约 410 米，残高约 8 米。查阅相关考察报告，未能找到与确定遗址年代相关的信息，这也是目前西域考古中所面临的重要问题。因而，我们在研究中，只能借助于田野调查所获取的第一手资料，如烽燧所处的地理位置，附近分布的其他遗址，然后结合相关传世文献，对此进行综合分析，得出遗址所处的合理年代。如 20 世纪初期，斯坦因在塔里木盆地调查烽燧遗址的时候，就是利用这种方法来确定不同年代的烽燧线路的。

阿克墩烽燧

通往泰克利古城的路被霍拉山顶奔流而下的冰雪融水拦腰斩断，无法前往，我们便掉头前往不远处的哈曼沟路烽燧。烽燧地处山谷的一段山梁上，经年累月受大风吹蚀，加之偶发的暴雨侵袭，导致烽燧一侧出现严重的坍塌。现存烽燧残高约 3 米，整体略呈方形，烽体结构为夯筑，夯层厚 10—20 厘米不等，中间夹杂有芦苇等。

哈曼沟路烽燧

二　七个星佛寺遗址

离开哈曼沟路烽燧，我们径直前往七个星佛寺遗址，这是我们第二次考察七个星佛教遗址了。据说，上次的修复工程并不理想，由于施工单位缺乏修复佛教建筑的专业素养，出现很大偏差，出于无奈只得返工。恰好我们遇上了正在工地上忙碌的冉教授，他正在一处高台上指挥几名学生修复一处佛塔。由曾东渡日本学成归来的佛学专家冉教授担当修复重任，再

七个星佛寺

理想不过。了解得知目前的修复工程进行十分顺利，只是苦了这些头顶烈日的青年学者了，来时透着书生气的白皙脸庞，早已被黝黑的光泽覆盖。

　　霍拉山，天山支脉，位于七个星镇西约 25 千米处，山体为南北走向，长约 160 千米，东西宽约 80 千米，平均海拔高度约 2 千米。传说古时候有一名叫"霍拉"的蒙古王子长居深山中，远近闻名，久而久之，此山因之而得名"霍拉山"。霍拉山中分布有大小不等、长短不一的山沟，沟内气候温和，四季泉水长流，每逢盛夏时节，这里便成为游人的乐土。千年古刹——霍拉山佛寺就位于山口的一处小泉水沟旁。

　　在徐所长的陪同下，我们沿一条布满石子的崎岖山路行驶约半小时车程，便到达霍拉山佛寺所在山麓。早在 20 世纪初，就有探险家斯坦因到此探访。他在此曾发现数座佛殿，当时佛殿上仍遗存有佛龛，甚至在一个小房间内还出土有泥塑佛像。时隔 20 年后，黄文弼先生亦到此地考察，共调查佛教遗迹 18 处，遗憾的是佛寺遗址均已被大火焚毁。其后，黄文弼在此工作数日，发掘出包括绿磁方砖、泥塑佛头、残碎壁画和木雕佛像在内的大量文物，取得了研究霍拉山佛寺的许多珍贵材料。

　　佛寺遗址保护区的入口处居住有一维吾尔族人家，一家人除从事农作劳动外，最大的事务便是负责佛寺遗址的保护工作。站立山脚，抬头即可望见散落在半山腰处的山梁上所遗存的数处佛寺遗迹，部分遗迹明显已被修缮。上山近观佛寺残迹，墙体结构为土坯垒砌，墙基则是石块铺筑而成。

霍拉山佛寺

我们离开焉耆后,顺便到和硕县文管所拜访。和硕县在两汉之际曾是西域三十六国之一的危须国所在地,后被邻近的焉耆国兼并。清代,土尔扈特部东归,大量的和硕特人安居于此,现在的"和硕县"即由此命名。由于下午的上班时间过半,因此赵所长只能陪同我们考察就近的几处历史古迹。我们首先抵达西地古城,远处看去,古城平面呈椭圆形,地表芦苇丛生,南城墙有一宽约 4 米的缺口,想必是城门所在地。在城址地表偶尔可发现有少量红砂陶片,入口处遗存有一石磨盘,根据石磨的纹理、质地判断,应是当时城内居民的日常生产用具。

三　新塔拉遗址

新塔拉遗址地处和硕县苏哈特乡肖恩托勒盖村附近的农田中,是新疆境内至今所发现的为数不多的史前文明居址,其遗存年代距今约 4000 年。1979 年初夏的一天,在此取土的一名解放军战士,竟挖出一件通体透亮的玉质石斧,由此揭开了新塔拉遗址不为人知的文明。据说遗址原为一高大的沙包,而今却塌陷了成一凹坑。凹坑周约 500 米,地表芦苇丛生。20 世纪 70 年代,考古人员曾在此出土有大量陶片、马鞍形石磨等遗物。其中出土的通体饰以压印纹和刻印纹的黑褐陶在新疆考古史上均属稀有发现,这对于了解焉耆国早期的民众社会生活概况,提供了客观的物证。

新塔拉遗址

四 四十里大墩和兰城遗址

据赵辉所长介绍，不远处还有红山遗址、马兰核试验基地旧址，以及有着"新疆夏威夷"之称的金沙滩风景区，这三个地点恰好在一条考察线上。不巧的是前往的道路恰在施工中，暂时不能通行，只得返回。此时一辆军车莫名地拦住了我们，车上下来三个身材瘦弱、身着迷彩的解放军战士，其对我们的到来非常警惕，检查完我们的证件之后，原本严肃的脸上露出几分灿烂的笑容。交谈得知，原来我们已经无意中闯入军事禁区，距此几千米的马兰小镇，在20世纪50年代是一处在地图上也找不到的地方，它的一个特殊身份便是我国进行核爆试验的重要基地，在这里曾陆续诞生了令中国人挺起脊梁的原子弹、氢弹等核武器，至今马兰小镇仍遗存有数处军事遗迹，其中"马兰核试验指挥中心"遗址于2011年被列为"国家重点文物保护单位"。

真是"不打不相识"，三位解放军战士对我们进行的历史古迹考察颇为支持，提示我们在前方军营附近1千米的地方，有一烽燧遗址，并热心为我们带路。前行不远，我们即望见远处芦苇丛生的戈壁滩上矗立的烽燧。烽燧所在的地势明显高于周缘，走进细观，其基部呈方形，烽体下宽上窄，高约5米，基底宽约4米，顶部宽约2.5米。烽体结构为夯筑，夯层夹杂红柳、梧桐木等植被。烽燧所在地视野较为开阔，能见度高。随从

四十里大墩烽燧

的赵所长说，此烽燧即是四十里大墩烽燧。考古测定烽燧为汉代遗存，是两汉抵御匈奴南下入侵塔里木盆地、戍卫西域都护府的重要军事设施。

我们由四十里大墩烽燧经马兰镇返回，来到今天所要考察的最后一处遗址——兰城。古城位于和硕县乌什塔拉乡大涝坝村东，遗存年代为唐代。现存古城四周已为农田包围，城内有一东西走向的墙垣将古城分为南北两部分，因而古城平面整体呈现为"日"字形。西城墙中间有一宽约4米的缺口，应为城门所在处。古城结构保存相对完好，东城墙长约277米，西城墙、南城墙长约234米，北城墙长约210米；墙体结构为黄土夯筑，夯层厚度不均。古城西北、东南城墙各有一宽约20米和17米的豁口，估计亦为城门残迹。古城四角各筑有一外凸的建筑，应为角楼遗迹；四面城墙有数座外凸马面。20世纪八九十年代，考古人员曾在城内采集到轮制夹砂红、灰陶片、石磨、炼渣等遗物，但对于古城具体的历史信息仍待更多考古遗物和历史资料佐证。

兰城遗址

第三章

东天山北道及南疆的再考察

东部天山北道亦是汉唐中原政权经略西域的重要地带。这里曾是汉唐政权与盘踞于天山之北的游牧势力对抗的前沿。东汉永平年间，窦固"破呼衍王于天山，留兵屯伊吾庐城"。魏晋时期伊吾一度成为中原政权经略西域的重要屯田基地。隋朝曾在此置伊吾郡，唐朝统一中原后，用兵西域，伊吾内属，借此破高昌，于东天山北麓置庭州，开辟了经略碛西的新格局。唐前期凭借"安西四镇"实现对天山以南地区的管辖之后，又趁势于天山以北置北庭都护府、并设轮台等郡县，至此东天山北道之地成为大唐王朝稳定西域局势不可或缺的一环。

2014年8月上旬，考察队利用暑期时间自石河子出发经乌鲁木齐进入东天山北麓，沿吉木萨尔、奇台、木垒、巴里坤、哈密，对沿线所存汉唐古迹进行了考察，为研究塔里木盆地的文化与周缘文化关系进行了探索。

第一节 吉木萨尔与北庭故城

2014年8月1日早上7点半，考察队由石河子大学出发，开始了对东天山北麓历史古迹的考察。此次考察计划的制订与前几次相比，显得更为周全。预定的考察路线分为两条：一是乌鲁木齐—吉木萨尔—奇台—巴里坤—哈密，为北线；二是由哈密折行至吐鲁番，经干沟，抵达和静县、拜城等地，对沿途相关遗址进行有侧重的考察，此为南线。事实证明，田野考察过程中存在着许多不确定因素，往往导致事先计划大打折扣。首先是交通是否畅通的问题，我们的车队在刚出乌鲁木齐市不久，就出现因道路积水而不得不折返绕行的意外；其二是预计考察的地点是否能够顺利到达的问题，以往几次田野考察中大部分时间几乎都用在了寻找遗址点上。此外，在目前略显紧张的维稳形势下，新疆这个敏感而特殊的地域，使我们对能否进行顺利考察多了一丝疑虑。

考察队整装待发

打点好行装，我们便迎着朝阳直奔乌鲁木齐。新疆大学的艾克拜尔教授早已在地窝堡机场等候，他曾留学日本，学成归来后一直在新疆从事与游牧考古相关的田野发掘和研究，因此，他对于新疆古代遗址的田野考察有着较为丰富的经验，此次的考察由他来做向导，是再合适不过了。

此时正值新疆的盛夏季节，来自天山的融水奔流而下，淹没了前往乌昌高速的道路。经过短暂的周折，我们方才踏上东去吉木萨尔的高速通道。虽经小小波折，但必须承认，新疆这个季节的景色异常优美，公路两旁的新绿以及褐红色的秃石，给孤寂的旅人增添了绿色元素，使得精神也振奋了许多。

吉木萨尔是新疆东部一座有着悠久历史和秀丽风光的魅力小城。这里曾是两汉时期车师后国和车师后城长国故地，曾是北周至隋唐时期突厥汗国的重要游牧地，在盛唐时期更是北疆军政重镇的北庭故城以及高昌回鹘佛教艺术宝库——西大寺的所在地。与人文景观相比，这里的自然风光亦不逊色。浩瀚的沙海、清澈透绿的古海温泉、肆意奔腾的骏马、神秘的生物古化石、绿意芳香的松林、历经沧桑的车师古道……使你不由得感慨吉

第三章　东天山北道及南疆的再考察 / 171

被洪水淹没的乌昌高速匝道

抵达吉木萨尔

木萨尔作为自然文化名城所具有的那份独特魅力和蓬勃朝气。

　　在吉木萨尔县城吃过午饭后，我们便直奔距县城北数十千米的北庭故城。北庭故城地处吉木萨尔县东天山北麓的坡前平原上，南倚博格达峰，北临准噶尔盆地、古尔班通古特沙漠。1988年，北庭故城被列为"全国重点文物保护单位"；2010年，入选国家考古遗址公园名单（新疆唯一立项的国家考古遗址公园）；2014年6月22日，第38届世界遗产大会将"丝绸之路：'长安——天山廊道'路网"列入世界遗产，北庭故城作为天山北麓新疆段唯一一处遗址点名列其中。

抵达北庭故城

北庭故城

北庭故城地处丝绸之路北道要塞。唐朝时此地为庭州，是由伊吾翻越松树塘达坂经焕彩沟西行的必经之地；也是贯通天山南北通道的首站：始于交河的"他地道"、高昌的"乌骨道"，翻越天山主峰后即到达此地。便捷的交通注定了吉木萨尔重要的军事战略地位。两汉时期汉匈势力曾在此征战数年，东汉王朝曾派遣戊己校尉耿恭驻扎北庭城南十几千米的金满城，屯田戍边，抵御匈奴。贞观十四年（640），唐军攻破麴氏高昌，置庭州于可汗浮图城；显庆三年（658），唐朝在此始建北庭城；西突厥灭亡之后，唐王朝为巩固在西域的统治，于长安二年（702）置北庭都护府于此，统辖天山以北西突厥故地，此后有瀚海军屯兵于此。唐睿宗景云二年（711），北庭都护府晋级为北庭大都护府，下辖金满、蒲类、轮台、西海四县，与安西都护府分治天山南北，成为唐治理北疆的军政中心。9世纪后北庭成为高昌回鹘都城；13世纪初为元北庭都元帅府和别失八里宣慰司所在地。1218年，耶律楚材随成吉思汗西征时，还曾目睹此地标记有唐瀚海军石碑。

考察北庭故城

北庭故城残存城墙

现存的北庭故城城址面积约 15 万平方米，平面呈矩形，南北长约 1.5 千米，东西宽约 1 千米。外城、故城有内外两重，外城周约 4.5 千米，始建于唐初；现残存有建筑基址 7 处，内城靠近外城中部略靠东北位置，周长约3千米，始建于高昌回鹘时期，城内残存5处建筑基址。故城四角有角楼建筑，四围城墙筑有敌台、马面数处。外城北门外有羊马城遗迹，东城墙北半部及羊马城北濒临东坝河，其余各面城墙外均有壕沟，与东河坝相通而形成护城河，其中壕沟宽30—40米，深2—3米。城内外杂草丛生，随处可见残垣断壁，故城早已不见当初的庄严与雄伟，留给人们更多的是对于悠久历史的回味和文化底蕴的探索。

西行0.7千米，到达高昌回鹘佛寺遗址。该佛寺是北庭故城附属遗址，因坐落于北庭故城之西而得名"西大寺"，遗存年代跨唐宋元三代。唐代，此地大兴土木，广修佛寺。唐末，回鹘西迁，其中一支世代定居此地，受佛教文化的熏陶而逐渐由摩尼教皈依佛教。西大寺佛教壁画中，至今仍有亦都护（高昌国王）、长史、公主造像，有学者凭此推测西大寺应为一处高昌回鹘王家寺院。

高昌回鹘佛寺遗址

出于文物保护与文化传播的需要，高昌回鹘佛寺已改建为"北庭高昌回鹘佛寺遗址博物馆"。博物馆为一幢土黄色建筑，外观庄严宏伟。在讲解员的指引下，我们首先来到佛寺主体遗址展厅。遗址规模庞大，整体呈方体土包状，南北长约85米，东西宽约60米，占地面积约0.5万平方米。佛寺坐北向南，正中央为佛寺正殿（尚未发掘），平面呈不规则状，南北长约35米，东西宽约15米。正殿南面为佛寺庭院，庭院东西两侧为配殿，内部残存佛雕及壁画。配殿南侧为僧房、库房及平台。佛寺的其余三面修筑有洞龛，已经清理发掘的只有东面上下两层（其中上层7个，下层8个）；而西部、南部的洞龛尚未发掘清理。

配殿遗址残存佛雕

配殿中壁画残迹

佛寺主体遗址两侧分别是遗宝展厅和北庭回鹘高昌王家寺院壁画展厅。遗宝展厅采用实物与史料相结合的方式，向人们展示了北庭历史的变迁过程。中原政权在此进行统治的年代可上溯至东汉时期，永平十七年

(74)，戊己校尉耿恭屯田金满城。唐代在汉代金满城北置庭州和北庭都护府，清人徐松在吉木萨尔北护堡子考察时曾见有唐金满县残碑，北庭故城极有可能就是金满城故地。据《后汉书·西域传》记载："自敦煌西出玉门、阳关，涉鄯善，北通伊吾千余里，自伊吾北通车师前部高昌壁千二百里，自高昌壁北通后部金满城五百里。此其西域之门户也，故戊己校尉更互屯焉。"①

北庭故城出土的文物，多属汉至唐时期，但大多是唐代遗存。如古城建筑材有料陶质下水管道、素面长方砖、素面方砖、联珠纹、联珠蔓草纹方砖、筒瓦、板瓦、人面瓦当、寿面瓦当、滴水、莲瓣纹瓦当、云纹建筑构件等；陶制器皿有唐代红陶黄釉罐、红陶瓶、单耳罐、红陶罐等；无不向人们传达出故城纷繁复杂的历史变迁信息。

铜戈（汉代）　　　　　　　　单耳罐（唐代）

离开西大寺后，我们继续前往5号、6号建筑遗址考察。5号建筑位于外城南部，为高昌回鹘时期（9—13世纪）遗存，据说是佛塔残址。佛塔基座平面呈方形，边长约12米，残高约4米，有多层矩形红色方砖铺地。塔身为八角八面，土坯砌筑。佛塔遗址曾出土造像和建筑砖雕残块逾千件，内容题材主要包括人物、怪兽、纹饰三类。6号建筑遗址，位于5号佛塔不远处，专家推测应是佛寺遗址。遗址占地面积约一千平方米，主体建筑修建于矩形的夯土台上，土坯砌筑，夯台东侧似为踏步。

---

① 《后汉书》卷八八《西域传》，中华书局1965年版，第2914页。

修复中的 5 号建筑遗址

6 号建筑遗址

考察队计划在天黑之前赶到巴里坤,由吉木萨尔通往奇台、木垒,必须经一段长约 120 千米的狭窄山路。据说此段山路是东部天山最为艰险崎岖的道路,大部分路段均是沿峭壁下的台地开凿,另一侧即是深达百米的悬崖,路面宽度仅能容下两车并行,而且途中有很多较陡的转弯,因而稍不留神,车子就有与对面汽车碰撞或坠崖的危险。考察队员胡志磊在驾驶中就上演了惊魂的一幕,车子在距离陡弯处约 1 千米时,他决定超过前面的两辆车,但就在刚刚超过第一辆车的时候,对面突然冲出一辆飞驰的大型卡车。这时的情况是右边车道有两辆车占据,与对面卡车的距离仅有百米远，以当时的速度刹车是绝对来不及的。敏捷而淡定的小胡，果断地加足油门，终于在距离对面卡车 30 米的地方，超过右车道的车辆，有惊无险。

行文至此，便不由想起在 2016 年 3 月 31 日因在木垒县境内遇车祸而离世的杨镰先生。1968 年，21 岁的他作为一名知青被分配到巴里坤伊吾军马场牧马，正是这长达四年的马场生活，使得杨先生与新疆人文地理结下一生的不解之缘。13 年后，杨先生离开新疆进入中国社会科学院，回到了阔别多年的北京。但身处京城的杨先生，内心深处仍牵挂着新疆的山山水水，一草一木。1983 年，工作不久的他，便开始了寻梦新疆的宏伟计划，寻觅小河、邂逅楼兰、踏查罗布泊……并相继出版有《千古之谜》《荒漠独行》《最后的罗布人》《发现西部》《寻找失落的西域文明》和《守望绿洲》等一大批记录新疆风土人文的著述。2013 年，杨镰先生主编的"西域探险考察大系"（32 卷本）由新疆人民出版社出版发行，更是先生对新疆人文历史的一大贡献。

第二节　巴里坤

在前往巴里坤的途中，除遭遇惊险之外，我也真切地感受到山谷中的凉爽，难怪天山北麓一带历来是达官显贵的避暑胜地。太平兴国六年（981），高昌回鹘王对宋称己为外甥，宋太宗出于礼节，遣使王延德回访其国。当王延德到达高昌时，高昌回鹘王就在天山北麓的北庭之地避暑。后世中，最有名的当数清代哈密回王了，他几乎每年都会到北麓的巴里坤度过炎热的夏季。

车子缓慢行驶在狭窄的山路上，我奇怪地发现山路两侧设置的路标皆悬在空中，很是独特。询问之下，方才知道，巴里坤山区冬季来得特别早，9 月山中就漫天飞雪，一年中几乎一半的时间都是飘雪季节，厚达数尺的大雪将道路与沟壑连在一起，很难分清楚道路的边界和走向。为此，交通部门将路标悬在数米高的铁杆上，为行人标出道路宽度和走向，从而有效确保了行车安全。我们经过近 6 个小时的奔波，终于伴着夜色宿于巴里坤阳光丽景快捷酒店。

在盛夏的新疆，将我早早地从睡梦中叫醒的总是清晨的第一缕阳光，

悬空路标

巴里坤的早晨也不例外。阳光普照之下，窗外马路对面的青山显得格外美丽，使人心旷神怡。巴里坤是北疆气候的典型代表，其冬季寒冷，夏季凉爽，春秋季节因时间短而并不显著，"胡天八月即飞雪"就是对此气候的真实写照。

清晨的巴里坤

听艾克拜尔老师介绍，巴里坤中的"巴里"二字，汉语意为"老虎"，与史籍中所载的"蒲类"意思相同。由此推断，巴里坤在很久之前，便是一个气候适宜、水源充足，适宜多种动植物生存的地域。

史籍记载，巴里坤古称"蒲类"，是丝绸之路北新道沿线第一重镇。

境内至今遗存有丰富的历史人文景观，著名的"大河唐城"（全国重点文物保护单位），"兰州湾子三千年前古遗址群""汉满古城"和"地藏寺""仙姑庙"（自治区重点文物保护单位）、"巴里坤东黑沟古遗址"（曾入选2007年度"中国十大考古新发现"名录），等。同时，巴里坤民间故事、巴里坤小曲子、汉族节日习俗、哈萨克族动物舞等具有地方特色的非物质文化遗产，亦被列入新疆维吾尔自治区非物质文化遗产保护之列。2006年，巴里坤成功当选为新疆维吾尔自治区历史文化名城，与意蕴厚重的人文景观相比，巴里坤的自然景观也绝不逊色。"巴里坤鸣沙山"名列我国四大鸣沙山之一，"巴里坤草原"是新疆三大草原之一。此外，西黑沟、怪石山景区等不胜枚举。2008年，巴里坤被评为国家AAAA级旅游景区。

地藏寺、仙姑庙

一 地藏寺和仙姑庙

早上9点，考察队便动身前往地藏寺和仙姑庙考察。巴里坤的寺庙是当地颇具代表性的人文景观，享有"庙宇冠全疆"的称谓。城内外以前存有百余座寺庙，地藏寺、仙姑庙、孙膑庙……据说有着自治区境内保存完整、规模最大的古代庙宇建筑群。现存寺庙多修建于清代。地藏寺和仙姑庙背山傍路，古雅的寺门外绿树葱茏，远处蓝天白云交相映衬，"白云时掠地藏寺，名曰常悬仙姑庙"，就是对寺庙景观的生动描绘。古刹、门楼、大殿、楼台，与远处的青山、荒野、农田有机地融合一体，佛塔、碑亭、院落贯穿一线，俨然一处人间仙境。

寺庙大门北开，步入寺内，映入眼帘的首先是照壁，右侧的老照壁尚存，左侧有一戏台。在讲解员的带领下，我们穿过凉亭、厢房，便步入地藏寺大殿内部，南侧紧邻观音阁，沿南墙脚通往佛寺西半部分，即可见文圣堂，内拜孔子，与文圣堂相对称的建筑为武圣堂，内拜关二爷。再由此北行，穿过两旁对称的日光楼、月光楼，便来到仙姑庙。寺庙虽小，但处处曲径通幽，充溢着佛学气息。

考察地藏寺

二 兰州湾子——三千年前古遗址

在寺庙稍作休息后，我们又接着前往"兰州湾子三千年前古遗址"。遗址因地处"兰州湾子"而得名，据说史前时期曾有大月氏部落在此活动，遗存年代大致为青铜器时代。遗址背靠缓坡，占地面积近 200 平方米，平面呈长方形。居址内大厅宽约 3 米，长约 7 米，与大厅相连的为一边长约 7 米的方形石室，二者由隔墙上宽约 2 米的门连通。早些年，考古人员在遗址内发掘出 17 具人骨以及大量石器、陶器遗物。

最有趣的当数遗址附近的岩画群了。石头上刻有羚羊、骑马射箭狩猎、生殖繁衍等内容，画面惟妙惟肖，生动再现了千年前游牧居民的日常生活场景。此外，岩画还呈现大量刻有日、月等自然物体的内容，表达了古代巴里坤居民对于天体的敬畏与崇拜。有人将其归为萨满遗存。但是，一般来讲，宗教是比较系统化的理论与外在实际表现的统一体，因而将大月氏王庭附近岩画内容归为原始宗教并不恰当，称其为原始崇拜或许更为合适。

兰州湾子遗址不远处即是美丽的巴里坤湖，宽广嫩绿的草场、成群结队的牛羊、缥缈的炊烟……兴致勃勃的我们不由得为其所醉，"咔嚓、咔嚓"，清脆快门声将这一刻永久停留。

兰州湾子三千年前古遗址

岩画

考察队于巴里坤湖畔

巴里坤湖所在的位置大致就是唐代的"甘露川",这里曾是唐代重军驻地,"伊州西北五百里甘露川,管镇兵三千人,马三百匹,在北庭府东南七百里"[①]。查阅资料得知,三千米外大河乡大河古城就是当年伊吾军一处屯城遗址,恋恋不舍地告别巴里坤湖畔后,我们即刻前往大河乡寻访大河古城。

三 大河古城

大河古城所在地地势非常开阔;背倚雪山,地处巴里坤前往哈密的通道之上,战略位置重要。现存古城为唐代遗存,由主城、附城、窑址三部分组成。其中主城平面呈长方形,南北长约215米,东西宽约176米,最高处约10米。城门有三个,分别在西城墙中央位置,南城墙西端,北城墙中端位置。主城西城墙和东城墙上各有马面数座,四角存有角楼。附城位于主城东部,与主城之间有豁口可以连通,但豁口明显为后来人所开凿。由此推测,附城的修筑时期较晚,或者附城的作用对于主城来讲并不那么重要,但又不妨碍主城的军事防御功能。主城北紧邻的地方为窑址所在地步入其内并未见有相关遗物。

我们由大河古城继续前行直奔哈密市,途中路经的两座清代烽燧遗址,均位于道路两侧较高的台地上,可见古代军事防御设施与交通道路关系之密切。这一点在西域历史地理的相关研究中,是需要特别注意的。

---

① 《旧唐书》卷四〇《地理志三》,中华书局1975年版,第1646页。

大河古城地势

主城全貌

马面遗迹

出巴里坤，经奎苏镇，在此后的路途中，大部分路段都穿行于峡谷之中，沟谷名称独特有趣，恰如其分地描述了自身的特征。如寒气沟，在这个炎热的夏季，沟内气温也不过10℃左右，身着夏装的我们，不由为此微寒的天气顿生感慨。

寒气沟

直到晚上7点，我们才抵达哈密市。哈密在东部天山的历史长河中亦占据重要的位置。此地古称"昆吾"，据李吉甫编著的《元和郡县图志》载："禹贡九州之外，古戎地。古称昆吾，周穆王伐西戎，昆吾献赤刀。后转为伊吾。"① 汉通西域后，称"伊吾卢"，隋唐时期改为"伊吾"，元代称"哈密力"，明称"哈梅里"，清代至今一直用"哈密"。曾问吾先生曾考释"哈密"为突厥语音译，其意为"多沙子的地方"；也有学者认为哈密是以北边的古俱密山而得名。这两种说法都有一定道理。

第三节　哈密

每当说起哈密，首先浮现在大家脑海的一定是自孩提时就挂念的"哈密瓜"。但令人惊讶的是，此地并非哈密瓜的故乡，哈密瓜的原产

---

① 《元和郡县图志》卷四〇《陇右道》，中华书局1983年版，第1028页。

地在百里之外的鄯善县。至于为什么会出现这种张冠李戴的乌龙，自然有一段有趣的历史故事。那是在两百年前的清代，哈密王将新疆甜瓜进贡于乾隆皇帝。乾隆吃后问是什么瓜如此甘甜，由于身边的侍者只知此瓜为哈密王进贡，便信口言称其"哈密瓜"，此名就一直流传至今。

  8月3日早上9点，考察队在哈密市文物局田局长带领下，驱车前往计划要考察的第一个遗址——白杨沟佛寺群。白杨沟佛寺，因佛寺群沿白杨沟分布而得名。古代西域，无论是佛寺、烽燧、城池均呈现出靠近水源分布的规律。这一点，从新疆现在的许多地名就可得知。如"焉不拉克"意为"泉水旁边"，"苏贝希"是指"水源"，"库木塔格"则与前二者相反，意为"沙漠"。

去往哈密白杨沟途中的艰辛

一 白杨沟佛寺

  田野调查的行程总是充满着艰辛和意想不到的危险。车子在路过一座狭窄的小桥时，由于急速转弯，驾驶员一不小心车子的左后轮就悬了空，经过大家的一番努力，最终有惊无险，顺利到达白杨沟佛寺遗址群。

  佛寺群始建于唐代，后一直沿用至13—14世纪，是哈密地区现存最大的寺院遗址。遗址群分布在南北长约10千米的白杨河东西两岸，保护面积多达17.3万平方米。我们所考察的佛寺地处五堡柳树泉农场附近，佛寺主体依靠断崖和土坯结合修筑，由佛塔、佛殿和石窟等组成。石窟与佛殿平面呈矩形或方形，但令人遗憾的是佛像及壁画大部分已经消失，眼前仅遗存残缺不全的佛像局部及寺院房址。

坐佛残迹

　　佛寺内现存较为醒目的建筑为坐佛残迹。佛像残高 8.2 米，遗址有前后两室，中间是宽 4.6 米的甬道，后室东西宽 8.4 米，南北长 8.8 米，据说这是新疆现存最大的坐佛遗迹。

　　佛寺残迹壮观，处处向人们透露出佛教在此地中的重要地位。佛教自印度东传西域以后，直至宋代，一直是西域的主流宗教，并且有着较为深远的影响力。原本信奉摩尼教的回鹘，西迁哈密后的一支就曾是今天白杨沟佛寺群的忠实信众。

白杨沟佛寺

人们出于对佛的崇敬，每逢重大节日便到此大寺院礼佛。对于距离相对较远的信众，白杨河不远处的甲郎聚龙佛寺遗址，便成为最佳去处。虽然马克思曾说"宗教是披着外衣的鸦片"，但不得不承认的是，佛教作为受众较多的宗教，给以农耕文化为背景的人们提供了强大的精神支柱，成为人们日常生活中不可或缺的部分。后听田局长介绍，白杨沟佛教遗址群中有一"回"字形石窟遗迹，开门朝东，环形走廊中央塑立着纵券顶式佛龛，可惜的是佛像现已无存。这一结构与考察队去年在拜城克孜尔石窟所见的洞窟形制相似。

考察完白杨沟佛寺后，在白杨沟佛寺看管员的盛情邀请下，我们因此有机会造访维吾尔族人家。虽说来疆求学已有两年多的时间，但准确地讲这还是第一次到维吾尔族家庭作客，以前总是对这种平房院落的伊斯兰式农家建筑充满好奇，今天终于可以一睹其风采。可能是为避免强光照射，留出更多的阴凉地，一进门即为带顶的棚院，庭院和房屋一同采用平顶覆盖，再向里才是厅堂，厅堂的墙壁上一般挂有丝织地毯作为装饰，下面为榻，冬季可以点火取暖，类似于火炕，其上通常放置一方桌，用来摆放各种食物，以供客人享用。看管员对于我们的到来十分热情，凉甜的西瓜、香喷喷的馕饼、口感上佳的砖茶，虽然语言不通，但彼此所结下的友谊心照不宣。

在白杨沟佛寺维吾尔族管理员家中作客

二 拉甫却克古城

除白杨沟佛寺遗址外，我们还考察了位于五堡乡的拉甫却克古城。拉甫却克古城坐落于五堡乡博斯坦村一处较高的平地上，古城整体被白杨河分为南北两部分。其中，南城现存东城墙长约百米，宽 3.5 米，残高 4.5 米。墙体为夯筑，夯层厚 10 厘米；南城墙残高 6 米，有内外两层，外层夯筑，内层土坯垒筑，内外之间有厚约 15 厘米的缝隙；西城墙已消失，北城墙仅遗存一小段，东北角位置有一残高约 15 米的角楼遗迹。

北城的东、北两面城墙均已无存，现存的西城墙残长约为 60 米，北城墙残长约 120 米。城墙下部为夯筑，残高约 2 米，宽约 4 米，夯层厚 5—10 厘米；墙体上部为土坯砌筑，残高约 2 米。西城墙、北城墙均遗存有马面。城内中部与西南部有规模较大的高台建筑与房址，其中部分房屋的墙垣仍清晰可辨。有学者考证该城址即是东汉伊吾卢城和唐代伊州纳职城所在地。

拉甫却克古城

哈密之行随着拉甫却克古城的考察而结束，辞别田局长，考察队直奔吐鲁番托克逊县。未入其境就感到了吐鲁番的酷热，一阵热浪袭来，犹如火炉烘烤一般，汽车内虽开有冷气，但额头还是不时渗出汗滴。中途路过闻名于世的葡萄沟，恰逢瓜果飘香的收获季，我们早已垂涎欲滴，自然不会放过，凉甜的西瓜、葡萄，瞬间将酷热驱赶，十分惬意。行至托克逊，

角楼建筑

夕阳早已西下，天气也变得凉爽起来，厚厚的外套竟然也不足抵御夜晚的寒气，正是应验了"早穿棉袄午穿纱，抱着火炉吃西瓜"的谚语。

第四节 从托克逊至和静

时至今日，考察队按照计划完成了吉木萨尔—巴里坤—哈密一线的考察。为更有效地完成南疆和静、拜城等地的专项考察，我们决定将原考察人数的十人缩减为五人（艾克拜尔老师、胡志磊、岳丽霞、王玉平、田海峰），由艾克拜尔老师领队，进入南疆，之后由巴音布鲁克草原，经北疆新源、伊宁、精河等地返回石河子。其他人员就近在吐鲁番考察，而后直接返回石河子。

8月4日，夏日清晨的托克逊太阳高照、凉风习习。考察队一行自托克逊出发，沿吐和公路径直驶向和静县。这次我们没有选择干沟路线，代之以新通车不久的吐和公路。相比干沟一线，该通道地势较为平坦，陡弯较少，唯一的不足是中途必须翻越一处海拔近3500米的冰达坂。随着海拔的升高，气温也逐渐降低，进入深山中的盘山公路后，温度骤降至7℃—8℃，窗外的凉风吹得我直打哆嗦。车窗外不远处，即是白雪皑皑的冰川，瞬间使人有种冬日来临的感觉。

通往和静的途中，给人印象较深的有两个地方——阿拉沟和巴仑台。阿拉沟，是天山山脉中的一处山地峡谷，其西南距离和静县城约200千

抵达山顶冰川附近（海拔 3200 米）

米，居民多为蒙古族，当地居民以畜牧业为生。这里因盛产草药"阿拉沟"（蒙古语）而得名，"阿拉沟"是一种可治骆驼疾病的草药。

下午 3 点，我们到达著名的避暑胜地——巴仑台镇。它位于和静县北部山区，距离县城约 60 千米。"巴仑台"为蒙古语音译，意为"有沙红柳的地方"。小镇地理位置优越，交通便捷，东接阿拉沟，西连巴音布鲁克镇，南通和静县城，北邻乌鲁木齐。每逢夏季，这里便成为乌鲁木齐市民避暑的首选地。谈及人文景观，黄庙当数巴仑台镇给人的印象最为深刻。其地处巴仑台镇东南的一条山沟之中，现有寺院 27 座。据说寺院始建于 1888 年，曾是东归的土尔扈特部从事宗教活动的重要场所。

下午 6 点，考察队到达和静县城，夜宿金新兴商务宾馆。晚饭后，我们就次日的考察行程进行了简单商议，预定第二天早上 9 点半前往县政府机关接洽考察事宜。

一 查汗通古烽火台

8 月 5 日上午 10 点，我们来到和静县人民政府商洽古代遗址的考察事宜。政府的办事规则与程序一向严格，尤其涉及文物古迹，管理更是如此，考察时必须得到相关部门的层层审批。按照程序，县政府办公室杨主任接待了我们，了解来意后，他前去请示主管领导。经层层批示，杨主任最终将我们的考察事务传达给和静县文管所王新所长。

11 点，考察队到达和静县东归文化中心，见到了王新所长，正巧他最近也计划调查境内古迹。一贯雷厉风行的王所长表示，即刻带我们出发，考察就近的工业园区墓葬遗址。车上，艾克拜尔老师与王新所长交谈得十分投机。从他们的谈话得知，和静县境内遗存的年代跨度大，种类多样，墓葬遗址是典型代表。墓葬的分布是有规律可循的，最简单的办法就是看山坡，哪个山坡有雪，哪个山坡下面的台地就极可能有墓葬。尽管王所长的这种理论还有待推敲，但不得不承认有一点是对的，那就是无论在古代，还是在科技发达的现代，水源是人类定居或者游牧生活不可或缺的资源。山前河流旁边的台地，通常是游牧或者定居民族选择生存环境的最佳地点。

途经查汗通古村，村庄附近有两座烽火台，我们便前去考察。两座烽火台均位于村子西北约600米处的荒地中，彼此东西相距不到20米。其中，靠西侧的烽火台紧邻水泥厂，现存高度约6米。两座烽火台均是汉至清代遗存，观察发现，烽体为夯筑与土坯垒筑混合修筑，其中夯层内明显夹杂有芦苇、树枝等；土坯厚约10厘米，长约30厘米。20世纪90年代末因当地居民过度取土而遭受破坏，但其残存部分仍较为可观。据王所长回忆，自治区一考古学女教授，曾于1992年到此考察，当时烽燧还很高，年轻的她爬上去之后累得气喘吁吁。而到了2007年，虽已年过半百的她，却很不费力地便到达烽火台顶部。可见，烽火台在此间数年变化之大。

查汗通古东烽火台

查汗通古西烽火台

艾克拜尔老师认为,两座烽火台修筑得如此之近,说明此地曾是交通要塞或重兵驻守之地,战略地位重要。这一点得到从小在此生活的王所长的肯定。王新所长说,在他小时候,沿开都河岸边的高台上,接连分布有许多烽火台,其走向大致为 221 团至和硕县,延伸至干沟一带。如此看来,这两座烽火台正处于烽燧线的交会处,由此猜测,此地不仅战略地位重要,而且极有可能是重要军政机构的驻地。

二 考察墓葬遗址

驶过树木葱笼的查汗通古村,出现在眼前的是一望无际的戈壁滩,即将考察的史前墓葬居址就分布在这片不毛之地中。

第一处是房址和墓葬。遗址平面为方形,房基为石头垒砌;石围墓封堆高约 50 厘米。第二处为墓葬遗址。地表见有大小不等的石头围成的墓圈,较小的墓圈很可能为祭祀坑。据说该墓地曾发掘出石板和大陶缸。第三处为石室墓与房址。据艾克拜尔老师介绍,虽然自古代时人们就已存在"事死如事生"的观念,但死人与活人在一般情况下是不会在一处的。之所以墓地会出现在房址中,是因为先有墓葬,之后有类似守墓人等在此守陵,生活于此,然后才有房屋基址留存。

墓葬和房址

墓葬遗址

三 察吾乎墓葬群

应我们的要求，王新所长欣然答应前往察吾乎古墓群考察。8月，正是山中洪水频发之际，通往古墓群的道路早已被洪水冲坏，我们只得在山谷口拍摄了墓群远景。据王所长介绍，山前共有编号台地4个，另有一处5号台地位于距离山谷口约5千米的深谷中。如此大规模的墓葬，为何出现于此，这是值得探讨的问题。由部分已发掘的墓葬所出土的马具推测，这些墓葬的主人生前应多从事游牧，那么有没有马车之类的交通工具呢？答案应该是肯定的，但这样回答又一时找不到可靠的证据。考古学者发现，马具的材料多为铜或铁制，不易腐烂，而马车多为木制，历经千年，自然会腐蚀殆尽，因而此地只能找到马具而不见有马车。

由于时间关系，在察吾乎墓群做一短暂的停留之后，我们即前往下一处城址——哈尔莫墩古城。途经敖包，听说敖包下有两道天然泉眼，且各具神奇之处；左侧泉眼味道甘甜，坊间传言该泉水具有清理肠胃的神奇疗效，若连续饮用此泉水，在第七天会自然腹泻，而后自愈；而右侧的泉水可用来清洗眼睛，具有明目的功效。当然，这只是人们对于泉水所赋予的美好夙愿罢了，一旦较真起来，非要用科学来解释一番，这些充满奇异色彩的传说自然会大打折扣。

神泉

在通往哈尔莫墩古城的路上，听到艾克拜尔老师谈及如何根据墓葬内埋葬人数计算人口的方法，颇有兴趣：假定人口的自然出生率与自然死亡率相等，将墓葬中所埋葬的人数乘以 2 之后，就可推断出当时的人口数量。此计算方法在没有确切人口记载的情形下，很是奏效。此外，他还提到民族与人种划分的一些概念，但 DNA 鉴定表明，不同人种之间的差别微乎其微，所以在考古学以及历史学界，对于此方面的研究已没有多大的现实意义。

交谈中，汽车已经到达目的地——哈尔莫墩古城。"哈尔莫墩"是蒙古语，意为"榆树多的地方"。现存古城四周均已开垦为麦田。古城规模很大，分为内外两城，外城平面为圆形（由残存的一段弧形外城城墙推断知悉），直径长约 400 米，墙体结构为土坯垒筑；内城平面呈方形，城北墙仍有残存。内城规模相对较小，城内种植有杨树，四角有角楼遗迹，墙体结构为明显的土石混筑。按照建筑方式推断，土坯垒筑应该出现在土石堆积年代之前，况且，外城并没有出现石头建筑材料，因此有理由认为外城修筑年代应该晚于内城。据萨拉村年纪较大的老人说，古城原来的规模较大，残存的城垣很高，但受"文化大革命"期间除四旧的影响，当地居民纷纷到城内挖土肥田，外城由此而惨遭破坏。相比外城，内城主体结构多为石土混合，取之无用，因而得以部分保存。

哈尔莫墩外城

哈尔莫墩内城

四　开都河沿岸崔尔古吐电站附近墓葬遗址

8月6日是我们在和静县考察的第三天。按照计划，我们要参与和静文管所开展的开都河沿岸台地墓葬遗存的调查。清晨8点半，我们由新兴商务酒店出发前往调查地。参与此次调查工作的还有开都河水电站有限公司的项目部开发人员，文管所下属文物工作站吉站长，以及之后结识的新疆师范大学人类学专业的艾尤热同学。

考察队于和静开都河崔尔古吐电站附近

艾尤热师从新疆师范大学刘学堂教授，据说他近段时间正在此地进行人类学田野调查，自然涉及很多考古学知识。交谈中，他谈及一些西域早期岩画在萨满教中的阐释，引起了我的关注。比如他提到的狩猎岩画中，岩画中的主人公均是古代游牧民族，其造型多为手持弓箭，瞄准山羊或其他猎物，他说除对岩画要进行整体理解外，还要注意细节，如要注意观察箭头形状，岩画中的箭头并不尖锐，而是呈圆形。他对此解释道，圆形箭头在某种意义上象征着男性生殖器官，而山羊则是古代人们所公认的生殖能力很强的动物，所以整幅岩画所要表达的并非单纯的狩猎活动，更客观地反映出在人口自然增长率低、死亡率高的原始游牧社会中，人们对于能持续繁衍生息的美好夙愿。

10点40分，我们到达和静察汗乌苏水电站公司总部。一行10人换乘两辆丰田越野车，行驶约3个半小时的山路，方才到达开都河上游的崔尔古吐电站工地。分工后，我、王玉平、艾尤热、吉站长一组，由营地出发，沿开都河下游沿岸台地考察。汽车沿崖壁下新开的土石路小心翼翼向前推进，右边即是波涛汹涌的开都河，所行的路面随时面临塌方的危险。车行至前方6千米处，我们开始徒步调查墓葬遗存，沿途经4块台地，发现十余座石围墓。

第一处是编号为1号台地的墓葬群遗址。墓葬群所处台地位于开都河北岸，南侧倚靠陡峭山体，共计有墓葬9座。我们选取了其中较完整的几座墓葬进行了测量。其中一座石围形状呈圆形，直径约为3米，墓葬石头层高度约为60厘米。墓葬东北约3米位置，是一长方形石围墓，东西长约2.5米，南北宽约1米。第二处是编号为2号的台地居址。2号台地位于1号台地西约500米处，所处地形与1号墓群相同。特殊的是此台地上发现有一平面略呈长方形的居住遗址。居址由石头围成，东西长约15米，南北宽约5米。第三处是编号为3号的墓群遗址。我们在3号台地上发现一典型的石围墓，平面呈圆形，直径约2米，东南部石头墙体已被洪水冲垮。第四处是编号为4号的墓葬遗址。我们在4号台地发现有一平面呈圆形的凹坑，直径约1.5米，可能为祭祀坑遗址。祭祀坑不远处有一平面呈圆形的墓葬，直径约为1.5米，已遭盗掘。

1号台地墓葬遗址

2号台地居址

3号台地墓葬遗址

4号台地墓葬遗址

返回和静县城途中检修车辆

经过调查,我们对如何找寻石围墓葬掌握了一些规律:一是观察石头的摆放是否规则;二是注意这种石圈所处的位置,一般不会出现在陡峭的山坡上(不方便埋葬,攀爬危险),亦不会紧邻河岸(原因是墓葬容易被洪水冲走),因而只有山腰平坦的台地才是墓葬选址的最佳地点。

第五节　克孜尔石窟的再考察

8月7日,我们几乎坐了一整天的车,才由和静县抵达拜城县克孜尔石窟。克孜尔石窟,依山傍水,南有木扎提河,北倚明屋塔格山断崖,自然条件优越,是佛教徒修行的绝佳境地。

比起去年年初的匆忙到来,这次多了对于石窟的许多人文思考。根据史籍记载,佛教于公元前后由印度传入今喀什地区,然后分别沿塔里木盆地南北两道东进,又在西域东部汇合。虽殊途同归,但受南北两道不同人文环境的影响,佛教内容也有所变化。北道传播主要以部派(俗称小乘)佛教为主,其代表人物为鸠摩罗什,佛教建筑因地形因素而多为石窟寺,僧人的修行要求不太严格,甚至可以娶妻生子;南道盛行大乘佛教,建筑多是寺院佛塔,大乘佛教修行要求较为严格,讲求苦行。

古代人之所以将佛教故事绘制在洞窟墙壁上,多是出于佛教传布的便利。形象生动的图画,相比晦涩难懂的佛教经卷,更容易被世间众生所理解。克孜尔石窟凿刻于公元3世纪,衰落于9世纪,洞窟壁画内容主要表现的是小乘

克孜尔石窟对面的木扎提河

佛教说一切有"唯礼释迦"的佛教思想。石窟群依明屋塔格山山势顺序开凿，按自然走向分为谷西区、谷内区、谷东区和后山区四个石窟分布区域，东西向绵延长约 1.7 千米，分层错落。目前已经发现的洞窟共计 349 个，已编号洞窟 236 个，现存壁画与彩绘塑像面积约 1 万平方米。

克孜尔石窟作为中国现存大型佛教石窟寺遗址，对于研究佛教的传播具有重要的参考价值，尤其是壁画风格的独创性和多样性，是佛教艺术史上的一大创举。2014 年 6 月，克孜尔石窟成功入选世界文化遗产。

上午 10 点，在克孜尔石窟讲解员小庞的带领下，我们开始了对六处开放洞窟的考察。石窟的壁画内容涉及百种佛本生故事和因缘故事，60 多种佛传故事。此外，天相图、天宫伎乐、飞天和供养人等，代表了克孜尔佛教壁画艺术的最高峰。

还记得 2013 年冬天第一次来克孜尔考察，当时好奇于中心柱窟窟内壁画和造像组合布局，究竟遵循了怎样一种规律，直到后来翻阅北京大学李崇峰教授撰写的《克孜尔石窟——龟兹石窟寺之典范》一文，方才找到合理的解释。中心柱窟壁画造像组合布局主要出于佛法传播和佛事活动两种考虑，前者，窟内正龛佛陀塑像，意在"就释提桓因等提出的四十二个问题进行解答"，而与之相对的进门门道上方的弥勒壁画像，"正于兜率天示现"，李先生解释这种布局"表明弥勒乃释迦之神圣继承者"；后者，窟内后室后壁塑画的涅槃图，则与塔柱正壁的"帝释窟说法"和主室门道上方的"弥勒示现"，为一固定组合。当信徒或朝圣者进入窟内，首先看到的是帝释窟场景，寓意佛陀正在回答信徒或朝圣者的疑问。

而主室侧壁和窟顶所绘的本生或因缘故事,也同时映入信徒或朝圣者眼帘。接着,信徒或朝圣者由左甬道进入后室,开始绕塔礼拜。在回到主室后,立刻又看到了门道上方的弥勒,意在祈求实现"当世得到弥勒决疑、死后托生兜率天堂"的终极愿望。①

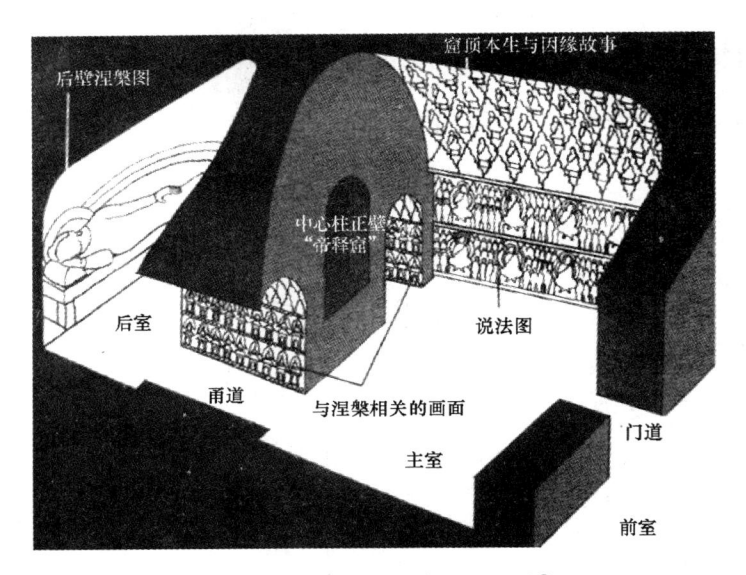

克孜尔中心柱窟图像构成示意图②

考察完克孜尔石窟,也就意味着这次南疆行程的结束,我们由拜城经库车大峡谷、过巴音布鲁克大草原,由伊宁东返石河子。途中恰遇库车县阿格古城及其冶炼遗址。古城平面呈方形,东西长约 124 米,南北宽约 114 米。古城西城墙有一宽约 3 米的豁口,为城门所在之处,城墙残高 3—4 米。残存的城墙结构主要为夯筑和土坯砌筑,可由此断定古城修筑年代较早,并为后世沿用。炼铁遗迹紧邻古城东城墙,其内仍可见有炼渣、风管以及少量陶片等遗物。《汉书·西域传》载:"(龟兹)能铸铁,有铅。"③《魏书·西域传》载:"(龟兹)饶铜、铁、铅……铙沙、盐绿、

---

① 李崇峰:《克孜尔石窟——龟兹石窟寺之典范》,《于阗六篇——丝绸之路上的考古学案例》,北京大学出版社 2014 年版,第 71 页。
② 同上书,第 66 页。
③ 《汉书》卷九六上《西域传》,中华书局 1962 年版,第 3911 页。

雌黄、胡粉",①《大唐西域记》载:"(龟兹)土产黄金、铜、铁、铅、锡"②,这说明龟兹自古就有丰富的矿藏资源,并且自汉魏就已经具备冶炼技术。中国人民大学李肖教授在库车调查时发现了多处冶炼遗址,除阿艾古城附近遗址外,还有地处库车河西岸台地上上康村冶铜遗址,至今仍可见有大量的铜渣;库车县阿格乡政府驻地东北约20千米处的贝迪勒克炼铁遗址,阿格乡北阿格村炼铁遗址,发现有许多风管及铁渣残迹。另外,根据20世纪初伯希和所获的A114号文书记载,唐代龟兹除有冶铁外还出现了炼钢。③由此表明,龟兹确是丝路北道的冶炼重镇。

阿格古城遗址

第六节 从阿拉尔至喀什之行

2015年9月,我们有幸参加在塔里木大学召开的"丝绸之路核心区高峰论坛",并借此机会完成了自阿拉尔到喀什沿线的历史文化遗存的调查工作。9月1日,我和张老师以及师弟王玉平一行三人从乌鲁木齐直接

---

① 《魏书》卷一百二《西域传》,中华书局1974年版,第2266页。
② 《大唐西域记校注》卷一《屈支国》,中华书局1985年版,第54页。
③ 李肖:《古代龟兹地区矿冶遗址的考察与研究》,《龟兹学研究》,新疆大学出版社2006年版。

飞往阿克苏温宿机场,再由此前往120千米外的阿拉尔市。

阿拉尔市,地处塔里木盆地之中,有着"沙漠之珠"的美誉。以喀什噶尔河、叶尔羌河以及和田河为主的季节性支流在其附近汇聚而成塔里木河,自远古时期就孕育出大片绿洲。数千年来,塔里木河川流不息,人类文明不止。昆岗墓地的发现,将塔里木盆地的人类文明史追溯至公元前三千年。

漫步在阿拉尔市街头

时至今日,缓缓流淌的塔里木河依旧哺育着这片绿洲。漫步在秋日午后的林荫小道上,稀疏的车流、笔直的街道、错落有致的建筑,没有一丝大都市的喧嚣,使人顿生一种拥抱自然的闲适与淡然。与我们一起同行的上海外国语大学的那老师,对此感触颇深,也许是他长久生活于大都市的缘故吧。

自我们住宿的银都大酒店沿胜利大道东行约2千米,即是塔里木大学老校区,西域文化研究所便坐落在这里。研究所创建于2001年。近些年,西域文化研究所充分发挥地缘优势,在系统梳理史籍资料的基础上,做了很多工作。

9月2日上午10点,来自海峡两岸的知名专家、学者齐聚一堂,"丝绸之路核心区高峰论坛"拉开帷幕。论坛立足"一带一路"时代背景,旨在从学理视角对丝绸之路经济带区域内利益的均衡化予以客观的阐释,"解疑释惑,化干戈为玉帛;循理探源,集睿思至大道",最终取得沿线

塔里木大学西域文化研究院

各国的理解与支持,共同推动丝绸之路发展的新纪元。会后,开始了我们的考察之旅。

丝路高峰论坛开幕

一 沙漠深处热瓦克佛寺的再考察

考察南疆的心情十分迫切,拿出会议资料认真地看了一会儿,没想到过凌晨之后再无睡意,迷迷糊糊终于等到了天亮。下楼吃过早饭,收拾好行李,与会务组道别后,我们便踏上了南疆考察的征途。此次参与会务考察的学者多达50人，虽来自五湖四海，但大家内心深处对未来四天的实地考察充满了共同的渴望。俗话说得好，不到南疆，不知新疆之广；不到喀什，不算到新疆。出阿拉尔南行，踏上这条长约425千米的沙漠公路，让人切实感受到新疆地域之广袤，领略了塔克拉玛干沙漠的万种风情。阿和沙漠公路，也就是217国道，是横贯塔克拉玛干大沙漠的第二条公路，2007年9月竣工通车之后，阿克苏至和田的时间较之前缩短了一半。

9月4日下午2点钟，考察队伍终于到达所要考察的第一处遗址——热瓦克佛寺遗址。热瓦克佛寺位于洛浦县城西北约50千米的沙漠中，它是一处典型的精舍式佛教建筑遗存，以佛塔为中心的寺院建筑遗址占地面积达2250平方米。现存佛塔形状为覆钵形，平面呈方形，墙体构造为土坯砌筑，残塔外围筑有边长约50米的方形围墙。塔身亦为土坯砌筑结构，残高约9米，平面呈"十"字形，塔基分为四级，平面为方形，边长约15米，残高约5.3米。塔身呈圆柱形，直径约9.6米，残高约3.6米。据考古发掘记载，围墙内外两侧塑有精美的佛和菩萨像以及大量形体较小的辅像和浮雕饰件，围墙上尚可见有少量壁画。

热瓦克佛寺

佛寺始建于南北朝，废弃于唐朝后期。其建筑形式和壁画风格深深打上了犍陀罗文化的烙印。该寺对于研究丝绸之路南道佛教传播史以及艺术风格具有重要的学术价值。再次考察热瓦克佛寺遗址，更为关心的是佛寺的保护问题，与2013年考察时相比，遗址保护模式有了较大的进展。在佛寺遗址入口处已标示出遗址保护方案，即对主体建筑予以覆盖式保护。此外，在遗址入口处又建有热瓦克佛寺遗址陈列馆，对于深入发掘佛寺文化底蕴，开发佛寺旅游经济效益作用较大。

在建的热瓦克佛寺保护工程

考察完热瓦克佛寺后，我们途经一家地毯厂，观摩片刻，就前行至二环路上的和田博物馆。和田文明可追溯至五千年前，从那时起，和田地区就已广泛使用细石器工具。随着人类社会的进步，和田地理位置的重要性愈加凸显，尤其以汉唐时期最为典型。两汉时期，和阗归属西域都护府所管辖，唐代为安西四镇之一的于阗镇守军治地。之后由于沙漠的向南推进，包括于阗在内的整个丝路南道随之南移。这也是现存南道历史遗址多发掘于大漠之下的缘故。

晚饭过后，我们宿于慕士塔格大酒店。第二天计划一早前往市郊区的核桃树王考察，之后再长途跋涉至 300 千米外的莎车，如此便又将迎来奔波的一天，虽知疲惫但依旧翘首以待。

二 和田一瞥

9 月 5 日早上 7 点半，和田天方微亮，我就被刺耳的闹铃声惊醒。早饭后，我们 8 点半准时由慕士塔格大酒店出发，寻找千年核桃树王处。沿着城乡公路行驶半小时，在一处标志有核桃王路的乡村公路前停下，由于车身太高，无法通行，因此我们只能徒步前往。清晨的乡间柏油路，车流稀少，偶尔有维吾尔族兄弟驱车而过。道路两旁皆是核桃树，恰巧为成熟季节，有些许核桃果自然脱落在路旁，考察团队员一路走，一路拾，一路品尝，兴致盎然。核桃，又称"胡桃"，是西方传来的物种。在这里之所以大面积种植，不单单是因为其较高的营养价值，更为重要的是，核桃树具有防风固沙、吸尘净化环境等功能。

千年核桃树

步行约 20 分钟，我们到达核桃树王所在地——恰勒瓦西村。据领队的小王介绍，核桃树王约种植于 644 年，距今已有 1300 多年的历史，在物种界里也算得上长寿的树木了，从生物学上讲真的令人不可思议。此核桃树距离佛教遗址——约特干仅 1 千米，可谓是约特干佛教古国的历史见证者。前行百米，终于看到为树丛掩映的树王。树高约 16.7 米，树冠直径为 20.6 米，如果想将整个树干环抱至少需要五个成年人，树冠占地大约一亩地面积。历经千年的风吹雨打，树干中心已呈空心状，上下宛如连通的"仙人洞"，洞底空间十分宽敞，可以容下四五人同时站立。关于此棵核桃树，还有一段与高僧玄奘相关的传奇故事。相传玄奘取经回国，路经此地，他将随身携带的三颗胡桃核丢弃于此，后生根发芽，开花结果，而此树便是其中的一棵。

离开核桃树王后，所乘客车需要加气，我们便利用这段闲暇时间去玉龙喀什河体验一下寻找玉石的乐趣。玉龙喀什河为和田河的上游河段，与喀拉喀什河互为姊妹河。玉龙喀什意为"白玉"，因这条河出产白玉，而喀拉喀什河则为盛产墨玉的河流。恰值玉龙喀什河的枯水期，因而我们得以在干涸的河床上自由漫步。站在河床上，放眼望去，密集的鹅卵石铺满了整个河道，均是由昆仑山上暴发洪水冲刷而下的，经过数年甚而上千年的自然磨砺，铸就了表面的光洁圆滑。不一会儿，便有几个维吾尔族青年手持白玉向我们兜售，至今我还记得，迫切寻找白玉的人们，看到白玉时的那份兴奋与艳羡，虽明知叫卖的白玉极有可能为玉石粉压制而成，但还是毫不犹豫地将其尽收囊中。

枯水期的玉龙喀什河

下午 1 点半，我们吃过午饭由和田出发直奔莎车，300 多千米路途，预计需要行驶 5 个小时之久。在车上甚感无聊，便思考一些有关遗产保护的事情。遗址保护，归根到底保护的是什么？结合这几天的考察发现，一些地方一味地将大笔资金投入到遗址建筑的修复与加固保护上去，当然，这是必要的，但这并非是保护的全部内容。我们所要做的，不仅要对遗址进行保护，而且要充分发挥遗址的人文价值、旅游价值，在传承发扬古代文明的同时，亦能拉动区域经济的发展。

晚上 8 点钟，我们终于赶到莎车县城。莎车，早在秦汉时期就是西域重要的绿洲城邦。因其地处丝绸之路要冲，在历代中原政权经略西域的进程中均占据重要地位。公元前 65 年归属汉朝，历经魏晋隋唐，之后为吐蕃所统治。9 世纪归属喀喇汗王朝，宋元时期称叶尔羌汗国，元大德年间归属于察合台汗国。其历史之悠久，由此可见一斑。伴着暮色，我们考察了叶尔羌汗国王陵、阿曼尼莎汗陵墓以及莎车县博物馆。恍然中，已近午夜，在山城大酒店用餐，并宿于此，时已将近凌晨 1 点。

三 石头城与红其拉普口岸

离开莎车山城大酒店,我们随即前往期待已久的塔什库尔干县城。塔什库尔干,意为"石头城",因城北遗存有石砌城堡而得名。其地处帕米尔高原,平均海拔高度约 3000 米,自然景观奇特、气候多样,很早就有"北有喀纳斯,南有塔什库尔干"之美称。

塔什库尔干,汉代为西域"蒲犁国"地,北魏至唐为"喝盘陀国"(又作竭盘陀),唐朝为疏勒镇下的葱岭守捉辖地,宋元时期属于阗,明代属叶尔羌。清光绪二十八年(1902)设蒲犁分防厅,隶属莎车府。现存县城北之石头城即是这一千年历史的见证。石头城海拔高度近 3100 米,是丝绸古道上的一处著名古代遗址,其与辽宁石城、南京石城并列为中国三大著名石头城建筑。2001 年 6 月,石头城被列为第五批"全国重点文物保护单位"。

清晨的塔什库尔干

9 月 7 日清晨 7 点半,帕米尔高原的天空刚刚泛白,但塔什库尔干大道两旁已经是灯光闪烁,人们也开始了一天闲适而有节奏的生活。沿街步行数百米,遇到很多前往石头城的考察者,对此很是迷惑不解,后来方知,8 点左右旭日初升,朝阳照耀下的石头城俨然一幢熠熠发光体,很是壮观。不巧的是,我们恰赶上阴天,便错过了这一奇特之景,甚感可惜。

现存古城居高临下,遗存有城墙、寺院、城门、居址四部分。古城周长约 1.3 千米,城墙多为石块垒砌,位于古城东南部的寺院遗址现基本为

石头城遗址

清代城址所覆盖。围绕石头城考察一圈,一个半小时便已悄然过去。匆匆赶往住处,吃完早饭,我们就踏上前去红其拉甫的路途。一路盘山而上,路边绿油油的草皮还在,天空却飘起了细雨,更神奇的是接着又下起了鹅毛大雪,一下子将我们带入冬天的世界。汽车一路盘旋而上,行驶约两小时,终于爬上中巴边界处,我们终于见到了红其拉甫哨所,大家都难以抑制心中的激动,车子尚未停稳,便鱼贯而出。尽管大雪纷飞、气温已降至零下10℃,大家仍气喘吁吁地奔向国门,一睹国门之庄严。

红其拉甫口岸

由红其拉甫口岸下来,途经一驿站遗址,其名曰吉日尕勒,位于海拔3300米的山间谷地中,因恰处山腰,是上下山途中理想的补给地。现存遗址由古代驿站和旧石器文化遗址两部分组成。其中驿站遗存年代大致为汉至唐时期，旧石器文化遗址年代则相对较为久远，约可上溯至一万年前的旧石器晚期，遗址内现仍遗存有火烧灰烬、动物骸骨以及石器等。

吉日尕勒古驿站

回到县城后，大家开始午餐。牺牲了午饭时间，我们师徒三人乘车匆匆赶往位于塔什库尔干县城北约 2 千米处、塔什库尔干河左岸山前台地上的香宝宝古墓群。该墓群年代久远，遗存年代可上溯至春秋战国时期。古墓群所在地山水相依，风景秀丽。其东边为阿拉尔草滩，旁有塔什库尔干河潺潺流过。20 世纪，新疆考古部门曾对此墓群进行考察发掘。古墓群

香宝宝古墓群遗址

有土葬墓与火葬墓两类，其中已发掘火葬墓19座，土葬墓21座。出土物多为居民的生活用品，包含铜器、铁器、骨器等，为研究该地的塞人或羌人生产生活提供了实物资料。

四 再到喀什

9月8日上午10点，我们首先来到喀什市东北郊约5千米处的艾孜热特村，考察香妃陵。香妃陵，原名称"阿巴克霍加麻扎"，它是现今新疆境内规模和影响最大的伊斯兰教"霍加"陵墓。始建于1640年，相传墓中埋葬有清代乾隆的皇妃"香妃"，由此得名为"香妃陵"。当然这一说法只是美好的传说而已，真正的香妃陵其实位于河北遵化清东陵的裕妃陵寝内。

现存阿巴克霍加麻扎主体建筑由门楼、高低礼拜寺、加满清真寺、教经堂、主墓室、讲经堂、朝圣室、圣水池以及果园等组成。其中主墓室为穹顶式建筑，墓室底面横长约35米、纵深约29米、高约27米，由土坯和石膏砌成，内葬有阿巴克霍加家族五代共计72人。

午饭后，同行的许多老师都为大巴扎所吸引，而我们师徒三人脱离考察队伍自行前往班超城考察。班超城，又称"盘橐城"，位于喀什市东南多来特巴格路南侧。根据文献记载，盘橐城出现于公元1世纪左右，由于古城所处之地呈布袋口状，天然是一处修筑军事要塞之地，由此得名"盘橐"。其中"盘"字指要塞，"橐"字为布袋，"盘橐"二字放在一起就是"要塞之地"。

香妃陵

盘橐城

盘橐城叠加的文化层城墙

盘橐城历史悠久，约公元前后是疏勒国王行宫。73 年，班超出使西域，在此驻守长达 30 余年。其间，班超以盘橐城为据点，历经数次征战，使得封闭 60 余年的丝绸古道重又畅通，此后西域之地社会生产发展，民众安居乐业。由此，班超在西域名声大震。时至今日，汉代之盘橐城遗迹早已荡然无存，现存城墙为清代修筑。后人为纪念班超治理西域的功绩，便在旧城基础上修建了班超公园。内塑有班超石像，两边塑有当年跟随班超出使西域的三十六勇士雕像，雕像后的弧形城墙上为记录班超生平事迹的浮雕，如"敏而好学""侍奉慈母""投笔从戎""出使西域""传播农耕"等图案，将班超传奇的一生再现于世人面前。至此，对和田到喀什，尤其是对塔什库尔干的八天南疆考察就结束了。

第四章

从楼兰到尼雅

2013年5月,正是我大学本科即将毕业的季节,当其他同学沉浸在毕业的喜悦或离别的忧伤之中时,而我却正在石河子大学北区的办公室里专心于塔里木南道沿线历史古迹资料的搜集与整理。因为,由张老师带队的丝路南道历史古迹的考察即将开始,而我非常幸运地成为考察队的一员。5月的新疆,天空湛蓝,草木葱茏,气候宜人,恰是出行的好时节。此次的考察路线为:从石河子出发,第一站先到铁门关所在地库尔勒市,接着沿孔雀河南下至楼兰国所在地若羌县,再沿丝绸之路南道向西至古精绝国所在地民丰县、古于阗国所在地和田市。在完成南道的考察后,由和田经沙漠公路行至北道返回石河子。

这次考察行程中最艰难的一段是"楼兰—尼雅",即广义上的古代楼兰地区。其大致范围包含尉犁县、若羌县北部荒漠区以及深入民丰县北百余千米的大漠腹地。数千年前,这里曾是孕育人类文明的广袤绿洲。由于受人为和自然因素的影响,水文变迁所带来的荒漠化摧毁了绿洲文明之地,最终呈现出今天这种沙漠广布的地貌。而我们这次计划考察的孔雀河烽燧遗址、营盘遗址、楼兰遗址、米兰遗址以及尼雅遗址,均分布在以上区域。严格地讲,我们沿着孔雀河、塔里木河的考察路线,无疑是在向一片死亡之海迈进。但一想起小河、楼兰、尼雅文明曾给世人带来的惊艳和迷局,我立刻鼓起勇气、坚定信念,艰苦的行程又算得上什么呢?

第一节 通往塔里木盆地的山道和关垒

2013年5月14日上午9时,我们自吐鲁番托克逊县出发,向库尔勒市方向驶去。途中的一段路叫"干沟"。所谓的"干沟"其实是一条绵延弯曲、长约 80 千米的天然河谷，两侧山崖乌黑，含矿量较大，沟谷中水流不多，偶尔见有植物生长。这里的山，古代叫"银山"，因出产银矿石而得名。此段沟谷古称"银山道"，是由高昌（今吐鲁番）通往焉耆（今焉耆县）、龟兹（今库车县）的必经之地。据敦煌藏经洞出土文书《西州图经》记载："银山道。右道出天山县界，西南向焉耆国七百里，多沙碛卤，唯近烽足水草，通车马行。"①

古银山道

玄奘前往印度求法时曾经经过银山道，在此见到了一座佛塔，佛塔下有泉水，名为"阿父师泉"。有关这座佛塔及泉水的传说，被玄奘记录在了行纪里面，流传至今。相传，曾有数百商旅途经此地，携带的水已用尽，困乏不知所为，随行有一僧人，不带行资，靠沿途商旅施舍为生。在

---

① 王仲荦：《敦煌石室地志残卷考释》，中华书局 2007 年版，第 212 页。

314 国道干沟段

此困难之际,众人向僧人求助,僧人告诫大家要皈依佛门。众商旅危困在即,听从了告诫。于是僧人登上崖壁为众人祈水。不一会儿有甘泉喷涌而出,众人欣喜若狂,这时却发现僧人已经圆寂。商旅悲伤之余在僧人的坐化处修建了佛塔,以供纪念。这一传说虽是佛教徒为弘扬佛家舍生取义的精神而杜撰,但也间接道出古代银山道的艰辛。时至今日,虽已修建了高速公路,但道路的蜿蜒曲折仍然使这一段路艰苦难行,从托克逊至库尔勒200多千米,共计4个小时的路程,但长约80千米的"干沟"段却要花费我们整整两个小时。

14日中午1点左右,我们到达巴音郭楞蒙古自治州库尔勒市。位于市区北郊8公里处,有一处铁门关遗址,是中国古代二十六关中的最后一关。铁门关左为霍拉山,右为库鲁克塔格山,中间形成一条弯曲数公里的河谷,河水自北向南汇入孔雀河。整个河谷绿树成荫,一派生机盎然的景象,谷口立着一块刻有"丝路古道"的石碑,与两侧高耸险要的崖壁共同彰显出历史的厚重。

铁门关素以险要著称,历代皆有文人将士到此题诗赋文赞其险要,最为著名的当数岑参。岑参(715—770),天宝三载(744)进士,曾两次出塞,在西域生活长达6年。唐玄宗天宝八载(749),岑参第一次出塞,担任安西四镇节度使高仙芝门下的幕府书记官,满怀报国壮志。大概是与高仙芝一同出征期间,岑参途经铁门关,感慨关隘之险要,即兴题诗云:"铁关天西涯,极目少行客。关门一小吏,终日对石壁。桥跨千仞危,路盘两崖窄。试登西楼望,一望头欲白。"①岑参将铁门关的险要地形,用慷慨激昂的语调生动地描述出来,既热情歌颂了戍边将士的坚毅和功绩,又委婉地揭示出戍边的孤寂与凄凉,为唐朝广大的屯戍将士抒写了赞歌。

铁门关古道

15日,我们前往库尔勒市阿瓦提乡阿瓦提村南部的玉孜干古城,沿着柏油马路可径直到达遗址所在地。古城现已被一条南北走向的公路分成东、西两部分,其中东部已辟为耕地,并修建有房屋;西部是古城的主体部分,呈圆形,直径约400米,四周用铁丝网进行保护,中间有一条东西走向的土路。城中土质疏松,骆驼刺、芨芨草等植物遍地可见,城墙坍塌呈土垣状,墙垣盐碱化很严重。城中心偏西北处有一底径约50米的土堆,高约4米,为城址的中心区域。古城现已成为当地维吾尔族的公共墓地,城中尚有数处南北向的条状墓坑,据介绍是由今人所挖,为埋葬备用。

20世纪30年代,我国著名考古学家黄文弼曾到玉孜干古城进行考察,采集到许多粉红色陶片,似为唐代遗存。20世纪80年代,文物工作

---

① 《全唐诗》卷一九八《岑参一》,中华书局1999年版,第2052页。

玉孜干古城

者将古城内采集的40块陶片与附近的唐代遗址出土文物进行比对，确定玉孜干古城为唐代遗址。同时，在古城的东北角和西北角，还发现了类似烽火台、瞭望台等防御建筑，由此推断古城很可能是唐朝的一处军事堡垒。据史书记载："自焉耆西五十里过铁门关，又二十里至于术守捉城"①，现今铁门关至阿瓦提村也不过十几公里，与史籍中所记载的里程数相近，由此看来玉孜干古城很可能就是史书中记载的"于术守捉城"。

所谓"守捉"，是唐朝设置的基层军事机构，通常置于地势险要或交通要冲之处。按唐代军事制度，军队按人数形成编制，较大的军团称"军"，较小的称"守捉"，一个"军"有三千人到六千人，一个"守捉"一般有几百人至上千人。从玉孜干古城的规模来看，也比较符合一个"守捉"的建制。

除了玉孜干古城外，唐朝在丝绸之路沿线设置的守捉城还有许多，见于史书的如"榆林守捉""龙泉守捉""东夷僻守捉""西夷僻守捉""赤岸守捉"等。近年来这些"守捉"遗址一一被发现，"榆林守捉"即是今轮台县野云沟乡东约10公里处的阿克墩古城；"龙泉守捉"位于轮台县阳霞镇的塔拉布拉克村；"东夷僻守捉"即是轮台县轮台镇塞维尔牧业村北部的恰库木排来克戍堡遗址；"西夷僻守捉"为轮台县城西约20公里

---

① 《新唐书》卷四三下《地理七下》，中华书局1975年版，第1151页。

的拉伊苏烽燧遗址;"赤岸守捉"为库车县牙哈镇却勒阿瓦提村东约7公里的却勒阿瓦提烽戍遗址。这些"守捉"由东向西分布于焉耆通往龟兹(今库车)的道路沿线上,与丝绸之路中道的走向基本一致,成为古代丝绸之路繁荣的见证。

第二节 孔雀河畔的烽燧与古城

15日下午3点左右,我们由库尔勒市前往尉犁县,里程约50公里,沿途草木葱郁,农田繁茂,一派生机勃勃之景。尉犁,古称渠犁,早在汉代这里就是西域著名的屯田区域之一。据史书记载,西汉时期,尉犁至轮台一带的自然环境优越,孔雀河和塔里木河提供了丰富水源,土地广阔而肥沃,气候温和,五谷皆可种植。早在公元前101年,西汉就开始在今天的尉犁至轮台一带进行屯田。公元前60年设置西域都护府,府治乌垒城,故址位于今天轮台县东部的野云沟乡,轮台和渠犁好似两个卫士,分别驻守在西域都护的东、西两侧,使得尉犁成为汉朝西域屯田时间最长的地区之一。现今的尉犁县总面积约5.97万平方公里,有耕地352万亩,林地255万亩,草场1556万亩。新疆生产建设兵团第二师成立以来,先后在尉犁县设置了31团、32团、33团、34团和35团,这种布局俨然是汉唐屯田戍边之策的延续,对于促进当地农业的发展和维护南疆社会的稳定,意义重大。

尉犁县团场分布图

孔雀河畔　　　　　　　　　　塔里木河畔

到达尉犁县以后，我们按照计划沿孔雀河向东南探寻汉代的烽火台遗址。西域的烽火台多沿丝绸之路修建。汉代中原通西域，经河西走廊，必先经玉门关和阳关，向西到达楼兰国，也就是今天若羌县的罗布泊，然后再沿着昆仑山北麓向西到达且末、和田、莎车等地，此为丝绸之路南道；从楼兰沿着孔雀河向西北到达尉犁，再沿着天山南麓向西可到轮台、龟兹（今库车）等地，此为丝绸之路北道。因此，孔雀河畔是早期丝绸之路北道的必经之地，出于传递军事情报和边防戍卫的需要，西汉在孔雀河沿线相继修建许多烽火台。

烽火台早在西周时期就已见诸史册，"烽火戏诸侯"的典故便是例证，到了战国时期，诸侯国为了抵御其他国家及游牧民族的侵犯，开始在烽火台之间修建城墙，形成连续的防御性建筑，这便是长城的雏形。秦朝统一六国后，为了抵御北方匈奴的入侵，把战国时诸侯国在北方边境修建的不连续的长城连接起来，形成东起辽东，西至临洮（今甘肃岷县），长达万余里的秦长城。

到了汉代，中原政权与匈奴的战争更为频繁，战线越来越长，长城也进一步向西修到了敦煌的玉门关。后来，汉朝先后打败了楼兰、姑师、大宛，威震西域，并将长城向西修筑到了楼兰国。可能是因为西域并非汉朝与匈奴的正面战场，在防御工程的修建上也相对较为薄弱，因此我们在楼兰以西也只能见到为数不多、相距较远的烽火台，烽火台之间的城墙至今还未曾发现。

古代烽火台一般沿交通要道每隔三十里修建一座，有时受地形等因素的影响，也并不完全拘泥于这一里程规制。我们在考察尉犁县的烽火台时，就曾发现，孔雀河沿岸目前已发现的 11 座烽火台，间距最小约为 5 千米，最大约为 23 千米。这些烽火台一般修建在地势稍高的台地或视野开阔的平原上，虽历经千百年的雨雪风霜，有些甚至已经严重坍塌，但大部分的形制依旧可以辨识。烽火台平面一般呈方形或长方形，立面呈梯形，个别烽火台外围修建的围墙依旧保存至今，建筑结构大致有泥土夯筑和土坯垒砌两种，土坯或夯层之间多见到芦苇或树枝。

巴音郭楞蒙古自治州境内烽燧分布图

1 塞汗道古西烽火台	11 喀拉亚烽火台	21 库木什烽火台	31 库如克塔格烽火台
2 塞汗道古东烽火台	12 拉依苏西烽火台	22 卡勒塔烽火台	32 孜伯斯坎烽火台
3 塔哈其烽火台	13 拉依苏东烽火台	23 克亚克库都克烽火台	33 下塔提让烽火台
4 四十里大墩烽火台	14 廷木墩烽火台	24 脱西克烽火台	34 黑达铁日木烽火台
5 阿克敦烽火台	15 孜鼠提烽火台	25 脱东克烽火台	35 布滚鲁克烽火台
6 千间房南烽火台	16 亚克仑烽火台	26 米兰东北烽火台	
7 七个星千佛洞烽火台	17 孙基烽火台	27 米兰西南烽火台	
8 哈灵沟路烽火台	18 萨其玛烽火台	28 敦里克烽火台	
9 霍拉山行北烽火台	19 阿克苏尔地克烽火台	29 普塔木克烽火台	
10 霍拉山河口烽火台	20 沙鲁夏克烽火台	30 卡拉乌里干烽火台	

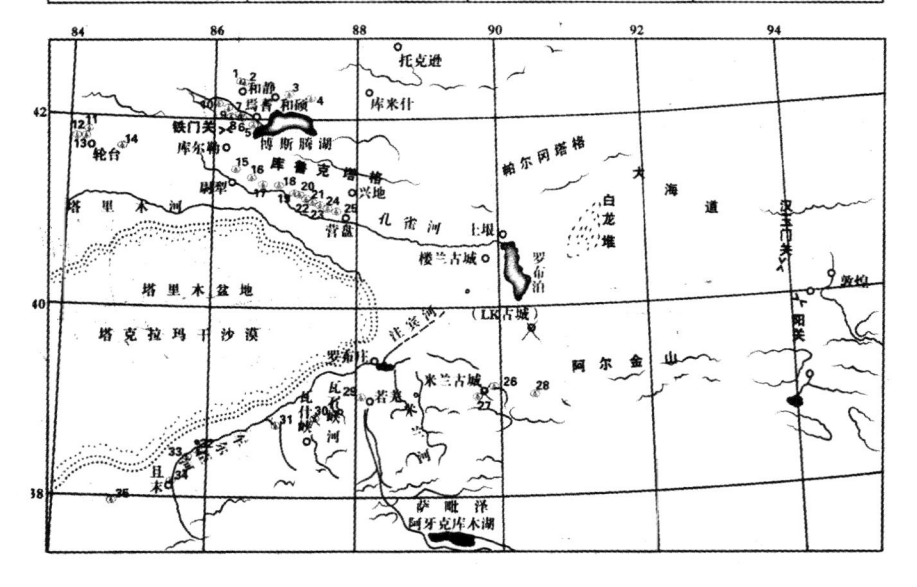

巴音郭楞蒙古自治州境内烽燧分布图（巴音郭楞蒙古自治州博物馆提供）

受时间及交通工具的限制，我们未能对孔雀河沿线的 11 座烽火台进行逐一考察，沿着孔雀河往东南，我们一共考察了三座烽火台。第一座名为"苏盖提布拉克烽燧"。"苏盖提"系维吾尔语，汉语意为"红柳"，是当地普遍生长的一种植物,在烽火台附近,我们见到了很多红柳枝,这些红柳属耐旱植物,适合生长在沙质或盐碱地上,在此地分布广泛。红柳还有很强的韧性,千百年来西北民众一直用它编织箩筐等生活用具,在古代西域修建军事工程时,也会在土坯及夯土层间夹杂红柳枝,以加强墙体的稳固性。

经历了上千年风吹雨蚀的"苏盖提布拉克烽燧",现已严重坍塌,仅存一底部直径约 10 米、高约 5 米的土墩。烽火台的基部土质疏松,夯土之间的红柳和芦苇依稀可见。我们在烽火台的顶部发现了盗掘痕迹,看来已被盗掘者"光顾"了,这种盗掘现象对烽火台造成了严重的破坏。"苏盖提布拉克烽燧"伫立在一片荒地上,时至今日,仍然彰显着历史的厚重。

苏盖提布拉克烽燧

苏盖提布拉克烽燧上的盗洞

由"苏盖提布拉克烽燧"沿土路继续向东南，在荒地中行数十千米，见遍地都是孤立的蘑菇状土墩，这些土墩由千百年来的风蚀下切而形成，在地理学中，被称为"雅丹地貌"。

在这片"雅丹地貌"中行数公里，见一路牌题为"雅库仑烽火台"，下车后环顾四周，不见烽火台，向司机询问后得知烽火台就建在不远处的雅丹台地上。往烽火台所在台地行数百米见到一路牌，上写"张骞憩马亭"。相传张骞出使西域时曾途经此地，并在孔雀河饮马歇息，因此，孔雀河又得名"饮马河"。这一说法在正史中并无记载，张骞是否到此，还有待考证。但其出使西域对后世的影响，由此可见一斑。我们从台地一侧攀至顶部，终于见到了烽火台遗址。烽火台由土坯砌成，现已遭严重风蚀，仅存一不到3米高的土墩，底部宽度也仅两米左右。

雅库仑烽火台

雅库仑烽火台所在的台地

由"雅库仑烽火台"继续往东南,沿途越来越荒芜,道路也愈加崎岖,下午 5 时 40 分左右,我们在孔雀河畔见到了第三座烽火台,名为"孙基烽燧"。烽燧为夯土结构,在坍塌的立面明显见有夯层,现存遗址残高 8 米左右,中部有一洞穴,为盗掘所致。据当地文体局工作人员介绍,沿着孔雀河一路向东南还有很多烽火台,只因到达"孙基烽燧"时已是傍晚,我们不得不趁早赶回尉犁县城,因而对孔雀河烽燧群的考察到此结束。

孙基烽燧

16 日早上 8 点左右,我们与当地文体局工作人员会合,乘文体局的越野车前往尉犁县东南戈壁滩中的营盘遗址。《汉书》记载:"山国,王去长安七千一百七十里。户四百五十,口五千,胜兵千人。辅国侯、左右将、左右都尉、译长各一人。西至尉犁二百四十里,西北至焉耆百六十里,西至危须二百六十里。东南与鄯善、且末接。"① 一些学者据此认为营盘遗址就是西域三十六国之一的"山国"所在地。在距今 1500 年前的汉晋时期,这里曾是东西交通要塞,商旅、行僧、使者,往来不绝如缕,一派繁荣。由于自然环境的变迁,孔雀河流域大多数地区现已荒无人烟,然而也正是如此干旱的气候才使得这些历史遗迹历经千年沧桑而保存至今。

---

① 《汉书》卷九六下《西域传》,中华书局 1962 年版,第 3921 页。

营盘遗址所在地非常偏僻和遥远，我们沿 218 国道向东南行，于中午 1 点左右至第二师 35 团，其后沿一土路向北行约 20 千米，进入沙漠地带，沿沙丘中间的小路可至营盘遗址。我们在沙漠土路中行约两公里，发现前方的路段已被流沙淹没，车辆很难通行。于是，我们收集附近的石块和砖块，铺成两道砖路，才让车辆渡过了这一段沙路。我们继续向前，路上虽有一道道沙丘，但车辆勉强能够通行。又往前行约两千米，见前面设有路障，询问路旁小屋中的老人得知，前面的路与我们之前走过的路一样，已被流沙阻隔了，老人建议我们不要前行。但因我们考察的机会实属难得，不想放弃，于是还是坚持让老人把路障取掉继续前进。真是应了那句老话，"不听老人言，吃亏在眼前"，行约不到一公里，见前面的路已完全被流沙掩埋了，车辆几乎不可能前进，我们不得已只能返回。

汽车陷入流沙中

看到我们沮丧的表情，司机建议说，从此地返回至 32 团，再往北至库鲁克塔格山山麓，沿山前便道往东可绕行至营盘遗址。不过走此路得花 4 个小时左右，此时已至下午 4 点，时间非常紧张，再三考虑后，我们还是决定由此道前往营盘遗址。

我们从 35 团原路返回至 32 团，再往东北一直是颠簸的土路，经过一片荒地后至孔雀河桥，又往前行十余千米，见到一施工队正在施工，正在修建的工程是营盘保护站，想必我们距离营盘遗址已不远了。距此不远处有一土墩，询访后得知其为一烽火台，当地人称"喀拉吐尔烽火台"。现存烽燧底径约 8 米，高约 4 米。

荒原中的喀拉吐尔烽火台

在荒地中颠簸行驶数十千米，车几次差点侧翻，抬头一看，已离山脚不远，继续前进，已至兴地村，知方向不对，于是我们调头往回。返回数公里，见一岔路，我们往左行数十千米，见路边有一货车，车旁有一维吾尔族兄弟正在修车，司机与其交谈后，得知前方约 50 千米处便是营盘遗址，此时已快下午 7 点，我们继续前进，终在 8 点左右到达营盘遗址。

营盘遗址位于干涸的河道旁边一处开阔的台地上，面积很大，包括古城、佛寺和墓地，均有栅栏保护。戈壁滩上的风力强劲，栅栏内的古遗址在长期的风蚀作用下颇显沧桑。营盘古城平面略呈圆形，直径 200 米左右。由于常年的风雨侵蚀，城墙坍塌严重，从残存城墙基部来看，结构似为夯筑，大致每 1 米厚的夯层间夹一层红柳、梭梭或芨芨草。墙垣东北部有一宽约 10 米的缺口，估计是城门所在地。

营盘佛寺遗址目前遗存土坯建筑 9 处，多呈圆形土丘状。从残存的遗迹看，多为塔式建筑。保存较好的一座佛塔位于古城中部，底部为长方形基座，塔身略呈圆形，该塔北侧有一盗洞，伸至塔的中心部位，佛塔周围残存有土坯墙基，围墙似为长方形。其他佛塔均较小，系独立的实心土坯建筑。

营盘墓地已经发掘多次,据介绍,目前共清理发掘墓葬132座,形制有长方形竖穴土坑、竖穴二层台以及竖穴偏室三种类型。一般为单人葬,个别为双人或三人葬,葬式均为仰身直肢,头向东或东北。墓中随葬物品比较丰富,以木器、织物为多,尤其是出土了许多华丽的衣物,这些精美纺织品的织造技法、针刺图案既具有中原地区的艺术风格,又带有浓郁的希腊(罗马)、波斯艺术风格。此外还有部分铜器、漆器和少量铁器、陶器、玻璃器等。少数墓室的墙壁上绘有卷草、蔓草、花卉等图案。

营盘古城遗址

营盘古城遗址旁干涸的河道

营盘佛塔

营盘墓地

至营盘遗址时已近黄昏,考虑到返回路程遥远,我们没有在遗址内停留太久,简单考察后便由原路返回,夜间的路比白天更难走,戈壁滩上还容易走错路,回到县城,已是晚上11点半。

第三节　从若羌到民丰——楼兰古国的前世今生

17 日早晨，我们从尉犁出发前往若羌县。若羌原称"婼羌"，取自西域三十六国之一的婼羌国名。现今的若羌县地界与婼羌国并不完全一致，而与历史上的楼兰国更为吻合。楼兰国是汉晋时期位于罗布泊一带的西域古国，是早期中原地区通往西域的咽喉之地。公元前 77 年，楼兰国改名为鄯善国。东汉时期，鄯善国势力非常强大，雄踞丝绸之路南道，若羌以西的且末、小宛、精绝等国先后为其所并，王国的势力范围东起罗布泊的楼兰古城，西至民丰县的尼雅遗址，南抵阿尔金山，北与吐鲁番、哈密等地为邻。公元 5 世纪以后，楼兰国开始衰落，逐渐消失在历史的长河中。1900 年，瑞典探险家斯文·赫定进入罗布泊，其向导阿尔迪克在返回营地取铁铲时，偶遇暴风而迷失方向。趁着月光，阿尔迪克在找回铁铲的同时，惊奇地发现一座高大的佛塔和许多密集的房屋建筑。此外，他还发现半埋在沙堆之中的一些精美木雕及古代钱币。这一重大发现终于使掩埋一千多年的楼兰古城得以重见天日。

从尉犁县城一路南下贯穿整个尉犁县南北，所经之处皆是绿树成荫，田野纵横。出尉犁县后便进入若羌县地界，218 国道沿着塔里木河自西北往东南最后进入若羌，越往南，塔里木河水越少，路边的植被也由农田逐渐变为胡杨，最后变成沙漠。进入若羌县不久，我们见到了一段特殊的公路。该路由红砖铺就而成，路旁一块石碑记载着它的历史：20 世纪 60 年代末 70 年代初，在艰苦的条件下，两千余名筑路工人就地取材，耗费 6 年的时间，用路边黏土烧制成 6120 万块红砖，铺就这一条全长 102 千米的道路，这便是 218 国道的前身。2002 年，该路获"吉尼斯世界之最"纪录，称"世界上最长的砖砌公路"。如今的砖砌公路绝大部分已不复存在，只保留 5 千米作为文物进行保护，并立碑纪念。

第四章 从楼兰到尼雅 / 231

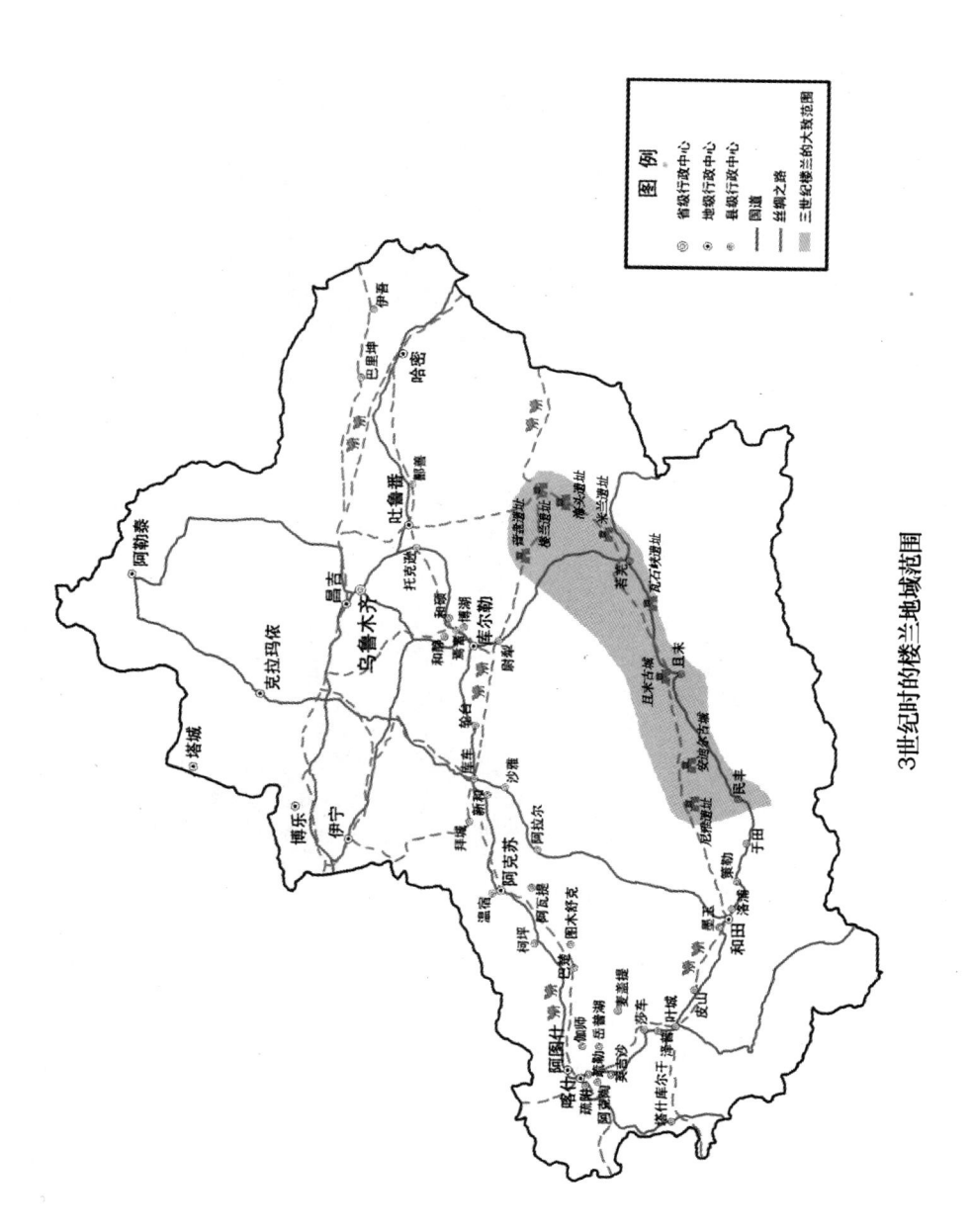

3世纪时的楼兰地域范围

前往若羌

"世界上最长的砖砌公路"纪念碑

　　自此往东南,我们在沙漠公路上行驶了 1 个小时左右,见两侧植物逐渐增多,愈往南,生态环境愈好。218 国道距若羌县城约 80 千米处正在重建,道路崎岖,我们越过这一段约 10 公里的沙石子路后,到一岔路口,一条前往若羌县城,另一条路是前往第二师 36 团。于是,我们决定直接前往 36 团米兰镇的米兰遗址。这条直通 36 团的道路是新修建的,道路笔直,先是穿过一片湿地,然后进入沙漠地带。沙漠中风沙很大,路旁的部分电线杆都已被吹倒,路面上已有多处沙土堆积,不进行处理的话,道路有被掩埋的危险。

下午 3 点左右，我们到达 36 团，简单吃过午饭后，便出发寻找米兰遗址。自团部往北行 2 公里，向路边的村民询问，得知方向走错了，在村民的指引下，我们于下午 4 点左右到达米兰遗址。

米兰遗址是汉代的伊循城。《汉书·西域传》记载，元凤四年（前 77），西汉著名外交家傅介子斩杀楼兰王后，新任鄯善王害怕国内敌对势力篡夺他的王位，请求汉朝在鄯善国都扞泥城（今若羌县城附近）不远处的伊循城进行屯田、驻守军队，确保都城的安全，伊循城由此开始建城。唐代，这里是当时重要的军事堡垒，后来吐蕃政权不断入侵西域，曾一度占领此地，现今保存下来的遗址很多是吐蕃控制时期建造的。

米兰遗址有专门的文物保护站，并有专职人员进行看护，我们将相关文件交由管理人员审查后，方才进入。遗址规模较大，占地面积约 10 平方公里。遗址处于山前洪积平原上，山洪留下的岩体经风化后形成大大小小的石子，散布于整个遗址表面，而部分较高的土堆经长年的风化形成雅丹地貌。遗址内现今保存较好的主要是佛寺遗址，多处佛寺遗址正在进行人工修缮。遗址中有一较大的城堡，平面呈方形，西向开门，南墙处建有一宽阔高台，应为军事防御之用。戍堡轮廓清晰，一些坍塌的墙体正在进行修复。

遗址内的古迹建筑分布较散，地表土质疏松，车辆不能通行，我们的考察活动多是徒步进行的，到最后大家都颇为劳累。考察结束后，我们的车辆在返回时还是不幸陷于疏松的沙土中，多次尝试终不能从沙土中开出来，幸好此时来了不少游客，在他们的帮助下，才将车从沙坑中拉出来。晚上宿于若羌县城。

米兰遗址

米兰佛寺

米兰佛塔

米兰戍堡遗址内景

18 日早上 9 点左右，我们从若羌县往且末县方向前进，先是横穿县城，对若羌基本情况有了一个大概的了解。若羌县是全国最大的一个县，其面积差不多有两个浙江省大，而人口却只有 3 万余人，是全国人口密度最小的一个县。若羌县发展的一个瓶颈问题就在于占据其绝大多数面积的荒漠土地很难被有效利用，现今的若羌县城就形同一个孤岛，被无垠的沙漠紧紧地包围着。若羌农业经济难以发展扩大，这是若羌县人口少的一个重要原因。

从县城向西往且末县方向驶去，一路穿过若羌县城附近的乡村地带，皆绿树成荫，郁郁葱葱。若羌的农业主要以经营红枣为主，这里的红枣营养价值高，属红枣中的上品，在国内外享有很高的声誉，为当地带来了不小的收益。走完乡村公路，便进入沙漠地带，行约 80 千米，方见道路两侧树木林立，生长茂盛，继续往西，渐有农田出现。原来我们已到达了若羌县瓦石峡乡。

进入瓦石峡乡

瓦石峡乡有一汉代古城遗址，据资料显示，古城总体规模较大，南北长约 2 千米，东西宽约 1 千米。城址内城墙已损毁、无迹可寻，平面形状难以辨认。据考古发现，这里曾发现房址三十余处、窑址三处、墓葬两处、冶炼遗址一处，考古人员采集到陶片、石磨盘、玻璃片、钱币、武器、纺轮、坩埚、丝织品和木梳等遗物。瓦石峡古城很可能是楼兰古国周边的手工业重镇，其冶金技术已达到了相当高的水平。

我们进村后便一路打听古城所在地。据老乡介绍，瓦石峡古城在当地很有名，曾出土过珍贵的文物，很多人都有去"淘宝"的经历，听闻我们要前往古城，这位老乡还误以为我们是不请自来的挖宝者。据介绍，瓦石峡古城东北距乡政府约6千米，我们沿315国道向西约2千米车程，见一土墩，疑似古城遗址，走近以后，发现并非古代建筑，询问了附近的一位居民，得知古城的具体位置，在这位好心人的带领下，我们来到了一片方圆四、五千米的荒地。这片荒地比较特殊，周围均是农田，唯独这一片没有被开垦，很明显是有特殊的用处。询问后才得知此荒地现已开辟成为生态保护地，严禁农田开发。估计这也与古城的保护有关。

据村民介绍，古城就位于这片荒地之中，不过他也只是在数年前去过，具体的位置已不记得。在村民的带领下，我们在荒地中步行约3千米，不见古城的踪迹。古城自发现以来就没有立标识牌，这么多年过去了，在长期的风雨侵蚀作用下，古城现在极有可能已与附近的土丘没有区别，因此很难找寻。我们在荒地中搜寻了一阵，仍不见古城的踪迹，只得放弃返回。

瓦石峡遗址附近荒地

出瓦石峡乡，我们便向西前往且末县。若羌县距且末县300多千米，期间虽经过沙漠地带，但偶尔也能见到水量充沛区域形成的茂密草地，18日下午4点左右，我们到达且末县城。

受车尔臣河孕育，且末绿洲早在史前时期就有人类在此繁衍生息，至汉代，且末为西域三十六国之一。隋炀帝大业五年（609），隋朝在且末设立郡县。唐太宗贞观十八年（644），唐玄奘自印度回国经过且末，《大唐西域记》记载，且末"城郭岿然，人烟断绝"[①]。唐上元三年（676），且末郡改为"播仙镇"，后被吐蕃占据。

我们在且末县拟考察的文化遗存有两处，一为扎滚鲁克墓地，一为且末古城。在与当地文体局接洽以后，得知两处遗址相距不远，但路况较差，文体局愿意为我们提供车辆前往。我们乘车行约15分钟，便到达扎滚鲁克墓地，且末古城则要穿过墓区才能到达。我们计划先考察且末古城，在返回之时再考察墓地。穿过墓区不久便到达了古城所在地，这一带风沙较大，遗址内已形成多处奇形怪状的雅丹，许多处遗址已不能分辨究竟是人工建筑还是自然土丘。古城内的地面散布着大量陶片，因此又称为"陶片古城"，近来已被上海吉尼斯总部以"古代陶片散布面积之最"载入"大世界吉尼斯"纪录。据介绍，这些陶片为春秋至中唐时期的遗物，历史悠久，文化内涵丰富，考古和研究价值极高。到达古城不久，不远处的沙尘暴已逐渐向我们逼近，考虑到还要预留时间考察扎滚鲁克墓地，我们不得已匆匆离开古城。

且末古城一角

[①] （唐）玄奘、辩机：《大唐西域记校注》，季羡林等校注，中华书局2000年版，第1032页。

城内散布的陶片

从古城回到扎滚鲁克墓地，只见整个墓区为一片开阔的沙地，周围均有栅栏进行隔离。据介绍，在这片 2—3 平方千米的沙地中，分布着大量未被发掘的墓葬，过去墓地曾遭严重盗扰，也曾抓获部分盗墓分子，近年来加强了对墓地的保护。现在墓区已建立文物保护站，有专门的人员进行看护。扎滚鲁克墓地为西周至魏晋时期的墓葬，形制主要以竖穴土坑墓、长方形棚架墓和单墓道长方形竖穴棚架墓为主。葬式为单人、双人及丛葬。墓区有一干尸陈列室，里面陈列的是一座家族丛葬墓。该陈列室于 2001 年以"最多家族丛葬干尸的陈列室"而载入上海"大世界吉尼斯"纪录。

扎滚鲁克古墓群

在墓地停留的时间也不长，我们趁沙尘暴到来之前赶回县城，随后便下起了雨，雨后天空放晴，空气清新。在且末县稍作休息，我们便马不停蹄赶往民丰县。于晚上9点左右到达民丰县。

"民丰"一词，取自五谷丰登、人民安居乐业之意，是近现代以来才有的名词。据传，清朝大吏左宗棠收复新疆以后，来到此地，看到百姓穷困潦倒，衣食无着，故取"民丰"，以期富庶。而民丰的行政建制，最早于民国三十二年（1943）置民丰设治局，1946年升格为民丰县，沿用至今。

新疆的很多地名都是由当地的少数民族语言音译过来的，而民丰却是一个例外。在维吾尔语里，这个地方的名称拼作"Niya"，汉文名称就是"尼雅"。是的，"尼雅"才是这个地方的真实地名，这一名称在古代沿用了很长时间，在和田许多遗址中出土的佉卢文（5世纪以前在塔里木盆地南缘流行的一种文字）木牍中，就有"尼雅"这一地名的出现，只是其原拼音不是拼作现在的"Niya"，而是拼作"Nina"，唐玄奘从印度返回时途经于阗国，见到的"尼壤城"就是这个地方。

1901年，英国探险家斯坦因在民丰县北部的塔克拉玛干沙漠中，首次发现了震惊中外的尼雅遗址，揭开了尼雅文明的神秘面纱。多年来，国内外学者曾多次到尼雅遗址进行考古发掘，在东西宽约7千米，南北长约25千米的范围内，埋藏在沙土下面的房屋、场院、墓地、佛塔、佛寺、田地、果园、畜圈、河渠、陶窑、冶炼等遗迹逐渐呈现在世人面前，很明显，这里曾是一处大型聚落遗址。尼雅遗址出土的很多木简木牍是研究这一地区历史的重要材料，其中一件汉文木简上书写有"汉精绝王承书从……"，据此一些专家认为这里就是精绝国故址。

精绝国是汉代西域三十六国之一，《汉书》记载："精绝国，王治精绝城，去长安八千八百二十里。户四百八十；口三千三百六十，胜兵五百人。精绝都尉、左右将、译长各一人。北至都护治所二千七百二十三里，南至戎卢国四日行，地阨陿，西通扜弥四百六十里。[①]"精绝国是丝绸之路南道上的一个绿洲城邦国家，东汉以后被东部的鄯善国所灭，成为鄯善国统治下的一座城市。后来，鄯善国也日趋衰落，其西部的于阗国不断向东发展，

---

① 《汉书》卷九六上《西域传》，中华书局1962年版，第3880页。

原精绝国，也就是今天尼雅遗址所在地，逐渐成为于阗国东部的一个重镇。

尼雅遗址出土了很多珍贵的文物，其中一件蜀地织锦护臂"五星出东方利中国"，织造工艺非常复杂，为汉式织锦最高技术的代表，被誉为"20世纪中国考古学最伟大的发现之一"。这件织锦呈圆角长方形，长18.5厘米，宽12.5厘米，白绢镶边，用鲜艳的白、赤、黄、绿四色织出汉式典型的图案：云气纹、鸟兽和代表日月的红白圆形纹，并在图案的空隙处从右至左依次织出两排汉隶文字："五星出东方利中国。"

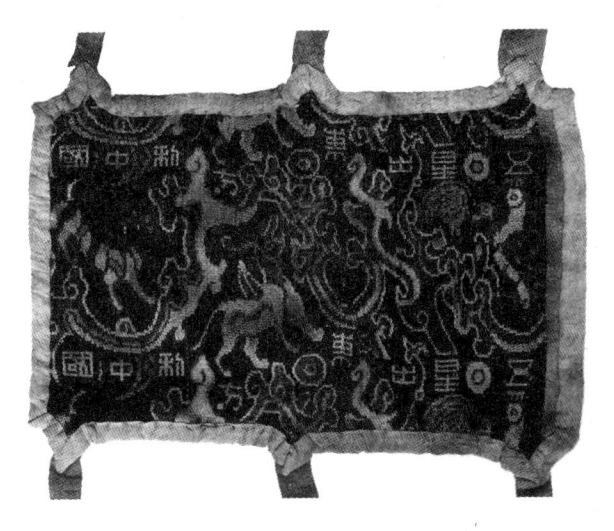

"五星出东方利中国"织锦护臂

"五星出东方利中国"是古代的星占用语，《史记·天官书》记载："五星分天之中，积于东方，中国利；积于西方，外国用兵者利。"① 国家要兴师动众发动战争，在皇帝的檄文或诏书中一般会出现这类语言，用以稳定军心和鼓舞士气，汉宣帝在征讨青海地区的西羌部落时，就曾说道："今五星出东方，中国大利，蛮夷大败。"② 一些学者甚至认为，尼雅遗址出土的文字织锦，其完整的文字应是"五星出东方，利中国，讨南羌"，当与西汉讨伐西羌的战争有关。不管怎样，这些丝织品的出土，充分说明早在汉代，中原地区与西域诸国已有广泛的往来，汉文化在环塔里木地区

---

① 《史记》卷二七《天官书》，中华书局1959年版，第1328页。
② 《汉书》卷六九《赵充国传》，中华书局1962年版，第2981页。

有普遍的传播。

毋庸置疑，民丰县是一个值得停留的地方。19日早上10点左右，我们首先前往民丰县尼雅博物馆，与当地县委宣传部进行接洽，在得知我们打算考察地处沙漠腹地的安迪尔古城以及尼雅遗址后，他们对我们进行了劝阻，因为进入那里，需要有专业的交通设备，当地的文物部门尚且难以有效地看护管理，在有限的时间和条件下，我们不可能只身前往。因此非常遗憾，我们没能进入大漠中的尼雅遗址。好在民丰县建有尼雅博物馆，馆内陈列了许多尼雅、安迪尔等遗址出土的文物，并配有大量的影像资料和文字说明，通过参观博物馆，我们对民丰县的文物古迹有了一些新的认识，也算是不虚此行了。

尼雅博物馆

到达民丰县，正值当地电网故障，全县停电，博物馆里也缺乏应急照明设备，我们只好借助手电筒简单参观了博物馆。整个博物馆分为两个部分，一部分介绍尼雅及安迪尔历史文化，一部分则专门介绍民丰八·一八引水工程。

据博物馆的讲解员介绍，尼雅遗址因处沙漠腹地，受到人为破坏较小，在过去的几十年间变化不大。尼雅遗址是环塔里木地区发现的第一座木构城市，遗址内出土文物颇丰，其中，佉卢文文书对于研究这一地区的历史文化具有非常高的价值。从民丰县向西，我们先后到达了策勒、洛浦、和田、墨玉等县，考察了达玛沟佛寺、山普拉墓地、热瓦克佛寺等遗址，随后沿阿和沙漠公路（阿拉尔至和田）到达阿拉尔、沙雅、库车等地，再由314国道返回至库尔勒市，又考察了焉耆、和硕等地的诸多历史古迹，于5月25日返回石河子。

第 五 章

从北庭到高昌

北庭和高昌分居东天山南北，是古代草原丝路和沙漠丝路北道上的交通要地，亦是连接准噶尔盆地与塔里木盆地的重要通道，由此北庭至高昌所在的地域犹如交通十字路口，在东西方文明、草原与绿洲文明相互传播和融合中曾发挥重要作用。无论是沧桑的"他地道""乌骨古道"，还是废弃的北庭、高昌、交河故城，或是斑驳的吐峪沟石窟寺，抑或是尘封千年的阿斯塔那古墓群，作为历史文化的重要物质载体，它们共同见证了东天山地域曾经的繁荣与没落。2014年暑期，我跟随张老师自石河子出发，从乌鲁木齐进入东天山北麓，经吉木萨尔、奇台、木垒、巴里坤，翻越天山达坂抵达哈密，再沿东天山南麓进入吐鲁番，对沿线历史遗存进行了实地调查，一路上与古迹结缘，与辛苦做伴，与日月同行，与山林共宿，收获满满。

第一节 从上海到新疆

2014年8月，我还未做好准备，就已驰骋在了期待已久的东天山调研路上。7月27日我还在南京参加学校组织的公众史学博物馆调研项目，参观时接到张老师打来的电话，说29日早上7点赴疆。说期待已久，是因为在我与张老师初次见面时，老师便说以后有时间可以一起去新疆调研。对于祖国西陲那神秘的地方，我本就充满了好奇，在有了老师这句话后，这件事也便成为心中的牵挂。

27日晚，我返回学校，28日为行程做准备。此行确实仓促，虽然张老师很早便说有让我一同赴疆参与课题调研的打算，但是因为老师母亲生病,他也不能确定何时可以去,甚至对于我能否成行也不确定,于是我今年暑假的安排基本以听课与参与讲座为主,随时候命。也因此,我对于赴疆的准备其实是很不充分的,只是在上张老师《西域文化史》课时,对正史《西域传》有过研读,看过相关的通史著作,在临行前又恶补了新疆的地图。然而我对于那些熟悉而又陌生的地名,因为没有任何感性认识,反复记忆反复遗忘,所以在新疆调研的时间里,我大多数时间是手捧地图,对于老师和师兄、师姐涉及新疆地理概念的谈话,根本不敢插嘴,一是实在不清楚状况,二是担心老师知道自己准备不足,会批评我。现在想来,这个担心实在是多余,功课做得怎样,原不需老师专门考试,一看便知,行笔至此,还能想到当时的窘态。

这次调研,是我第一次坐飞机,也是第一次赴疆。28日晚,我匆匆收拾行装,心中既紧张又兴奋,直到凌晨1点钟才收拾好,定了凌晨4:30的闹钟。几个小时的辗转反侧后,我起床洗漱,收拾停当后,推着行李走出了学校大门,彼时还不到5点。匆匆赶到航站楼后,才发现自己到得还挺早,空旷的候机大厅只有寥寥数人,原本紧张的心情才稍稍放松一下。7点多,我如时登上了赴疆的飞机。座位刚好靠窗户,看着机窗外的停机坪,心中满是对即将到来调研的憧憬。

机窗外的飞机

由于一夜未眠，本打算好好欣赏祖国西北大好风景的我，却一路狂睡，连仅有的几张风景照都是在睡觉的间隙拍摄的。如果不是空乘人员多次提醒需要注意某事云云以及提供机餐外，我觉得连仅有的几张照片可能都会让我"睡过去"。

29日中午12点多，我准时抵达乌鲁木齐地窝堡机场。因张老师从山东老家出发赴疆，我们航班不同，张老师所乘飞机正点比我所乘飞机晚一小时左右。但是7月底，因种种原因，除了早班机可以基本正点抵达外，大部分飞机都出现延误的情况，张老师在下午2：30左右才到，我此时早已饥肠辘辘。由于当时正值维吾尔族人开斋节（亦称肉孜节，为伊斯兰教三大宗教节日之一），维吾尔族餐厅均处于歇业状态，本想让我吃些新疆特色食品的张老师，在昌吉驱车一小时遍寻无果的情况下，只得找一家汉族餐厅对付这顿迟到的午饭了。午饭后，已经将近下午5点了。

张老师的原工作单位在石河子大学，彼时还有几个同门在石河子大学就读，抵达石河子大学已是傍晚时分。在那里，我终于见到了老师时常念叨的几位师兄、师姐以及两个"同年"。相互介绍之后，他们重新投入学习状态，各自准备晚间需要汇报的材料，而我，就主要看些与调研相关的材料。

石河子大学兵团屯垦戍边研究中心会议室

赴疆的那几天，南疆暴恐事件频发，我刚一下飞机便听到人们的相关谈论，也因此，我们此次的调研计划几经更改。最终，原本北疆、南疆考察并重的计划，更改为北疆调研全员参加，南疆调研仅参与课题相关章节写作的成员参加，调研时间和地点也一再调整。7月31日晚，我们商定第二天开始调研，从石河子出发，先考察东天山北麓沿线。

第二节　从石河子到北庭都护府遗址

8月1日，我的新疆调研之旅正式开始。早8点的新疆石河子市，我们收拾好行装，带上前一天在143团购买的蟠桃，在车前匆匆吃了包子作为早餐，待人员集合完毕便踏上了调研之旅。早10点，我们在乌鲁木齐机场接到了艾克拜尔老师，人员全部到位。我们此行共十人，两辆车：张老师、艾克拜尔老师、田海峰师兄、岳丽霞师姐和我5人乘一车，王光耀老师、朱丽娜师姐、卞亚男师姐、胡志磊和王玉平5人乘一车。车出乌鲁木齐，刚到高速路口便因山洪后路面泥泞而陷车，大小车辆到此都要经泥水洗礼，大车还好通过，小车则大多陷入泥淖之中。于是，为了减轻车身重量，大家纷纷下车跣脚通过泥坑洼地，调研之旅一开始就充满了艰辛，但也因此可以看到平时难以看到的景象，比如：张老师赤脚的情景，噗哈哈。

张老师赤脚通过泥坑洼地

参与到调研之中,我才知道田野调研的艰辛,远不像平日游玩儿那么轻松。从泥坑中挣扎出来之后,我们原定在昌吉调研的两处古迹因时间问题只能作罢,调研路线也根据实际情况调整。将近下午两点钟,我们才抵达吉木萨尔县,匆匆吃过午饭,已是下午两点半。

下午 3 点钟,我们抵达此行第一站——北庭故城。

北庭遗址外的葵园

北庭故城遗址

北庭故城位于今新疆维吾尔自治区昌吉州吉木萨尔县、东天山北麓的坡前平原上，南倚天山博格达峰，北临准噶尔盆地古尔班通古特沙漠。北庭的历史最早可以追溯到汉宣帝神爵二年（前60），此地向南十余公里处，即是车师（西域三十六国之一）后部王庭所在地，称金满城。该地一直是中原王朝与游牧政权争夺之地，汉与匈奴曾经五度发动争夺战争，可见其军事战略地位之重要。同时，该地水草丰美，屯田起步较早，是西域农业生产发展较好的地区之一。魏晋南北朝时期，该地基本处于游牧政权统治之下，有着较为独立的发展历史。迄于唐代，北庭之地重新被划入中原王朝经略西域的范围之内。《旧唐书》中"北庭都护府"条云：

> 贞观十四年，侯君集讨高昌，西突厥屯兵于浮图城，与高昌相响应。及高昌平，二十年四月，西突厥泥伏沙钵罗叶护阿史那贺鲁率众内附，乃置庭州，处叶护部落。长安二年，改为北庭都护府。自永徽至天宝，北庭节度使管镇兵二万人，马五千匹；所统摄突骑施、坚昆、斩啜；又管瀚海、天山、伊吾三军镇兵万余人，马五千匹。至上元元年，陷吐蕃。旧领县一，户二千三百。天宝领县三，户二千二百二十六，口九千九百六十四。在京师西北五千七百二十里，东至伊州界六百八十里，南至西州界四百五十里，西至突骑施庭一千六百里，北至坚昆七千里，东至回鹘界一千七百里。①

这段材料记载了庭州的建立，北庭都护府的建置沿革、地理四至、户口、兵数以及北庭节度使的执掌范围。大致意思是说，贞观二十年（646），唐王朝设立庭州来安置归降唐朝的西突厥叶护部落。武周长安二年（702），武则天在庭州设立北庭都护府。从唐高宗永徽年间至唐玄宗天宝年间，北庭节度使掌管镇兵2万，马5000匹，震慑突骑施（西突厥部落的一支，居伊犁河流域）、坚昆（亦称黠戛斯，唐太宗曾设立坚昆都督府，由其首领充坚昆都督）、斩啜（即默啜，东突厥可汗。武周圣历元年，即698年，默啜攻打唐廷的河北道，武后大怒，下制改"默啜"为"斩啜"），监管瀚海军、天山军与伊吾军三军及马匹。

---

① 《旧唐书》卷四〇《地理三》，中华书局1975年版，第1645—1646页。

著名边塞诗人岑参（因官至嘉州刺史，人称岑嘉州）曾在北庭供职，其诗中多有提及北庭地理、风物的佳句，仅诗名中含有"北庭"二字的作品便有《北庭贻宗学士道别》《北庭西郊候封大夫受降回军献上》《登北庭北楼呈幕中诸公》《北庭作》《临洮泛舟赵仙舟自北庭罢使还京》《赴北庭度陇思家》六首，还有多首以"轮台"等北庭下辖县级行政区划入诗的作品。

初次听说北庭都护府的名号是在初中历史课本上，知道它与安西都护府是唐廷管辖天山南、北的重要建制，除此便是岑参所作《白雪歌送武判官归京》中对于北庭边地的描述，其中有"轮台东门送君去，去时雪满天山路"。当时对西域并无太多想法，只觉得岑参笔下的北庭是一个苦寒之地。其后读唐史，才渐渐了解岑参的经历，进而对他笔下的北庭有了更深的理解：他原是太宗名臣岑文本重孙，家世显赫。伯祖父岑长倩一度官拜文昌右相，后在武则天时期得罪诸武，被诬陷谋反，遭诛杀，五子俱罹难，岑家由此家道中落。岑参父亲官不过州刺史，且早亡。而岑参的仕宦经历也充满了坎坷。他曾两度出塞赴西北边地，据闻一多先生考证①，第一次在天宝八载（749），35岁的他由时任安西四镇节度使的高仙芝举荐，在其幕府中掌书记，天宝十载（751）返长安；第二次在天宝十三载（754），受时任安西四镇节度使封常清的举荐，他任安西、北庭节度使判官，因此，诗中也经常称其为岑判官。至德二载（757），时年43岁的岑参返回长安。岑参第二次出塞时间较长，多数时间待在轮台、北庭之地，因此他涉及北庭的诗作大体为这一阶段的作品。他为我们描绘了边塞景致，诗中虽偶有不得一展宏图之志的幽愤之情，但其边塞诗主旋律却是慷慨、积极的。北庭故城遗址所处偏僻，我们调研时遗址景区的大门紧闭，也因此竟可以得到一次专属参观机会！故城遗址现主要分为两大区域：一为北庭高昌回鹘佛寺遗址博物馆（下文简称"佛寺遗址博物馆"），一为故城址露天遗址（下文简称"露天遗址"）。进入故城遗址区，我们由导览者带领首先了解了故城的周边环境，后乘导览车至佛寺遗址博物馆。

高昌回鹘佛寺遗址博物馆包括三大部分，一为西大寺（即高昌回鹘

---

① 闻一多：《岑嘉州系年考证》，《清华大学学报》1933年第7卷第2期，第20—34页。

佛寺，或称"西寺"，当地人俗称"西大寺"）遗址；二为北庭故城遗宝展厅；三为北庭回鹘王家寺院壁画展厅。佛寺遗址博物馆入口处为该遗址联合其他丝路遗址申遗所作沙雕地图，复前行，为西大寺布局沙雕。我们一行跟着讲解员继续前行，便见到西大寺遗址，该遗址保护形式属于在发现处就地建立博物馆的方式，可对西大寺进行较好的保护。这类似于西安兵马俑博物馆的保护方式，近年比较流行，可以比较好地保存遗址原貌。

西大寺遗址远景、近景图

  西大寺修建时间在公元 10 世纪左右，此时距玄奘在高昌弘法已经 200 余年。玄奘离开高昌后，唐太宗命大将侯君集征高昌，麴文泰忧惧而死，继立的高昌王不久便投降唐王朝，高昌国灭亡，版图划入唐朝，是年乃贞观十四年（640）。所以当玄奘求法归来，践行当日与麴文泰的"（玄奘法师）还日请住此三年，受弟子（麴文泰）供养"① 的约定时，高昌早已物是人非，现在还可以想见玄奘当时执意从陆路返还只为履行与"御兄"的诺言，但归来见到人事已非的悲凉之态。高昌划入唐朝辖境百年有余，"渔阳鼙鼓动地来"，唐廷发生了安史之乱。于是"九重城阙烟尘生，千乘万骑西南行"，玄宗仓皇出逃，在马嵬坡赐死了心爱的宠妃。这次叛乱的后果是，唐廷更换了最高领袖——肃宗即位，几代君主辛苦营造的盛世由此中衰，藩镇从此尾大不掉，而高昌也在此后被回鹘（今维吾尔族人的祖先）占领。西大寺的修建便是在高昌回鹘统治时进行的。回鹘人原居于漠北，主要信奉摩尼教，安史之乱后占据北庭，受当地居民

---

① （唐）慧立、彦悰：《大慈恩寺三藏法师传》，中华书局 2000 年版，第 20 页。

影响，开始信奉佛教。而该寺的修建，也是回鹘人或者说是回鹘贵族改信佛教的证据之一，因为无论是寺院的建制规模还是壁画所绘内容均显示出该寺并非一般寺庙，即使不是王室寺庙，至少也当是贵族所建所用。

该寺最终毁于明初的战火，至课题组调研时仍可清晰辨识者，仅有几座配殿，其中佛像均无头部，然而佛首为何人所取尚无定论。寺中似有一中心柱式配殿，为僧侣绕佛礼佛之建筑。其中有一配殿墙壁上尚可依稀看到有壁画存在，当为"亦都护""长史""公主"等画像，但已模糊难辨，相关专家亦由此而将此寺院定性为王室寺院。从已经刊布的西大寺壁画中，我们可以看到发掘初期的壁画残迹，丝毫不逊于敦煌壁画，然而在我们调研时，壁画痕迹已难以辨识，更不必说所绘内容了。

保存状况堪忧的佛像

另附几处佛龛，据导览者介绍此中有塑像，迄至我们调研时仅可看到部分残迹，已无从辨识所塑佛像类别及果位等阶。

北庭故城遗宝展厅主要通过文物、文字与地图等方式展现了北庭大事

北庭故城遗宝展厅

记,以汉、唐、元三代内容最为丰富。北庭回鹘王家寺院壁画展厅展出了众多塑像与壁画,其中塑像包括佛像、比丘像及供养人像,壁画以经变故事为主,间有回鹘文、汉文题记,为研究维吾尔族的古代宗教、文化、艺术、语言文字和建筑技术等,提供了极为珍贵的实物资料。

着唐人服饰的非汉人塑像

展厅中所展示的塑像,许多地方可以看到中原民族与西域汉民族合一的文化特征,这也再次印证了新疆是多民族和多元文化相互融合与发展的地区。我注意到此处交脚塑像甚多,且足部雕刻极为细致,我深深叹服。

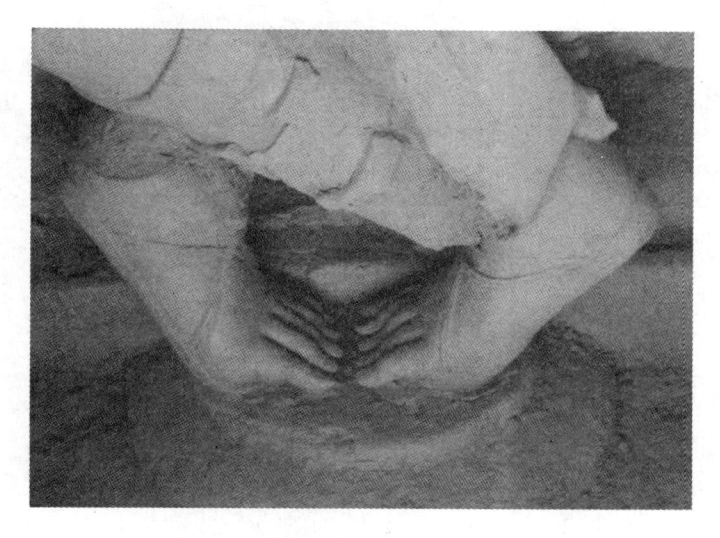

精心雕刻的足部

真伪莫辨的西大寺雕塑

美中不足的是,展厅中复制品与真品杂然而处,且不做标识,而且展厅中对于陈列品经常没有采取保护措施,此次新疆之行最大的感慨也在于此。

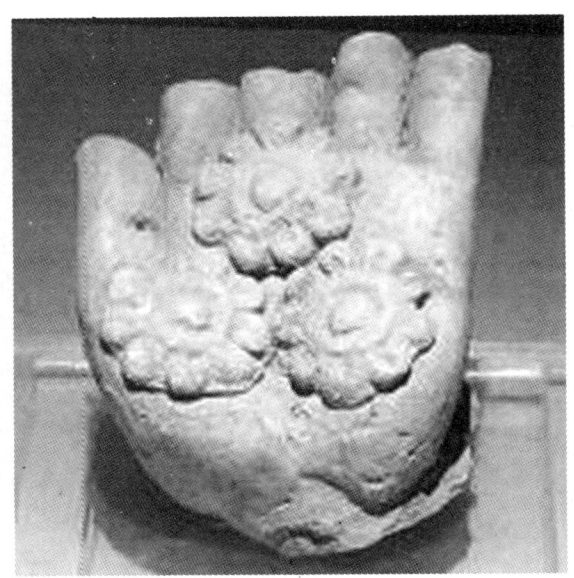

持"梅花"的僧人与"梅花"残塑

展厅中特别吸引我的还有这个神奇的"梅花"造型。据展厅中的解说词,比丘手中所塑乃"梅花",此说系无稽之谈,我认为此造型当系莲花。佛教有"花开见佛性"之说,此处的"花"即指莲花,因而,莲花在佛教经典与塑像中出现甚多,而"梅花"造型在佛教物品中罕见。仔细观察第二幅图中所塑花瓣会发现,三朵均为"九"瓣,这与佛教的"九地""九有""九法界""九乘"等观念有关,"九"在佛教经典中常常出现,是佛教喜用数字。因此,比丘手中所塑当系莲花。然而即便是莲花,这种雕塑方式也很少见,不知有何具体意义与来源,有待以后进一步考证。

城址属于露天遗址,平面布局略呈长方形,南北长约1.5公里,东西宽约1公里。城分内、外两重,外城周长近4600米,为显庆三年(658)建造,高昌回鹘时期修缮;内城位于外城中部略偏东北,城墙周长3000余米,为高昌回鹘时期建造,全城总面积约15万平方米。城内现存的东西、南北向交通干道遗迹,与城墙共同构成了北庭故城的基本格局。城内

露天城址远景

遗存主要包括城墙、角楼、敌台、城门、城壕、道路等遗迹,城址还出土了与唐两京地区相同的砖、瓦、瓦当等建筑构件。此遗址于 2010 年被国家文物局立项为全国首批国家考古遗址公园之一,是新疆目前唯一立项的国家考古遗址公园。

5 号建筑遗址

从西大寺博物馆返还,至 5 号、6 号建筑遗址考察。5 号建筑基址位于外城南部，为高昌回鹘时期（9—13 世纪）一佛塔遗址。佛塔基座为方形，边长约 12 米，据介绍高度为 1.8 米，但课题组成员目测当 3 米有余。佛塔遗址出土造像和建筑砖雕残块 1000 余件，主要题材为人物、怪兽、纹饰三大类。由于此间正在维修，脚手架高耸，无法近身，我们便未能近处踏勘。

6 号建筑基址位于外城南部，目前主流观点认为是佛寺遗址，遗址底面积约 1000 平方米，周遭草丛繁茂，并无保护措施。

复前行为外城南门，位于南墙中部，西距西南角楼 470 米，始建于 7 世纪，高昌回鹘时期至元代沿用。

北庭的历史可以追溯到汉代，庭州建置则在唐代，唐廷控制下的北庭是西域多元文化与中原汉文化交流融合的地区，共同缔造了该地的辉煌历史。然而以安史之乱为界，唐廷政治由此两分，中央连京畿附近的藩镇都无力鞭及，遑论西陲之地，从此北庭渐次为少数民族占领。贞元六年（790），唐王朝对于北庭的松散控制终于不能继续维系，北庭之地由此落入吐蕃之手。开成五年（804），回鹘人西迁至此，建立北庭回鹘政权。至元代，北庭改称"别失八里"，在蒙元时期有着很大影响，元末明初以后，北庭城逐渐遭废弃。

第三节 从北庭都护府到巴里坤

考察完北庭故城遗址已是下午 5 点多钟了，与通行的北京东八区区时相差两个小时的新疆，此时还是酷热的午后，依然是"足蒸暑土气，背灼炎天光"。我们一行人赶赴下一处——巴里坤哈萨克自治县（下文简称"巴里坤"）。

从吉木萨尔向东至巴里坤的这段路程，途经奇台、木垒，古来都是极为险恶之地。奇台县北部为戈壁荒漠，南部则是天山山脉，崇山峻岭，木垒县则处于阿尔泰构造带，三面环山，从木垒到巴里坤之间则有 240 公里的荒漠地带。这段路程是西进东出的重要通道，清代平定准噶尔部叛乱时曾重点开辟这一道路，这段路需驶过许多盘山公路，海拔逐步攀升，崎岖凶险，在中国古代是充满挑战的，即便是现在，行走在这段路上也是很危险的。车辆在盘山公路上行驶，这里道路狭窄，也就容得下两辆至三辆小型轿车并排行驶的宽度，路边并无护栏，多弯道，新手一般不敢在这段路上驾驶。

通往巴里坤的盘山公路

调研是艰苦的，因为不知道什么时间可以吃饭，什么时间可以睡觉，也不知道你下一秒钟会遇到什么。好在我是一个没有方向感的人，总是习惯性"跑偏"，也总是能发现"跑偏"的别样风景，所以一路总是充满好奇心，饥饿感和劳累感对我不会有太大影响。师兄、师姐因为经常参加调研，加之对新疆环境熟悉，在旅途中比较沉默，大多数时间都在睡觉，而我则像小孩子一样，叽叽喳喳讲个不停，一路上会问各种问题。艾老师笑道："你一看就是第一天参加调研，等过几天你就知道了。"言下之意，第一天像打了鸡血一样兴奋，过几天你就知道有多辛苦了。艾老师说的是经验之谈，我们从吉木萨尔县出来后，一路上服务区都很少，这在内地是不多见的。从吉木萨尔出来已是好几个小时，大家已经很疲惫了，好在我觉得新鲜，就一路上问个不停，老师们很耐心地解答，也给旅途增添了些乐趣。

大概北京时间晚上八九点，此时的新疆却是太阳西斜，余晖洒在路上、山上，很是漂亮。进入深山，凉气渐渐逼近。我们都在感慨造化之鬼斧神工，抬头看到指示牌上的地名标识：寒气沟。新疆的地名不像内地那样"雅",它的命名或是出于浓厚的政治色彩,像乌鲁木齐的前称——迪化,或是直观告知人们这里的特点,寒气沟的命名就属于后者,它是那样的朴实,但又很是贴切,让人一经感受便不会忘记。我们早上从乌鲁木齐出发时还是酷暑,温度极高,张老师告知第一次来新疆的我,一定要穿厚一点,巴里坤会很冷,我不以为然,车辆进山后我就逐渐认识到自己地理知识的浅薄,竟至于斯。我们往寒气沟方向去的时候,看到许多吐鲁番的私家车往同样方向驶去,我一开始还觉得奇怪,等到寒气沟才明白这果然是绝佳的避暑之地。寒气沟海拔 2200 米,最高地区海拔达到 3000 米,却并无缺氧之感,在车上最大的感受就是凉快!

北京时间 21 点,车窗外巴里坤的夕阳

巴里坤风景秀丽,自然环境多样,是哈密地区著名的风景区,这里与吐鲁番等地的酷暑不同,一年就冬、夏两季较为分明,夏季时间很短,与吐鲁番相较,真可谓冰火两重天。巴里坤与哈密市、伊吾县交界之地,有一个地方——松树塘,这里是著名的伊吾马产地,年均气温在 0℃以下。这里曾经是屯田重地,曾发现两块东汉石碑。其一发现于 1980 年,是东汉和帝时期戊己校尉任尚平匈奴单于之乱后所刻记功碑。说起任尚,可能不熟悉西域史实的人并不了解,但提到他的上任领导班超,可谓家喻户晓了。班超在西域都护任上几十年,年老乞归,和帝本不予应允,但班超几次上疏，言辞恳切，加上妹妹班昭的帮助，汉和帝终于准许这位为汉帝国安定西域立下汗马功劳的老者"生入玉门关"。班超卸任后，汉廷派遣继任西域都护的便是任尚。任尚到任后向班超取经，班超谦虚言道：自己老态龙钟，任都护不过是皇帝的信任罢了，并无什么心得。如果真要说治理西域的诀窍的话，那就是到西域来的这些汉人，并非是孝子贤孙，大多数是因为犯罪而被流放到此；而西域的土著人又首鼠两端，小国之间所争的无非是利益而已，对于汉廷也不是甘心归顺，只是觉得有利可图，而且仰仗汉廷的威势可以谋求自身发展，所以对于这些人不可以过于严苛，凡事过得去即可，切不可拘泥细节，所谓"宽小过，总大纲"而已。应当说的是，班超当年率领36人远赴西域建立功业，在摸爬滚打中逐渐了解西域的人情风俗，也颇具识人之术。他正是看到了任尚的缺点才提出了自己的担忧，然而任尚不以为意，在治理西域时用法严苛，西域诸国不服，终至反叛，任尚便被征入朝。

另一方石碑乃清朝中期巴里坤屯田建城时所发现，系东汉顺帝时期敦煌太守裴岑的记功碑。裴岑其人在正史中并无记载，所幸碑文保存完整，使我们得以了解这位战将的功绩。碑文如下："惟汉永和二年八月，敦煌太守云中裴岑，将郡兵三千人，诛呼衍王等，斩馘部众，克敌全师，除西域之灾，蠲四郡之害，边境艾安，振威到此，立海祠以表万世。"碑文告诉我们，祖籍云中郡的裴岑带领敦煌郡的兵士三千人大破呼衍王，使边境得以安定，为了感念他的功绩，或许是将士自发，或许是百姓自愿，在立功之地为这位郡守勒碑纪念，铸于金石之上，希望功绩永不磨灭。这一切都显露出伊吾之地在历史上的重要性。

晚上11点，我们终于到达巴里坤宾馆，办理入住事宜后便匆匆去吃晚饭。从午饭到现在已将近10个小时，彼时天气炎热，大家体力消耗很大，此时已十分劳累了。匆匆吃完饭，洗漱完毕，写好调研日志，睡觉时已将近凌晨2点了。第一天的调研即告结束。

第二天的调研主要在巴里坤进行。8点钟起床，收拾停当后我们来到仙姑庙与地藏寺，二者均为新疆维吾尔自治区重点文物保护单位。下车看到寺庙并立，已觉殊为怪哉！内地鲜见释、道寺观并立者。

地藏寺与仙姑庙并立

地藏寺、仙姑庙导览图①

  进入寺内才知道，这里并非仅仅是释、道两种并存，竟是儒、释、道、兵等各种因素杂糅，异哉！仙姑庙供奉道家八仙之一何仙姑，地藏庙供奉地藏王菩萨。听工作人员介绍，巴里坤的这个庙被称为"百庙之祖"，里面供奉的五花八门，既有佛教、道教的内容，又供有孔子及其门

---

  ① 导览图中可以看到此处并存的各种因素，而图中显示的"八卦图"则是文保单位自加的。该处既有古迹旧址，又有新建的建筑，较为混乱。

生，还有孙膑等兵家。等到参观结束，我先是失望，原本以为是古迹，可以看到多元宗教文化的和谐共处，很是激动，然而事实又暗示了，不过是人为的不和谐拼凑而已。

从仙姑庙与地藏寺出来，我们赶赴下一站——兰州湾子遗址。学界有学者认为此地为大月氏王庭遗址，艾老师不太同意这种观点，我也觉得仅凭现在的地面遗迹与出土的少量东西实在难以证明这就是王庭所在。此遗址依巴里坤山，风景极佳。遗址留存仅一室一厅，少量出土物品及近旁一些岩画。

兰州湾子遗址

在一处岩画旁，张老师指着一幅岩画给艾老师（维吾尔族）说，你看这猪画得多形象。艾老师无奈只得绕开，我们在旁早已憋红了脸，想笑又不敢。终于，在我们的"提醒"下，张老师想起艾老师的民族禁忌，方才大笑，聊为笑谈。

离开兰州湾子，张老师提议去巴里坤湖看看，我们驱车前往。途中看到巴里坤城区保留的满城遗址。满城乃是相对汉城而言，巴里坤一带从唐代开始就成为中央政府在西域地区的粮仓，这里适宜农业生产，也是汉人聚居地之一。清初对大小和卓和准部用兵，巴里坤地区既是重要的通道，又是兵屯集中的地区，因为清廷实行满汉分治的政策，因而巴里坤有满城与汉城两部分。没有想到竟能看到，很是欣喜。在张师的提议下，大家纷纷下车拍照。野外调研吸引人的地方有时往往在此，总有"众里寻他千

兰州湾子的岩画

百度,蓦然回首,那人却在灯火阑珊处"的意外之喜。①

巴里坤满城城址

---

① 此次调研有许多计划内的地点因时间、天气、安全等问题未能成行,但也有一些地方并未在计划之内却偶然得以看到,巴里坤满城城址是其一,还有许多未在行程中的烽燧、戍堡以及城址等,意外寻得,喜乐至极!

第五章　从北庭到高昌　/　263

拍照后我们又匆匆赶赴巴里坤湖。赶到后发现湖边已围上了铁丝网，牧民已将湖分区"包围"，若想近距离看湖，要么付费，要么消费。我们感叹人心不古，却又无奈，只得远远望着湖面，一行人与美丽的蒲类海（巴里坤湖古称）合影后离去。

巴里坤湖标示牌与洒满阳光的湖边林荫道

我们原本打算下一站去东黑沟遗址，但因为路况不好，所以行至山腰后只得折返，赶赴下一处。路上遇到卖哈密瓜的瓜农，我们便买了瓜，借着瓜农的刀直接切了在路边吃。这里的瓜是真甜，而且才1元1斤，相比于上海高价而难吃的瓜来说，这里不要太实惠呀！这时也才更加理解张老师来沪任教后一直感叹还是新疆食物好的原因。我在新疆仅仅待了不足半月，回来后都一直感叹新疆某物真好吃，这里真是充满瓜果与美食的天堂。

下午一点半，经多方问路后我们终于到达大河唐城（大河古城），进行实地踏勘。

大河唐城位于巴里坤大河镇东头渠村东部、巴里坤盆地底部中心区，是哈密地区规模较大，保存较为完好的一处唐代古城遗址，这里也曾经是屯戍重地。该古城1957年被列为新疆自治区级重点文物保护单位，2001年又被列为国家级文物保护单位。

该城修筑于唐景龙四年（710），呈长方形，中部有一道较宽的城墙将古城分为东西两个小城，分别为主城和附城。两座城东西并列，主城南北长210米，东西宽180米。城墙最高近10米，宽12米。仅在西墙开有一门，门宽4米。在城门北端置马面一个，南端置马面两个。北墙有马面

大河唐城一隅

两个，保存较好的一个宽 8 米，高 9 米。南城中部有敌台一个。东墙即附城西墙，只有一通道通往主城，在附城内置马面三个，门道北端一个，南端两个。城墙的四角设有角楼，现仅西北角和西南角保存较好。附城居东，南北长 240 米，东西宽 177 米。城垣高 4—5 米，宽 10 米。城内采集到诸多遗物，主要为陶器和铜器，铁器较少，有铜镜、护身铜佛、钱币、铜棒等。建筑材料有灰色的莲花铺地砖和莲纹瓦当，均为典型的唐代器物。城内散布着大型陶器和大型石磨盘。该城尚有一处窑址遗存，课题组进行考察时仅存轮廓，无法清晰辨识。

第四节　从巴里坤到哈密

大约下午 3 点，我们离开大河唐城，赶往哈密市。晚 7 点，我们和早已等在宾馆的蒋师姐等汇合，蒋师姐热情款待了我们。一日的辛苦奔波后，可以吃顿大餐，真是极好的！我们吃完饭，叙旧闲聊了好一阵，等回到宾馆时已经是晚上 11 点了。等到我写好日志，洗漱后已是凌晨两点钟了。调研第二日结束。因为很是乏累，所以入睡很快，一夜无梦，醒来已是早上 7 点钟了。

调研第三日，我们的计划是调研哈密市周边的古迹。因事耽搁，至正午，我们赶到第一站——白杨沟佛寺。

越过白杨沟至佛寺调研

　　白杨沟佛寺遗址是一处大型的唐代佛教建筑群遗址，一直沿用至13—14世纪，是哈密地区目前现存规模最大、时代较早的寺院遗迹。寺院主要遗存在白杨河西岸，构筑形式主要有三种：一是断崖立面上凿出窟体后，再用土坯砌筑，并在窟前接砌前室；二是利用断崖直接开凿成窟；三是在与断崖相接的台面上用土坯砌建成窟。此三种建窟形式，与吐鲁番柏孜克里克石窟大同小异。洞窟的平面大致有两类，以长方形居多，方形次之。有单窟，也有两窟和三窟，洞窟内壁均抹草泥，我们调研时彩色壁画已无存。

　　进入遗址群即可见到"三间房"残迹，其功用目前学术界并无定论。往前走就见到主体建筑，残高15米，墙厚1米，分前后两室，以甬道相连，主室居后，东西深8.3米，南北阔8.7米，顶为穹窿形，内残存一坐佛，高8.2米。我们调研时这里正在修缮，有脚手架立在遗址中。前室东西深9.8米，南北阔11.6米。坐佛后墙的南面有一小型穹窿顶建筑，顶已坍塌，通高3.5米，长3.1米，宽2.81米，墙厚0.6米。三面壁上均有小佛龛，旁边原有壁画。其周围还有房屋遗迹11间，另有一直径为3米的中心柱式洞窟。此窟保存尚好，无坍塌迹象。我进入窟内环绕一周，发现壁画已无存，周围墙壁多黑色，墙上涂鸦甚多。距此主体建筑南行百米有一佛塔残迹，上窄下宽，内为穹窿顶，高2.7米。塔外尚残存一方形

白杨沟佛寺"三间房"残迹

土墩，长 2.2 米，高 2.5 米。主体建筑北部亦有一组石窟，考古人员曾在其中一单窟的甬道中，发现面积不到 2 平方米的壁画，白底红绿彩，因年代久远已氧化成暗红色，图案系小千佛，佛光已氧化为黑色。课题组调研时壁画已不可分辨，只有部分黑色色块保留。

此处遗址发掘工作并未结束。我们调研时在坐佛前见到一窟址，尚未发掘结束，却露天放置，出土物品随处散布，保护不佳。听工作人员介

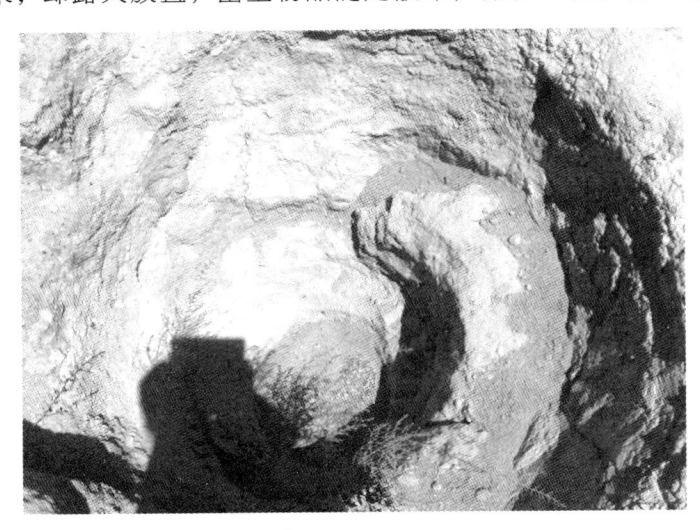

径直外露的矿坑遗址

绍，此前这里还在进行发掘工作，由于新疆目前局势紧张，发掘就搁置了。从现场情况来看，显然考古人员撤离前并未将发掘物品妥善保存。

我这次调研的主要区域是北庭到哈密地区，我们一行人在哈密分为两组，田海峰师兄等一队人赴南疆，我与张老师这一队就此折返，然后与张老师、卞亚男师姐去吐鲁番进行调研，主要地点是高昌故城、交河故城、吐鲁番博物馆等。从8月1日开始，至我返还，行程不足半月，但收获很多。作为历史学专业的学生，我有着强烈的好奇心，对于史籍中常常提到的这个地方充满了兴趣。生在中原长在中原，看着中原王朝写的正史典籍，我最初对于赴疆的设想是，看看能否有"礼失求诸野""天子失官，学在四夷"的收获。而随着我对新疆的调研与进一步了解，才恍悟自己对于"西域"历史的认识有多么浅薄！我们总习惯性地接受着"夷夏之防"，"西戎""东夷""南蛮""北狄"就足以代替除华夏以外的任何民族！对于西域历史，我们从来都是站在汉民族或中原政权的立场上来看待，他们的历史也就成为中原王朝历史的附属品。曾记得有次参加"民族国家之内与之外的历史"学术研讨会时，与会学者提出要突破民族国家的局限，从多角度来看历史，就会有新发现。然而这种理念虽好，但是史料的缺乏却使我们在寻求用新视角解读历史时显得捉襟见肘，最终又回到原点，这在宋以前的历史研究中尤其明显。如何将资料重新排列组合，构建新的历史叙述体系，还原历史的本真面目恐怕是我们现在面临的难题！

第五节　进出塔里木盆地的门户——吐鲁番

吐鲁番大概是我在新疆到访次数最多的地方，早在大学本科专业考察时我就曾来过。记得那时在读三年级，张老师是我本科论文的指导老师，选定的论文题目恰好与吐鲁番历史变迁密切相关，为了获得更多的感性认识，在邻近暑期时有幸跟随张老师到访于此。但那时我对吐鲁番多是出于新奇，脑海中浮现的更多是《西游记》中的相关场景，总体认识仍处于较为浅薄的层次。在保送研究生后，我选择继续跟随张老师从事西域历史文化的学习，尤其是张老师承担了国家社科重大项目《环塔里木历史文化资源调查与研究》后，我非常荣幸成为课题组成员之一，在调研中又多次到吐鲁番，逐渐对吐鲁番的历史发展脉络和境内的历史遗迹有了更为深入的了解。

吐鲁番地区历史文化底蕴深厚。至少从公元前1000年开始，吐鲁番地区就已经有人类繁衍生息，当时的人们以狩猎、采集为生。在历史演进的过程中，西方的欧罗巴人种和东方的蒙古利亚人种汇聚于此，逐渐形成吐鲁番的土著居民——姑师人。《史记·大宛列传》中最早记载姑师国："邑有城郭，临盐泽"，位于丝绸之路要冲，为西域"三十六国"之一。汉武帝元封三年（前108），汉朝攻破姑师后，姑师一分为八：车师前国、车师后国、东且弥国、西且弥国、卑陆前国、卑陆后国、蒲类前国、蒲类后国，交河故城即是车师前国的都城。西汉时期，汉朝与匈奴"五争车师"，汉宣帝元康四年（前62），西汉统领西域屯田事务的戊己校尉府治设在交河城；至汉宣帝神爵二年（前60），匈奴内乱，日逐王率众降汉，车师由此归附汉朝。同年，西汉在西域设立西域都护府，郑吉出任首任都护。

目前，吐鲁番地区拥有全国重点文物保护单位11处，分别是交河故城、高昌故城、阿斯塔那——哈拉和卓古墓群、柏孜克里克千佛洞、苏公塔、台藏塔、坎儿井、洋海墓地、吐峪沟、交河沟西、沟北墓地等。其中，高昌故城、交河故城连同克孜尔尕哈烽燧、克孜尔石窟、苏巴什佛寺遗址、北庭故城等成功入选2014年"世界遗产名录"。

一　东方庞贝城——交河故城

我曾多次来到交河故城，第一次是在大学本科专业考察时。时为盛夏，气温高达40℃，因而对交河故城的考察显得较为仓促。但交河故城还是给我留下较为深刻的印象，一是它的险峻地势；二是它的酷热天气。

但其实冬日里的交河故城，更别有一番风景。2013年1月，课题组开始了对于塔里木盆地北道沿线历史古迹的首次调研，吐鲁番是我们的首站。当时刚下过大雪不久，交河故城一片白雪皑皑，在其周缘雅尔乃孜沟的映衬下，险峻的地势特征更为凸显，正如明代官员陈诚初见交河城时的感慨："沙河三水自交流，天设危城水上头，断壁悬崖多险要，荒台废址几春秋。"

交河故城是目前国内外保存较为完好的生土建筑城市之一，故城内早期的房屋建筑均是自地面下挖而成。交河故城地处雅尔乃孜沟中，所在的台地为洪水冲蚀而成的柳叶状河心洲，台地与谷底形成的落差近30余米，地势居高临下，拥有天然的军事防御优势。古车师国为防御野兽侵袭和部落战争依据地势将交河故城修建于此，距今已有2000多年的历史。交河故城南北长约1650米，东西最宽处约300米，总面积约为43万平方米，四周环绕一道宽约100米、深30米的河谷。《汉书·西域传》中载："车师前国，王治交河城，河水分流绕城下，故号交河。"①

雪后的交河故城

从东南门进入交河故城，举目望去，昔日繁华的交河城，如今仅存城基和断壁残垣，"交河城边飞鸟绝"。故城内部瞭望台、官署、寺院、佛塔等遗址均清晰可见。这里曾是车师前国的都城，是其政治、经济中心，丝绸之路的重镇，往事如烟，如今仅存残垣断壁。横贯南北的中央大道将故城分为东西两部分，大道又称"子午道"，是故城的中轴，大道长350米，宽3米，通向最北端的寺院区。沿大道前行来到官署遗址，遗址最初建于古车师国时期，后历经多次扩建，总面积达到1481平方米。

沿中央大道向北走可看见城内标志性的建筑——大佛寺，它是全城规模最大的建筑，与东面的官署区、西面的手工作坊区、居民住宅区呈"品"字形布局。大佛寺总面积为5100多平方米，主殿位于寺院后部，殿中央塔柱四面开龛，主殿两侧和寺内三面残存部分建筑遗迹。

大殿的东北面排列有一排整齐壮观的塔林遗址，总面积约为200平方

---

① 《汉书》卷九六上《西域传》，中华书局1962年版，第3921页。

大佛寺

米。塔林修建于5—7世纪,距今已有1500多年的历史,是我国现存较为完好的金刚宝座塔。塔林四周筑有围墙,开南门,长87.15米、宽84.8米。塔林的中心是一座大塔,残高约10米,大塔四方分列25座小塔,排列成纵横各五座的方阵塔,共101座。

塔林外景

从交河故城台地俯瞰,台下流水淙淙,绿树成荫,故城以台地为依托,采用"夯筑法""减地留墙法"和"版筑泥法"等方法夯筑垒砌而成,建筑独特。春去秋来、寒来暑往,故城屹立于此已有两千多年的历史，它凝望着时代的变迁，铭记当年金戈铁马的场景。

二　地下博物馆——阿斯塔那古墓

阿斯塔那古墓位于吐鲁番市东南约 40 千米处，距高昌故城约 2 千米。"阿斯塔那"在维吾尔语中意为"首府"，它是晋唐时期高昌城各族民众的公共墓地，墓葬中既有汉人，同时也有车师、突厥、匈奴以及粟特等非汉民族居民。墓葬东西长 5 千米，南北宽 2 千米，曾出土有文书、丝毛织品、泥塑、木雕、食品等，为了解晋唐时期吐鲁番民众的社会生活概况提供了丰富而翔实的资料，曾被人们誉为中世纪吐鲁番的"地下博物馆"。

阿斯塔那古墓

阿斯塔那古墓目前仅对外开放三座墓葬，均为唐代遗存。工作人员带领课题组一行人主要考察了第二座墓葬。沿斜坡墓道进入墓室后，墓室中央的玻璃陈列柜里放有两具干尸，葬式为夫妻合葬。墓室内绘有壁画，形式仿照现实生活中的六曲屏风，绘有鸟兽、鸡鸭、鸳鸯、花草、山峦等自然景观。从其绘制的图案来看，多为南方景致，墓主人生前应为南方人。在与工作人员交流后，我的猜测得到了验证，墓葬主人来自南方，常年在西域经商，墓葬壁画雕刻有南方的飞禽鸟兽、花草树木以表达自己对家乡的思念之情。吐鲁番地区的墓葬主要分布在吐鲁番盆地的中间地带，呈环状分布。东北区域的墓葬主要分布在吐鲁番地区火焰山和盐山之上，环绕石窟寺周围，形成同山体一样的带状，与石窟寺和古城形成相依相靠之势；西部和南部的墓葬主要分布在地势较为平缓的盆地内，与古城佛寺相近，但墓葬数量比东北区域少。

阿斯塔那古墓斜坡墓道

此外，除阿斯塔那古墓展出有干尸之外，吐鲁番博物馆还展出有部分干尸，主要出自阿斯塔那古墓、苏巴什古墓群和洋海古墓群等，其年代既有春秋战国时期，也有明清时期。吐鲁番地区的干尸出土与吐鲁番炎热干燥的气候条件密切相关。在炎热干燥的环境中，尸体的水分蒸发较快，细菌不易生长繁殖，尸体得以完整地保存下来。

三 汉唐文明的汇聚地——高昌故城

从阿斯塔那古墓出来后，课题组直奔距离阿斯塔那古墓 2 千米外的高昌故城。当课题组抵达位于哈拉和卓乡的高昌故城时，已是下午 5 点多。虽然我曾多次到访高昌故城，但白雪覆盖下高昌故城还是第一次见到。高昌故城始建于公元前 1 世纪，是由西汉在车师前国境内的屯田部队所建，至 13 世纪废弃，沿用了 1300 多年。关于高昌名字的由来，《魏书》中曾记载：当年汉武帝出兵讨伐大宛时，部队曾在此休整，部分伤员留驻于此，由于该地地势较高，人口昌盛，故称为"高昌"。魏晋时期，由于中原连年战乱，大批中原及河西民众西迁至高昌定居，故当地居民多为

"汉魏移黎"。承平八年（450），沮渠安周攻破交河城后，吐鲁番地区的政治、经济、文化中心逐渐由交河城转移至高昌城。承平十八年（460），沮渠安周为柔然所杀，北凉流亡政权灭亡。同年，柔然以阚伯周为高昌王。唐朝建立后，贞观十四年（640），侯君集率军平定高昌，唐朝改高昌为西州，下辖高昌、交河、柳中、蒲昌、天山五县，同时在原来城址的基础上进行了扩建。9世纪中叶，回鹘人西迁至此，建立了高昌回鹘政权。13世纪中后期，蒙古贵族海都、都哇等叛乱，围攻高昌。战火延续了40年之久，高昌城被毁，今天课题组抵达的高昌故城遗址就是当年毁弃的高昌城旧址。

高昌故城文物管理处

写有"高昌故城文物管理处"几个大字的牌匾挂在大门前，十分醒目。课题组一行在与工作人员说明来意后，便进入了高昌故城考察。刚下过一场大雪，高昌故城宛如银装素裹的城堡。故城的结构分为外城、内城和宫城三部分，其布局与唐长安城相似。故城整体呈不规则方形，长5.4千米。墙外筑有马面、瓮城等军事防御设施。外城有七个城门，东面有"青阳门"和"建阳门"，西面有"金章门"和"金福门"，北面有"玄德门"和"武城门"，南面有"横城门"，各城门均有大道。西门为北凉时期建筑，内城周长约3420米，内城残存部分城墙，西城门尚可辨识。

宫城位于内城遗址北部，回鹘高昌时期称"可汗堡"。对于"可汗

夕阳西下的高昌故城

堡"相信很多朋友并不陌生。1986年版的电视连续剧《西游记》中唐僧师徒四人巧借芭蕉扇过火焰山，部分场景就取自"可汗堡"。"可汗堡"北面有一高约15米的夯筑方形塔状建筑物，西侧有一双层建筑物，现仅存地下部分，南、西、北三面有宽大阶梯式门道供出入，规模不大，但与交河故城的官署遗址建筑方式相同，可能为宫殿遗址。新中国成立前，一支德国考察队曾在堡内东南角发掘一方"北凉承平三年（445）沮渠安周造寺功德碑"，由此推断，此堡可能是当时的宫殿建筑。不远处的大佛寺遗址由庭院、讲经堂、藏经楼、大殿、僧房等功能区组成。主殿中心柱正壁，原有一尊巨大的坐式佛像，但早已不见踪影，遗址周围仅存少许佛龛。从大门、建筑特征和残存壁画图案推测，建筑年代约为公元6世纪。外城东南角亦有一所寺院，保存有一座多边形佛塔和一个礼拜窟，建筑风格带有明显高昌回鹘时期的特色。

高昌城不仅是汉唐时期西域文明的集散地，同时也是西域的政治、经济中心。丝绸之路改道高昌后，高昌成为中西贸易的中转站。唐代，中原、西域等地的商客络绎不绝，高昌城逐渐成为国际性的商贸重镇。不知不觉间，夕阳西下，高昌故城在落日的余晖中更显雄奇壮观。

返回市区，此时已夜幕降临，驱车来到一家民族风味的饭馆，拌面、羊肉汤的香味扑鼻而来。说起美食，最有发言权的当属与我们一同调研的胡艳老师，胡老师是托克逊人，对吐鲁番的美食如数家珍。吐鲁番最出名的当属葡萄，以葡萄为原料制作出来的穆塞莱斯酒更是佳酿。穆塞莱斯酒制作工艺复杂，将新鲜的葡萄采摘下来后，经过多种加工程序，再加入鹿茸、枸杞、红花、肉苁蓉、藏红花等多种名贵药材经过四十天才能制作而成。穆塞莱斯酒虽然含有酒精，但是含量很低，且富含人体所需的多种微量元素、维生素、葡萄糖、氨基酸等，药用价值极高，对于提高人体免疫力，缓解呼吸道疾病、肠胃疾病等都有很好的功效，深受人们欢迎。

听完胡老师介绍美食，我们早已饥肠辘辘。这时饭店的小伙将热腾腾的拌面端出，热菜和面拌在一起，色香味俱全，一口下去，面的劲道和菜的香味融合在一起，更觉可口，再加上烤肉，喝着卡瓦斯，感觉更棒。卡瓦斯又称"格瓦斯"，俗称"新疆土制啤酒"，是以山花蜜、啤酒花、谷物、浆火等天然物质为原料，经多种乳酸菌、酵母菌发酵酿制而成的饮料，口感醇香，带有一定的甜味，可促进人体肠胃消化。

晚饭过后，我们回到宾馆，由于调研行程较紧，课题组计划第二天一早离开吐鲁番，赶往调研的下一站——轮台。对于吐鲁番我心中总感难舍难分，自己因为喜爱历史而与吐鲁番结缘，来到这片美丽的土地上，考察这些遗留千年的历史文化遗迹，使人感受到岁月的庄严，历史的深厚积淀。回到住处后，我翻着电脑中保存有关吐鲁番的资料，另一个地方柏孜克里克石窟又勾起了我的回忆。

四　佛教圣地——柏孜克里克石窟

时间回到 2012 年的夏天，我们同张老师来到吐鲁番的柏孜克里克石窟。石窟位于吐鲁番市东北约 40 千米的火焰山峡谷木头沟河西岸，南距高昌故城约 15 千米，"柏孜克里克"意为"山腰"，石窟下面为深约 30 米的木头沟谷地。石窟在麴氏高昌王国时期达到昌盛时期，是麴氏高昌王国的王家寺庙，同时也是麴氏高昌用以维系与突厥"交好"的见证，实现"永固邦疆"愿望的纪念性宗教建筑。因地处宁戎谷，又有"宁戎窟寺"之称。唐西州时期，柏孜克里克石窟成为西域著名的石窟寺。高昌回鹘时期，信仰摩尼教的回鹘部族皈依了佛教，在继承高昌原有佛教艺术的基础上，对柏孜克里克石窟进行扩建，并使之成为王家寺院；13 世纪末，随着高昌王室东迁，柏孜克里克石窟逐渐成为民间寺院；15 世纪中叶后，伊斯兰教在高昌地区广泛传播，佛教不断衰落，柏孜克里克石窟亦遭到破坏并最终废弃。

柏孜克里克石窟外景

石窟开凿于沟谷崖壁之上,全长约 160 米,分三层修建,面积 3000 多平方米。目前编号洞窟 83 个,其中保留有壁画的洞窟 40 余个,壁画面积约 1200 平方米。由于地震等自然灾害以及人为破坏,石窟破坏较为严重,窟中仅残存少量壁画,目前 83 个石窟中仅 5 个对外开放。

在工作人员的带领下,我们依次进入了开放的 5 个洞窟。首先进入的是第 20 窟。20 窟的壁画绘制于 10 世纪回鹘高昌时期,窟平面呈方形,中间是穹窿顶式,中堂两侧和后面均有通道,连成回廊。中堂壁画以大悲观音为中心,在中堂门两侧内壁绘制有回鹘高昌王及王后供养像。不过在洞窟中随处可见被人为切割的痕迹。1905 年,德国考古学家勒柯克曾来此割取壁画,并将其运往柏林陈列,但这些壁画在第二次世界大战时期苏联轰炸柏林时化为灰烬,令人扼腕叹息。

第 27 窟绘制于 11—12 世纪,洞窟形制为长方形纵券顶式,窟内两侧壁上绘制有火焰、珠宝等图案,侧旁壁画上部绘有听法菩萨与供养人像,其表情沉静,双手合十恭敬礼佛,佛座下绘制有贵族男女、供养人像,顶部绘有千佛。虽然部分壁画已经脱落,颜色亦不鲜艳,但每一位进入洞窟的人,无不惊叹壁画精美的人物造型。

第 31 窟的洞窟形制为大型长方形纵券顶,顶部绘制千佛图案,后部是塑绘结合《涅槃经变》,但是卧佛早已被破坏,后壁上方绘制有汇椤双

开放的洞窟

树,右侧绘制供养菩萨,左侧所绘内容是各国王子闻听佛陀涅槃,纷纷前来举哀,中间有一火焰冲起,顶端绘制有八王争舍利的情节。洞窟内的大部分壁画已被英国探险家斯坦因割取,故而现在洞窟内部有大量的切割痕迹。

第33窟,从洞窟形制上看与第31窟一致,但是该窟被破坏得更为严重,所绘壁画已经所剩无几。第39窟壁画绘制于12世纪的回鹘高昌后期,洞窟的形制为大型长方形纵券顶式,后部的七尊佛像已毁,顶部绘有千佛。侧壁绘制供养菩萨,后部绘《文殊变》、后下方有昆仑奴、五台山风景,林木丛生,其景宜人。五台山又称"清凉山",是文殊菩萨的道场,这种说法不仅在中国如此流传,而且在印度和尼泊尔国亦是如此。洞窟末处有一坍塌佛台,高约半米,应是佛像坐落之处,可惜佛像早已不见踪影。洞窟考察完毕后,我与同门王玉平谈论起来,五座开放的洞窟形制有同有异,究竟柏孜克里克石窟的洞窟形制有几种,这引发了我的兴趣与好奇。查阅相关资料后,我得知柏孜克里克石窟的洞窟建筑形式有三种:第一种是依崖壁开凿的石窟;第二种是在崖壁开凿石窟后,再用土坯垒砌出前室;第三种则是完全用土坯垒砌的洞窟。前两种建筑形式在环塔里木地区比较常见,第三种则是高昌地区独有的建窟方式。

柏孜克里克石窟作为佛教圣地,同时也是著名的旅游景点,吸引了众多游客的前来。课题组一行人从石窟出来后，几个经营骑骆驼生意的人走到我们面前，在同我们谈好一个人骑一次骆驼是30元的价格后，我和同门的其他几个师兄弟欣然骑上了骆驼。我自小在新疆长大，马也骑过不少次，不过骑骆驼和马的感觉截然不同。骆驼比马更为高大，人要想直接坐在骆驼背上难度较大，需要等骆驼弯曲双腿俯下来，人才可以坐上去。我坐在骆驼的两个驼峰之间，伴着骆驼有条不紊的踏步节奏，身子不禁一摇一摆，感觉随时可能从骆驼背上掉下来。为了保持平衡，我极力抓住骆驼的驼峰，走了大约1公里后，我们从骆驼身上下来，准备结账。结果，意想不到的事情发生了，经营骆驼生意的小伙否认一人30元价格的约定，转而变成一人150元，短短十几分钟的时间，价格竟然翻了5倍，这样的宰客行为让我对这里的经营者大失所望。后经景区负责人的协调，这件事情才算得以解决。这也算是调研中的花絮吧，虽然有些不开心。

第 六 章

唐安西四镇之于阗和疏勒

自汉代以来，环塔里木地区的于阗和疏勒就名列西域"三十六国"之中，至唐代，这里是唐代"安西四镇"的重要组成，在唐朝有效治理西域一个多世纪的时间里，于阗和疏勒发挥了重要的军政功能。于阗和疏勒，大体相当于今天的和田地区和喀什地区，在这里遗留下的大量汉唐时期的历史的历史文化遗存，成为环塔里木地区多元文化的重要见证。

第一节 于阗第一站：民丰和策勒

2013 年我跟随《环塔里木历史文化资源调查与研究》课题组到千年佛国于阗进行调研。于阗，地理范围与今天和田地区相当。调研考察的主要遗迹有达玛沟佛寺、热瓦克佛寺、山普拉墓地、约特干古城遗址等。

5 月 18 日下午 3 时许，正值课题组考察且末县扎滚鲁克古墓群之时，狂风突起，黄沙漫天，即便如此也未能阻止课题组调研的计划，我们冒着风沙继续前行，于傍晚抵达民丰县，宿于山水大酒店。

19 日，天气晴好，美味的烤包子、热奶茶满足了味蕾的同时，我更期待尽快一睹尼雅遗址之貌。尼雅系汉晋时期西域三十六国之一的"精绝国"所在地，《大唐西域记》记载："媲摩川东入沙碛，行二百余里，至尼壤城，周三四里，在大泽中。泽地热湿，难以履涉，芦草荒茂，无复途径，唯趣城路仅得通行，故往来者莫不由此城焉，而瞿萨旦那以为东境之关防也。"① 该处遗址由英籍匈牙利人马克·奥里尔·斯坦因进行发掘

---

① （唐）玄奘、辩机：《大唐西域记校注》，季羡林等校注，中华书局 2000 年版，第 1030 页。

恶劣的沙漠天气

后,引起了国内外的关注,尤其是佉卢文文书的发现,轰动了整个学术界。

考察每一区域的历史文化遗址之前,先考察当地博物馆,是此次调研路上的重要内容。所谓行远自迩,博物馆作为一种诉诸视觉器官的文化载体,是了解历史文化的一面镜子,由此再结合实地调研,才能将深藏其中的文化意蕴挖掘出来。怎知抵达博物馆后才知内部整修,照明设施暂时无法使用。所幸的是,尼雅博物馆工作人员答应了我们这些远方来客的诉求,在手电筒的微弱灯光下,我们听取了讲解员的精心讲解,了解到博物馆是在日本友人小岛康誉的大力捐助下,于1999年1月建成,占地面积1000平方米,主展厅约600平方米,主要以民丰的尼雅遗址、安迪尔遗址、民丰县民族风情、八·一八水利工程等展厅内容组成。前往尼雅遗址,是课题组的共同夙愿,但因其深处沙漠腹地,前去的道路不畅,这一愿望未能实现,引以为憾。

提及策勒,就必须要说说达玛沟乡,它所在的区域广泛分布着众多佛教遗址,如丹丹乌里克遗址、达玛沟佛寺遗址。1896年,瑞典探险家斯文·赫定发现了丹丹乌里克佛寺遗址。他在《我的探险生涯》中写道:"在一座大约有三尺高的墙上,我们发现了几个灰泥做成的很美观的释迦和别的佛像,它们有的是立着,有的是坐在莲叶上,都穿了宽大的布衣服,头上有一圈光轮。"① 1900 年,斯坦因考察丹丹乌里克遗址,对佛寺遗址尤为重视,发掘了 D Ⅱ 遗址,并对所获板画"龙女索夫""蚕种东传""鼠王传说"等内容进行了分析。

另一遗址是达玛沟佛寺,现已进行了较为完善的保护,其遗址由三处组成,其中保护较好的一处为托普鲁克墩 1 号佛寺,这是塔克拉玛干沙漠迄今所发现保存较为完好的古代佛寺。2000 年 3 月,在策勒县达玛沟乡南部达玛沟河岸边的一处名为托普鲁克墩的荒漠地带,一牧羊人挖取红柳根柴时发现了该佛寺遗址。2002 年 9—10 月,中国社会科学院考古所新疆考古队对其进行了抢救性发掘,并命名为托普鲁克墩 1 号佛寺。第二处为达玛沟托普鲁克墩 2 号佛寺,2006 年 5—6 月,中国社会科学院考古研究所新疆考古队发掘了策勒县达玛沟托普鲁克墩 2 号佛寺。第三处为达玛沟喀拉墩 1 号佛教遗址,遗址位于策勒县达玛沟乡的荒漠沙丘中,距达玛沟乡政府约 10 千米。

前往达玛沟佛寺遗址恰逢午时,头顶火辣辣的太阳,脚下的沙漠热气蒸腾,车辆艰难地在沙丘中行进。虽然还是春末时节,但身处此地的我们,却早已体验到了沙漠之夏的炎热,咕咚咕咚地饮尽了一整瓶矿泉水后,额头上仍然汗珠滚动。直到进入达玛沟佛寺博物馆进行考察之时,我们被映入眼帘的精美壁画、造型各异的佛像雕塑及布局严谨的佛寺形制所吸引,它们犹如一缕清风,吹散了我们心头的那份燥热,使我们充分领略到了早期于阗佛教艺术的精美。

在结束了达玛沟佛寺的调查后,我们在策勒县休整一晚,缓解近日的舟车劳顿。20 日早上出发,前往策勒县恰哈乡,以期对"三普"资料上记载的阿萨、阿希遗址进行考察。这次的考察得到了恰哈乡政府的大力支持,派人派车为调研提供了极大的方便。

在乡里几位干部的带领下,我们首先前往阿萨遗址。向导带领我们顺山路前行,忽而是散乱的石块路,忽而又是似路非路的小道,偶尔还遇到几只欢快的乌鸦(《古兰经》上记载其为神鸟,因此受到诸多穆斯林的喜爱),伫立在石块上呱呱的谱曲,或是呼唤捕食的母亲早点回来,或是与山那头的伙伴对唱。

---

① [瑞典]斯文·赫定:《我的探险生涯》,孙仲宽译,新疆人民出版社 2010 年版,第 177 页。

终于,走过两个多小时的山路,我们到达了阿萨遗址。该遗址位于恰哈乡阿萨村西三角洲岛状台地上,总面积 21 万平方米,古城堡利用三角形台地垒筑,现仅存部分墙址,墙基以土石垒砌,墙基下为 3 米左右的沟壕,推断可能为护城河,并有几处蓄水池分布。台地西边悬崖上有一圆形洞口,据当地老乡讲,是当时的取水通道。现存的瞭望台、取水口及城墙清晰可见,虽是断壁残垣,仍散发着历史的余蕴。据老乡介绍,这里曾是信仰佛教的于阗国与信仰伊斯兰教的喀喇汗王朝信徒们交战的最后场所,始建于唐宋时期。遗址所在地三面都是山崖峭壁,地势险要,可想其在当时发挥的重要军事防御作用。

课题组前往阿萨戍堡　　　　　**地势险要的阿萨戍堡**

考察完阿萨戍堡遗址,我们回到村部,当地的老乡已为我们准备了美味的手抓羊肉。羊肉是当地的山羊肉,肉质鲜美,蒸煮时只需放少许的盐巴,就已美味可口,这并不是我在夸大其词,而是有图有真相。从小不喜欢吃羊肉的小田田(同门田海峰),是同门中骨瘦如柴(唯一能用这一词的人)的奇男子,以前每次外出吃饭,但凡遇上有肉的饭菜势必精挑细选一番,找出其中的素菜、面条吃了,然后留一堆残羹冷肉暗自忧伤。想不到,这次羊肉却恰对小田田的胃口,不仅大快朵颐,而且自此以后每每提到便会垂涎欲滴。

美味的午餐之后,前往下一站阿希戍堡,这一古城位于策勒县恰哈乡阿西村境内,塞力克吉勒尕干沟与阿希河谷之间的岛型台地北部。据"三普"资料记载,阿希戍堡由南北两座石垒组成,总面积近 4 万平方米,以北的石垒以砾石砌筑,呈长方形,东西长约 20 米,南北宽 5—6

米，残高 1.5 米。此石垒向南为另一高堡，形制相似，在其城墙中间有一南北 20 米、东西 40 米的耳城，耳城的南北墙连接处的西端筑一高约 8.2 米的堡垒。

阿希城址局部

在通往阿希戍堡的路上，一条溢满冰雪融水的河道挡住了我们的去路，河道内水流湍急、河面宽广、水位较深，为安全起见，张老师决定派出种子选手小田田与维吾尔族向导涉水过河。剩下的成员均在山脚下待命，等待之处抬眼即可望到阿希古城所处的高台，但这一等待就是两个小时，那一刻才真正明白何为"望山走倒马"。

第二节　于阗第二站：从洛浦到墨玉

在结束对两处遗址的调查后，我们继续奔赴下一站。下午 6 点左右抵达洛浦县，洛浦县宣传部李部长接待了我们，得知我们的来意后，给予了极大的方便，专门安排文管员及车辆带我们前往山普拉墓地考察。

山普拉墓地位于和田地区洛浦县山普拉乡。墓地分布在昆仑山山前的戈壁滩上，由若干相互独立的台地组成，彼此间隔有一定距离。根据出土的随葬品及墓葬形制，可将墓地分为早晚两期，早期在公元前 1 世纪末至公元 3 世纪（相当于中原王朝的西汉至东汉晚期），晚期为公元 3 世纪中期至公元 4 世纪末（相当于东汉晚期至东晋）。早期的墓葬形制主要有长方形竖穴土坑墓、刀形竖穴土坑棚架墓，葬俗有单人葬、合葬及数百人的家族丛葬。晚期墓葬形制以长方形竖穴土坑墓为主，葬具多为箱式木棺。出土随葬品主要为陶器、铁器、木器、纹锦等，其中代表性的文物有镟削工艺相当成熟的木碗、木杯、木瓶、双鸟木杖头等生活用具。

山普拉墓地合影

在文管员的带领下，我们进入山普拉墓地，地面布满沙石，地表无明显的封堆标志，唯有几处大型的沟壑，沟内白骨残存，偶见五铢钱，幸运的小田田就捡到一枚。

结束了山普拉墓地的考察后，我们前往热瓦克遗址。遗址位于尼雅乡以北的沙漠中，总面积 2242.25 平方米。现存的佛塔位于一方形院内，坐北朝南，土坯垒砌。塔基残高 5.4 米，平面呈"十"字形，台阶向四面延伸铺展。塔身为覆钵式形制，残高 8 米。1901 年，斯坦因曾对这一遗址进行了调查，当时遗址有一圆形底座，附近散落有陶片及琉璃等物，斯坦因当时在此捡到一片似镀有金粉的残片，推断为神像身体上的部分。

前往热瓦克佛寺的路上，我见到了终生难忘的沙漠。在夕阳的照耀下，没有任何杂质的沙漠，如金色缎子般延伸至远方，抓一把沙子放在手中，微小细腻的流沙顺着指缝如时光般流淌，此刻才明白沙漏发明者的真正用心，所谓人生天地之间，若白驹过隙，忽然而已。抵达热瓦克佛寺之时，游人甚少，我们顺着游览的栈道环绕遗址一圈。站在一处位置较高的栈道上举目四望，黄沙浩荡，现存残塔早已面目全非，尽失昔日的伽蓝之貌。返回路上，不想有惊喜等待着我们，远远地看见一队骆驼悠闲地在夕阳下驻足，我们悄悄地靠近，才发现每一只骆驼都是瘦骨嶙峋。文管员告诉我们，那是沙漠中的野骆驼，很难见到，为了留下纪念，我们纷纷奔向野骆驼去合影，怎奈受到惊吓的野骆驼四散而逃，只留下无奈的我们悻悻而归。

热瓦克佛寺遗址  **和田博物馆**

一天的考察结束，晚上11左右抵达和田市区，宿于浙江大酒店。21日一早，我们便前往和田地区博物馆考察。该馆建于1979年，是典型的维吾尔风格建筑，总建筑面积为3400平方米，其中包含大展厅2个，小展厅6个，地下文物库房1个，学术研究交流中心1个。现有各类文物、展品共计9499件，书籍600余本，其中国家珍贵文物545件。馆内文物跨度时间长，从史前时期至历史时期，并延伸至近现代。一小时的参观学习后，在和田地区文管所赵所长及办公室李主任的安排下，我们前往约特干遗址。

约特干遗址位于道路一侧，地面已无任何遗存，大片的树林及农田覆盖了这处曾辉煌一时的古代建筑。据老乡讲，地下仍保存有大量的遗物，为防止破坏，故以树林及农作物来进行地面保护。

考察约特干遗址后我们前往依麻木·木沙·卡孜木墓群，该墓群是一处具有较高研究价值的历史遗址。墓葬位于一清真寺旁，地表已多为近现

寻找约特干遗址

代伊斯兰教的墓葬覆盖,在地表下的4—5米处才为古代墓葬。1983年考古工作人员曾在此发掘墓葬2座,其中一座墓葬出土了一具彩棺,彩棺上不仅绘制了青龙、白虎等道教的四神,还绘有花鸟等图案。据赵所长讲,前几年新疆考古工作者到此进行调查,抢救性发掘墓葬18座,出土的大部分随葬品现已藏于自治区博物馆内。发掘后的墓葬均已被回填,但竖穴土坑的形制依然清晰可见。此次发掘出土的布料,上面绘制的纹饰及文字都与佛教有极大的关系,结合之前的考古调查,可知该墓葬是一处佛教与道教文化并存的遗存。

清真寺院墙后方有一处墓葬,上方盖有木板,侧旁是一处现代麻扎。据文管员介绍,当地居民在埋葬一位逝者时,发现下面有古代的墓葬,于是停止挖掘迅速将其保护,而就近在旁边将过世之人下葬,这不仅体现出维吾尔族民众对历史文化资源的保护意识日益增强,也反映了后辈人对于先民的尊重。在现代伊斯兰教麻扎前面,多修筑有小花坛,坛内种植萱草,这一习俗让我不禁想起"北堂种萱草,花开不见还"的诗句。古代游子在去他乡之际,会在北堂种植一些萱草,待到花开之时便是归来之日,而在家的父母则以养殖萱草来寄托对漂泊在外儿女的思念之情。由此可知,种植萱草应是传达一种后辈对先辈的怀念。如同维吾尔族民众的姓名组成都为名字加父亲的名字,这也将亲情的可贵之处表达得淋漓尽致。

依麻木·木沙·卡孜木墓群

麻扎前种植的萱草

之后考察的第三处遗址是达奎遗址。遗址四周绿树环绕,仅存部分残垣断壁,断壁之下有一沟谷,该沟谷为当地人引水灌溉所留。水对于遗址的保护尤为不利,极易造成墙基的坍塌。遗址的周缘种植了几棵杏树,5月恰逢其即将成熟的季节,上前摘下几枚青杏,酸中带涩,非常提神。

前往的第四处遗址为库克马日木方城及石窟。途中的道路由石子铺成,极其颠簸,到达之际正值中午,太阳炙烤着大地,遗址周缘的铁丝网

达奎遗址

护栏被晒得发烫。古城位于一处高台之上，城内沙包四起，沟壑纵横，询问后得知，此处生产玉石，吸引着众多玉石商人在此非法挖掘，从而对遗址造成了很大的破坏。与城址对应的库克马日木石窟，位于山丘一侧，看守员是一对维吾尔族夫妇。我们对其中的一处石窟进行了仔细调查，石窟为半圆形的洞穴，顶部为天然沙石结构。据管理员讲，沙石结构松散，存在很大的安全隐患，故暂时不对外开放。石窟的整个表面为黑色，这是当地的放羊人在此过夜取暖造成的。在石窟顶部有一小窟，窟内可容纳6—8人，大窟与小窟之间由一人工木梯相连。据当地人讲，高僧玄奘曾在此宿夜。至今还有一些日本人慕名而来，在此诵经，甚是虔诚。

距库克马日木石窟不远，即是玉龙喀什河。河道内外高低不平，我们到时，浅滩处正有几台挖掘机在作业，刚开始以为是清理河道，后来才知是在疯狂地挖玉。为了牟取暴利，他们竟不惜以毁坏河道为代价。

结束了和田县的考察，当日住宿在县城内。22日前往墨玉县，不料，途中随行的车辆罢工了，故而张老师独自去检修车辆。我们4人在县政府与宣传部的工作人员接洽之后，前往扎瓦炮台。

遗址位于水库一侧，残高约6米，土坯结构。现存的遗址近似圆柱形，地基部分的土质与雅丹地貌非常相似，极有可能是建在雅丹之上。炮台四周芦苇丛生，芦苇丛中有小水塘分布，这种湿地在水库旁边十分常见，对于维持生态平衡，调节区域气候，发挥着重要功能。

库克马日木方城

库克马日木石窟

我们接下来考察的是英麻扎墓地，它位于墨玉县沙依巴格乡吐扎克其村西南台地上。近百座墓葬分布在一条冲沟的东、西两边，南北宽约500米，东西长约1000米，占地面积约150万平方米。1993年该墓地被淘金者发现，并几次遭到严重破坏，地表散落大量人骨。

墓葬形制主要为圆角长方形竖穴土坑和方形土坑竖穴棚架墓，葬式有单人葬和合葬。葬具有箱式木棺、槽型棺两种。墓葬的规制有大小之分，小型墓主要集中在冲沟西岸，地势较高，周围有金矿，被盗掘20多座，

扎瓦炮台

为竖穴圆角长方形墓,墓口盖有半圆形木板,盗坑长 2 米,宽 1 米,深 0.6 米,距地表 0.5 米处见半圆形木板,木板长 1 米,宽 0.15 米,多为单人葬。墓葬结构和所采集遗物与洛浦县山普拉墓葬有相似之处。大型墓集中在冲沟东岸台地上,为方形竖穴土坑墓,墓室四壁有木桩,外填塞芦苇、杂草。盗坑长 8 米,宽 7 米,深约 1.5 米不等,可能有刀把形墓。墓葬中出土了黑、红陶片,铜器,木碗,木盆残片,毛织物残片等。其中,木器多为旋制,也有刮削制成的。

英麻扎墓地

结束了对墨玉县的遗址考察,我们的于阗之行也就告一段落。

第三节　南疆重镇——疏勒（喀什）

2013年寒假，我有幸参加了张安福老师组织的喀什地区汉唐文化资源的调研活动。在行程匆忙的六天时间里，我们的足迹几乎遍布喀什的角角落落，卡拉墩古城、喀什老城、汗诺依古城、莫尔佛寺、奴如孜墩等，我充分领略到了魅力喀什浓郁的历史文化气息。

喀什古称"疏勒""任汝""疏附"，地理范围大致涵盖古代的疏勒、蒲犁、莎车、依耐、乌秅、西夜等国。这一地区的地理位置十分重要，早在汉代，疏勒就是中原王朝通向葱岭以西地域的重要通道，闻名后世的丝绸之路南北两道也在此交汇。《汉书·西域传》记载："自玉门、阳关出西域有两道。从鄯善傍南山北，波河西行至莎车，为南道；南道西逾葱岭，则出大月氏、安息。自车师前王廷随北山，波河西行至疏勒，为北道；北道西逾葱岭，则出大宛、康居、奄蔡焉。"①

唐代，中原王朝为戍卫西北边疆安全、维护丝绸之路通畅，在西域设立安西四镇，疏勒名列其中，并在此驻扎大批军卒，践行屯田戍边的使命。《唐六典》记载"疏勒七屯"。如今仍可找到当年屯军的遗迹，调查发现位于喀什东部的汗诺依古城，就是《新唐书·地理志》所记载的汉城遗址，"疏勒镇，南北西三面皆有山，城在水中。城东又有汉城，亦在滩上"。②

汗诺依古城

① 《汉书》卷九六上《西域传》，中华书局1962年版，第3872页。
② 《新唐书》卷四三下《地理志七》，中华书局1975年版，第1150页。

2013年2月1日,我们来到疏勒故国的首站——伽师县。伽师地处喀什东部、巴楚西部,是一座有着浓厚西域风情的小城。香甜的伽师瓜,作为本地的特产驰名全国。除此之外,香喷喷的烤馕亦是这座小城的上品美食。不得不说,携带方便的馕,是我们考察路上重要的补给口粮,深受大家的喜爱。

伽师馕

清晨,我们来到伽师县委宣传部,与工作人员接洽考察的事宜,希望得到政府相关工作人员的协助。宣传部工作人员为我们安排了负责文物调查工作的阿依提拉·努尔女士,简单地与她交流后,便坐车前往卡拉墩古城。

在去往古城的路上,经过一维吾尔族聚居的村庄,路旁一漂亮的维吾尔族小姑娘引起了我的注意,只见她头戴薄纱,身着民族服饰,浑身上下洋溢着动人的民族风。就在汽车从她身旁掠过时,她突然回过头来,看着车窗里的我,并投来甜美的微笑,恰在这时,我也按下了手中的快门,定格了这美丽的瞬间。

沿着乡间土路前行约一个小时,驶入一大片长满芦苇秆的沙碱地,远处隐隐约约看到了残破的墙垣,卡拉墩古城到了。沙碱地上分布的残垣,忽高忽低、若隐若现,好似见证了古城历史的流淌和岁月的沧桑一般。

卡拉墩古城,当地人又称"红沙古城"。《新唐书·西域传》记载,

围头纱的维吾尔族少女

"疏勒又名法沙、其王姓裴氏,居于伽师城",依据此城现存的规模与方位判断,很有可能是史籍中的伽师城。

走进古城,发现城垣表面附有一层较薄、浅红色的砂层,应是长期风化所致,这与营盘遗址地表为黑色沙砾附着的原因相同。遗址所在的空旷荒野上,除了凸起的雅丹地貌,残毁的墙垣外,并未见有其他引人注目的遗迹。

卡拉墩古城残垣

卡拉墩古城前考察合影

考察结束恰值午饭时间，我们和陪同考察的文管人员在公路旁的一家拌面馆共进午餐，美味可口的拌面至今令我难以忘怀。餐馆是一座邻近公路的平房建筑，由一个维吾尔族家庭经营。拌面上桌后，外表看似平淡，但刚一入口，就立刻感觉到了面的劲道，吃完一份，不由得又加了一份面，味美十足。南疆地区的拌面馆很多，但细细品来，味道不尽相同，而又令人回味无穷，这也验证了那句名言"一千个读者就有一千个哈姆雷特"。

下午，课题组离开伽师前往喀什市。经过近两个小时的奔波，我们终于赶在市委宣传部下班之前来到喀什。接待我们的是刘部长，了解了我们的考察路线后，她很快帮我们联系到了文管所的麦和提万江·玉赛因所长。为了在天黑前安排好住处，由导师带领胡志磊、岳丽霞先行离开市委寻找住处，我与田海峰等候所长，以便确定第二天的行程。等待约50分钟，我们与所长见了面，约定次日早上10点准时在市政府门口碰面。

次日清早，我们准时赶到喀什市市委门口，麦和提万江·玉赛因所长已在此等候多时。根据安排，由我单独前往喀什市里的盘橐城考察，他们几人随同所长一起前往莫尔佛寺与汗诺依古城。

与他们分开而行之后，我便独自一人走进了这座独具魅力而又陌生的城市。我在课题组成员中扮演了多重的角色，后勤、出纳、路线设计者，身为出纳,方知钱的节省之道,因此,我选择乘公交车前往班超公园。半个小时后,到达了班超公园入口。幸运的是,在班超公园入口管理处,遇到一位熟悉盘橐城的人,从他那里获取了许多有关故城遗址的信息。

清晨的盘橐城

据《后汉书》记载,永平十六年(73),班超出使西域攻打匈奴,任军中假司马,率兵进攻伊吾,斩获众敌,战功赫赫,威震西域。窦固赏识班超的才干,便派遣郭恂与他率领三十六人向西进发,先后平定鄯善、于阗、疏勒等地。这一时期,龟兹国王倚仗匈奴势力在丝绸之路北道横行,派兵攻打疏勒,杀死疏勒王,另立龟兹人兜题为疏勒王,因此,疏勒实际掌控在龟兹人手中。次年,班超带领手下三十六勇士,由小道潜入疏勒,隐蔽在盘橐城附近，并派下属田虑前往招降兜题。班超说道："兜题本非疏勒种，国人必不用命。若不即降，便可执之。"① 田虑独身一人来见兜题，以此来降低兜题的警惕性。趁其不备，劫持兜题到班超处复命。班超随即前往盘橐城，从大局出发，重立疏勒国人为王，并释放兜题，从此，疏勒得以平定。

永平十八年（75），汉明帝去世，焉耆国乘汉朝国丧之时，围攻西域都护府，杀死陈睦，班超孤立无援，龟兹、于阗等国也相继进攻疏勒，班超与疏勒王互为犄角共同抵御西域诸国进攻。建初元年（76），汉章帝继位，下诏命班超回中原，疏勒举国上下悲痛放声大哭。《后汉书》记载："汉使弃我，我必复为龟兹所灭耳。诚不忍见汉使去"，"依汉使如父母，诚不可去"②。行至于阗时，于阗国的王侯百姓抱住马腿挽留班超，班超见状，决定暂不返回汉朝，重回疏勒，稳定西域。

心系班超平定西域的精彩历史片段，再来领略盘橐城的雄伟，自有一番不同的意境。班超公园是以盘橐城为主体而修建的民族公园。盘橐城平面近似一梯形，占地面积近 200 亩，原城址临克孜勒河，东依吐曼河，地势高敞，水源富足，是建城的理想之地，可惜雄伟壮观的古城早已消失在历史的烟云中，仅存有满目疮痍的残垣断壁，供人们遐想那段峥嵘岁月。

班超公园西北角有一处别于现代的土筑城墙遗存，为"艾斯克萨古城"，为班超公园的一部分。20 世纪初，法国探险家伯希和曾到此进行实地勘测，此城当时所存遗址，只余北面和西面两段土筑城墙，其中北城墙长约 287 米，西城墙长约 205 米，墙基厚约 7 米。现存古城残垣长约 208 米，宽约 1.5 米，底部为汉代遗迹，上部为夯筑的近代城墙，整座城池位于克孜勒河与吐曼河中间的较高台地上，易守难攻的地势至今可见。

---

① 《后汉书》卷四七《班梁列传》，中华书局 1965 年版，第 1574 页。
② 同上书，第 1575 页。

第六章　唐安西四镇之于阗和疏勒 / 297

班超与三十六勇士塑像　　　　**艾斯克萨古城一角**

由班超公园出来以后，我步行返回宾馆，路上经过美丽的东湖，湖面上薄薄的水汽像维吾尔族少女的面纱遮住了容颜，模糊却蕴含着美丽。透过云层的阳光，照射在平静的湖面上，泛出淡淡光晕。

冬日里的喀什东湖

不经意间，看到了家乡的美食——烤地瓜，让我意外的是，这种食物竟然也受到维吾尔族人的青睐，在这寒冷的冬季，手捧热烫的红薯，他们脸上写满了满足与幸福。

带着这份自由踱步回到宾馆，午餐过后，我们一同来到疏附县乌帕尔乡。乡政府武装部彭部长接待了我们，并陪同我们前去考察相关遗址。

彭部长，这位年轻干练的退伍军人，有着丰富的民族地区工作经验，

喀什街头享受烤地瓜的维吾尔族青年

脱口而出的维吾尔语，让我们不由得感到在南疆进行田野调查，语言是多么重要。

课题组咨询武装部彭部长　　**热心为我们指路的毛拉木贝格村村民**

考察中最花费时间、也是最让人无奈的就是问路了，语言的不通，居民对文物的不关注，都是考察中遇到的棘手事情。还好这次有精通维吾尔语的彭部长陪同，经过一番周折，我们方才到达麻赫穆德·喀什噶里麻扎遗址。该遗址已被当地政府开发成景区，主体建筑为陵殿与礼拜寺，占地1200平方米。喀喇汗时期的麻赫穆德·喀什噶里以著有语言学巨著《突厥语大辞典》闻名，12世纪初去世，安葬于面前的这座乌帕尔山上，人们为纪念他的功绩，而将此山称为"艾孜热特毛拉木"，喻为"圣人山"

之意。

麻赫穆德·喀什噶里麻扎

经介绍得知,麻赫穆德·喀什噶里,于11世纪初诞生于乌帕尔乡阿孜克村,是著名的维吾尔族学者、语言学家。年轻时期他就读于喀喇汗王朝的最高学府——麦德里斯萨吉叶,1058年,因宫廷政变,麻赫穆德·喀什噶里被迫离开了喀什噶尔。1072年,麻赫穆德·喀什噶里到达伊斯兰文化中心巴格达,在王后的支持下,于1074—1076年完成《突厥语大辞典》的编纂。1080年返回故乡后,建立经文学院,此后一直从事教育事业,1105年与世长辞,终年97岁。

随后,我们来到位于山背部的托库孜卡孜那克卡寺院遗址,遗址位于半山腰处,土质疏松,攀爬困难,待到山腰处,我们已是气喘吁吁。托库孜卡孜那克卡,意为"一组房屋或一组建筑",遗存年代为南北朝时期,现仅存9个山洞和山脚下的一段残墙。洞内曾长时间的烟熏火燎,洞顶呈现出黑色。

下山后,我们又驱车来到索塞河南岸的台地上,行走约2千米看到位于台地崖边上的亚库尔干古城。古城为汉唐时期遗存,地势险要,北临索塞河,水源充足,应是当时的战略要地。目前,遗址仅存一面城墙,损毁严重,建筑构件及框架因毁损而无法辨别。

托库孜卡孜那克卡寺院遗址地势

亚库尔干古城所在的台地　　　　　亚库尔干古城城垣

在返回的途中，听彭部长说，乌帕尔乡因是麻赫穆德的出生地，个别不法分子在策划暴力事件之前，都要到这里来祈祷，因而当前的形势仍较为严峻，他再三嘱咐我们，在南疆的考察一定要注意安全。

正是如此，我们深刻感受到南疆调研的不易，获取一手资料的艰难。重新返回喀什市，我们顺便考察了喀什高台民居。高台民居地处喀什市老城区东北部，建于高约 40 米、长约 800 米的高崖上，很久以前就是维吾尔族群众的聚居区，距今已有近 600 年的历史。房屋依土崖而建，家族每增添一代人一般便多修一层，久而久之，在这片高台之上便形成高高低低、层层叠叠的土楼景观。据统计，仅巷道就有五十多条。

第六章 唐安西四镇之于阗和疏勒 / 301

高台民居一角

天色渐晚，转眼又到了晚饭时间。我们在高台民居附近的街道旁边，寻找到了一家正宗的拌面馆，旁边烤包子店老板自豪地说，前总理温家宝曾光临此店，墙壁上仍挂着他与总理的合影，并示意他的烤包子绝对是喀什最正宗的。

疲惫的考察队员餐桌前小憩

当晚，我们连夜赶到了莎车县城。到时已是2月3日，农历腊月二十三，中国北方传统的小年。莎车是同门蒋静师姐的家乡，听说我们的到来，她再三邀请我们到她家中小坐（稍后再介绍，先记述我们的考察情况）。

莎车为西域三十六国之一，早在元康元年（前65），即归属汉朝，神爵二年（前60），莎车归于西域都护府的治理之下。《汉书·西域传》记载："莎车国，王治莎车城，去长安九千九百五十里，户二千三百三十九，口万六千三百七十三，胜兵三千四十九人。"[①] 晋太元十八年（393），莎车归西域大都护管辖。隋仁寿三年（603），莎车归西突厥汗国统辖。唐时期，莎车在安西四镇的统辖之下。唐时，这里还是佛教重要的流传之地，我们在文管所工作人员的带领下，前往的第一处遗址就是朱具婆佛塔遗址。

朱具婆佛塔遗址被当地人称为奴如孜墩遗址，该遗址位于莎车县城东面的一处居住区内，周围被维吾尔族民居包围，遗址旁是一条连接大路的小土路。遗址残高约12米，损毁较为严重，现仅能辨别出夯土垒砌的结构。遗址顶部有一处凉亭，传说玄奘曾于此讲经说法。

奴如孜墩遗址

离开奴如孜墩遗址，我们继续向东行驶，约半小时，下车步行穿越一大片农田，看到了位于农田上的艾将军、昆将军遗址。遗址呈土墩状，南北长约21米、东西宽约20米、残高约6米。遗址底部为土坯结构，土坯

---

① 《汉书》卷九六上《西域传》，中华书局1962年版，第3897页。

长约46厘米、宽约46厘米、厚约11厘米。土墩南面为墓葬遗址,应为唐宋时期遗存。遗址北面角落竖立有蓝色的保护碑,但碑上的字迹已分辨不清,应是新中国成立后所立。

南疆的许多遗址都受到了农业生产的影响,农田常常与土遗址紧邻,而农田灌溉时会侵蚀遗址,造成遗址盐碱化或侧面塌毁,使得遗址很难再修复,除了这里的古遗址外,类似例子还有库车县牙哈镇的墩买力吐尔烽燧。

从朱具婆佛塔遗址离开,已是夕阳西下,在返回县城的途中,我们恰巧路过巴衣都韦遗址。遗址位于莎车县老城区附近的耕地之中。在远处就可看见圆形的大土堆,土堆高约10米,周长约260米。走进观察,碰见一群小朋友在遗址上面嬉戏玩耍,个个满脸泥灰。当地居民对文物保护意识薄弱,这对文物古迹造成了巨大破坏。

巴衣都韦遗址

据传,成吉思汗带兵打仗曾途经此地,逗留数十日,在此挖掘出大量黄金,随后领兵而去。依据当时莎车在西域便利的地理位置,可以推测该遗址或许是当时重要的军事设施之一。

考察完巴衣都韦遗址,我们便赶往蒋静师姐家。调研途中的各种艰辛,片刻被蒋师姐家温馨的家庭氛围所代替。当晚恰遇师姐家停电,于是一大桌人也因此有机会聚在桌前,享受到令人难以忘怀的"烛光晚餐"。

蒋师姐家的烛光晚餐

后　　记

上海的七月，黄梅天，在这个寂静的雨夜，我终于修订完《环塔里木历史文化资源调研行纪》的书稿，此时此刻，内心的激动和喜悦之情难以言表，一向冷落微信的我随即在朋友圈感慨地写道："四十三天十三万字重走环塔南北两道，仍未找到西域文明之门的钥匙，但却从此爱上了这片土地。"虽短短数语，却基本道出了我所在的团队在过去四年里的调研历程，和我在这43天中整理调查日志的过程。重又翻开满是批注的行纪修改稿，昔日调研的画面历历在目，从素有"中国第一低地"之称的吐鲁番盆地，到人迹罕至的罗布泊荒原，再到夏日飞雪的帕米尔高原……但凡汉唐古迹存留之地几乎都留下了我们的足迹。无论是斑驳沧桑的城址、高大肃穆的烽燧，还是宏伟庄严的佛教寺院、五彩斑斓的石窟壁画，抑或是神秘而古老的墓葬遗存，皆在我脑海中留下了深刻的印记。

《环塔里木历史文化资源调查与研究》是一项任务艰巨、使命重大，解码西域文明的文化工程，如此来形容它绝非夸大其词，这是由环塔里木历史文化资源的时间和空间分布特点所决定的：一是地域广，环塔里木地区总面积约53万平方千米，历史古迹地理分布基本遍及塔里木盆地周缘，甚至人迹罕至的大漠腹地或是高寒之地都有遗存；二是数量和类型丰富，环塔里木地区现存古迹类型有城址、烽燧、墓葬、寺院、石窟等，而仅被专业机构所发现、调查的古迹就数以万计；三是时间跨度长，环塔里木地区自遥远的史前时期开始就有人类繁衍生息，就现已公布的考古资料来看，区域内历史古迹遗存年代集中于距今4000年以往。

我很幸运，能参与到这个国家级的重大社科项目中来。经过四年的调研和学习，使我这个门外汉终于对西域学这个绚丽的学术领域有了更多的理性认识。2012年9月，我和卞亚男、岳丽霞一同拜读于张老师门下，

"西域历史文化"成为我们攻读硕士学位的共同方向,一起学习的还有当时仍就读于石河子大学历史系本科四年级的胡志磊和王玉平。这一年恰逢张老师主持的课题——《环塔里木历史文化资源调查与研究》启动,我们五人有幸参与其中。参与这个课题一个最大的收获,就是培养了包括我在内的一个专业的研究团队。团队之所以能够形成和不断成长,和张老师"有教无类"的教学态度和方法是分不开的。

西域历史文化的学习和研究,本身就既注重书斋文献研读又注重田野调查。2012年9月开学伊始,张老师就耐心地引导我们如何在这两方面进行统筹研习。传世文献是从事西域历史文化研究的基本功,从《史记》中的《大宛列传》《匈奴列传》,到《汉书》中的《西域传》,到之后正史"西域传"与相关地理志,再到谭其骧先生的《中国历史地图集》、方英楷先生的《新疆屯垦史》、张泽咸先生的《中国屯垦史》、曾问吾先生的《中国经营西域史》、余太山先生的《西域通史》,在张老师的细心讲解下我们均一一精读。毋庸置疑,这段研读史料与专著的经历,使我对西域的历史和地理状况有了一个比较清晰的认识,为之后的学习和调研奠定了基石,但同时我不得不承认,除了一些传神的人物传记之外,大部分西域史地文献读起来着实让人感到万分的枯燥乏味。正史对于西域的记载多出于他人见闻,传统的"夷夏"观念浓厚,除却汉民族的历史以外,这些"西戎""胡人"的历史是不被中原政权重视的,因此,对于这些地域的记载,多用同一种模式,文字多以"某地,去某多少,善某某,译几何,物产多寡,胜兵多少"为模板,其记载内容有限,形式单一,所以我们读起来兴致不高。

也许是张老师早就察觉到了我们的这种读书状态,2012年11月,利用古尔邦节的五天假期,张老师带领我们五人到天山南麓的尉犁县、轮台县进行了首次田野调查。还记得出发前一天的晚上,我躺在床上翻来覆去怎么也无法安然入睡,对将要进行的南疆调研充满了新奇,满脑子尽是漫无边际的大漠,还有那令人魂牵梦萦的千年胡杨。第二天,我们自石河子大学出发,经乌鲁木齐,抵达托克逊,经干沟至库尔勒,南下至尉犁县。由于交通问题,我们计划考察的孔雀河烽燧群未能成行,只得在尉犁县罗布淖尔博物馆对其进行了相关资料的搜集。在回程去往轮台途中,张老师顺便带我们去参观了罗布人村寨。塔克拉玛干著名的千年不死、死后千年不倒、倒后千年不朽的胡杨林、在沙漠中蜿蜒流淌的塔里木河……皆给我留下了深刻的印象。我们利用导航和考古普查资料，试图寻找一些轮台县的古城遗址，但进行的并不顺利，途中阻碍丛生。由于我们不懂维吾尔语，无法寻访到遗址的准确地理位置，这在很大程度上降低了我们调研的效率。记得一次我们花费了整整一上午，只寻找到了位于策大雅乡境内的阿孜甘古城，还记得在找到古城遗址的瞬间，我们个个欣喜若狂，好似取得大发现似的兴奋。五天的南疆调研不知不觉就在奔波中画上句号，在给予我兴奋和新奇的同时，也让我领略到了南疆的广袤，地貌的复杂，调研的辛苦，更为重要的是这次南疆之行引发了我对于西域历史文化学习的浓厚兴趣。

刚一回到学校，我就到资料室借阅了大量与南疆考察有关的书籍，黄文弼先生的《吐鲁番考古记》《罗布淖尔考古记》《塔里木盆地考古记》，斯坦因的《古代和田》《西域考古图记》《亚洲腹地考古记》，勒柯克的《新疆的地下文化宝藏》，亨廷顿的《亚洲的脉搏》，斯文·赫定的《我的探险生涯》，橘瑞超的《橘瑞超西行记》等等，还有近年来国内学人的一些考察行纪，如马大正先生主编的《塔克拉玛干考察纪实》、李吟屏先生的《和田考古记》、王炳华先生的《新疆访古散记》、王嵘先生的《无声的塔克拉玛干》和《西域探险史》、杨镰先生的《寻找失落的西域文明》等等，抱着一本本似砖块的大部头，开始"啃"读，不同的是，这次主动学习少了很多初涉时的枯燥。至今也未曾想到，第一次南疆调研对我竟带来如此影响。

通过对这些关于西域的经典著作的阅读，我们对于环塔里木地区古迹近百年来的遗存及地理分布状况有了一个整体上的了解，为我们之后数次调研地点的选取，调研路线的制定打下了坚实的基础。2013年1月，我们开始了对于"北道"沿线古迹的调研，大致的路线是从库尔勒始，经轮台、库车、拜城、新和、阿克苏、柯坪、图木舒克、喀什，最后抵达莎车，历时半个月，调研行程约3000千米，对沿线现存的城址、烽燧、寺院、石窟以及墓葬遗存进行了针对性的考察。2013年5月，我们又对"南道"沿线现存古迹进行了调研，仍以库尔勒为起点南下，先后至尉犁、若羌、且末、民丰、于田、洛浦、和田，最后抵达墨玉返回。至此，我们的团队基本完成了对塔里木盆地南北两道沿线古迹的调查及资料搜集工作。受各种客观因素的影响，"墨玉—皮山—叶城—塔什库尔干—莎车"沿线的补充调研，一直到2015年9月才得以完成。

调研的过程是艰辛的，白天我们大部分时间基本是在路上度过的，同时与当地文管部门接洽，寻找遗址的过程也要花费许多时间，而最终留给我们考察遗址的时间就显得异常的珍贵。因而在做好调研的预备工作之外，调研过程中团队成员处理事情的能力亦很重要，张老师在整个调研过程中除掌控全局外，还经常要担任驾驶的重任，是我们团队中最为辛苦的。此外，就是拥有较强对外交际能力的卞亚男同学，她在历次调研中几乎承担起了全部对外接洽任务，同时还负责安排团队成员的食宿，掌管调研经费的收支。当然，王玉平、胡志磊在对具体遗址的测量、记录、录影等方面亦发挥了重要作用。岳丽霞同学在负责考察测量、记录等任务的同时，她颇显幽默的性情，总是能及时化解我们的疲惫、焦躁或隔阂。

与白天调研的奔波相比，晚上的工作亦不轻松。每每处理完数以千计的图片，翻阅记录本整理完密密麻麻的调研记录和数据，东方的天际基本上已泛起了鱼肚白。然后，还要打起精神审定当天的考察内容。调研的生活基本每天如此，刚开始时的那份新奇感很快为极度的疲惫所取代，留给我们更多的是对未知旅途的挑战。

田野调研只是《环塔里木历史文化资源调查与研究》课题的内容之一，在完成调研任务后，如何整理调研资料，撰写调研报告初稿继而成为我们的又一任务。出于对比研究的需要，我们又分别于2013年秋、2014年暑期，先后多次赴吐鲁番和东天山北麓以及河西走廊进行了补充调研。就地域文明的影响而言，环塔里木历史文化受天山北部的草原文化和河西走廊文化影响最大。汉武帝时，为防御匈奴、阻断羌交，先后设置"河西四郡"，移民驻军并进行屯田戍边，随后，伐大宛、征楼兰，西汉势力遂由大碛道进入环塔里木南北两道。隋唐之际，东天山成为连接东西交通的重地。因而，对这两个地区的汉唐古迹做补充调研，非常有助于我们对西域文化脉络的梳理。

当然，在调研过程以及行纪撰写中，我们有幸见到国内顶尖级的老师，这是我们的又一大收获。中国社会科学院的厉声老师、首都师范大学的郝春文老师、北京师范大学的宁欣老师、中国人民大学的李肖老师、中国社会科学院的李方老师等是我们见得最多的，这些老师来新疆、来石河子大学讲学做报告,给我们具体指导,使我们从一开始就搭上了与专家对话交流的顺风车。

除了平时张老师为我们把关之外,我们还多次前往吐鲁番,就调研和学术研究中所遇到的问题向有关专家请教,见面最多的当数吕恩国和艾克拜尔两位先生。为给我们普及墓葬考古知识,吕恩国先生曾亲自带我们前往洋海墓地,就我们的具体问题做现场讲解。新疆大学的艾克拜尔·尼牙孜老师、石河子大学的王宗磊老师,他们均是张老师的好友,并共同参与课题,为调研和资料收集做了很多事情。为促成我们的后续补充调研,艾克拜尔老师曾亲自带领我们考察天山南北,尤其是对墓葬的考察。

中国社会科学出版社宋燕鹏老师,对于书稿的审定和出版给予了诸多帮助,在此表示由衷的谢意。

田海峰
二〇一六年七月十日
于上海师范大学东九宿舍